utb 5434

Eine Arbeitsgemeinschaft der Verlage

Brill | Schöningh – Fink · Paderborn
Brill | Vandenhoeck & Ruprecht · Göttingen – Böhlau Verlag · Wien · Köln
Verlag Barbara Budrich · Opladen · Toronto
facultas · Wien
Haupt Verlag · Bern
Verlag Julius Klinkhardt · Bad Heilbrunn
Mohr Siebeck · Tübingen
Narr Francke Attempto Verlag – expert verlag · Tübingen
Psychiatrie Verlag · Köln
Ernst Reinhardt Verlag · München
transcript Verlag · Bielefeld
Verlag Eugen Ulmer · Stuttgart
UVK Verlag · München
Waxmann · Münster · New York
wbv Publikation · Bielefeld
Wochenschau Verlag · Frankfurt am Main

Andreas Hergovich

Allgemeine Psychologie

Wahrnehmung und Emotion

3., aktualisierte Auflage

facultas

Der Autor
ao. Univ.-Prof. Mag. DDr. Andreas Hergovich, lehrt und forscht an der Fakultät für Psychologie der Universität Wien. Forschungsschwerpunkte: Anomalistische Psychologie, Philosophie der Psychologie.

Bibliografische Information der Deutschen Nationalbibliothek
Die Deutsche Nationalbibliothek verzeichnet diese Publikation in der Deutschen Nationalbibliografie; detaillierte bibliografische Daten sind im Internet über http://dnb.d-nb.de abrufbar.

3., aktualisierte Auflage

facultas, Universitätsverlag, Stolberggasse 26, 1050 Wien, Österreich

Einbandgestaltung: Atelier Reichert, Stuttgart
Umschlagfoto: © Dr. After123 – iStock
Lektorat: Astrid Fischer, Berlin
Satz: Wandl Multimedia-Agentur
Druck: Friedrich Pustet, Regensburg
Printed in Germany

utb-Nummer 5434
ISBN 978-3-8252-5434-6 (Printausgabe)
ISBN 978-3-8385-5434-1 (Online-Leserecht)
ISBN 978-3-8463-5434-6 (E-PUB)

Vorwort

Das vorliegende Buch gibt eine Einführung in die Themen Wahrnehmung und Emotion der Allgemeinen Psychologie. Die Allgemeine Psychologie ist ein Teilgebiet der Psychologie, das grundlegende Prozesse der Wahrnehmung, des Denkens, Fühlens und Verhaltens aller Menschen untersucht.

Die Auswahl der behandelten Themengebiete orientiert sich einerseits an vorhandenen Einführungen der Allgemeinen Psychologie, andererseits werden auch neue – in jüngster Zeit stärker beforschte – Themen behandelt, die sich bisher in kaum einem Lehrbuch der Psychologie finden (wie die Abschnitte zur außersinnlichen Wahrnehmung und zu den Wahrnehmungstäuschungen in der Zauberkunst).

Obwohl es sich um ein einführendes Werk handelt, wurde versucht, aktuelle Forschungsergebnisse einfließen zu lassen. Das Buch enthält überdies zahlreiche Abbildungen, um gerade Studienanfängern die besprochenen Phänomene zu illustrieren.

Ein besonderes Anliegen war es mir, philosophische Gesichtspunkte mit zu berücksichtigen. Dies einerseits deshalb, weil das Buch aus dem Skriptum zur Vorlesung für das Erweiterungscurriculum Allgemeine Psychologie entstanden ist, eine Vorlesung, die von besonders vielen Studierenden des Lehramts Psychologie und Philosophie besucht wird. Zudem bin ich der Ansicht, dass gerade dieser Aspekt in der gegenwärtigen Psychologie mehr als vernachlässigt bzw. einseitig im Sinne einer Affirmation empiristischer Erfolgsprogramme betrachtet wird. Aus diesem Grund verfolgt das Buch im Gegensatz zu den meisten gegenwärtigen Einführungen in die Allgemeine Psychologie nicht das Ziel, weitergehende neurophysiologische Hintergrundinformationen zu den Themen Wahrnehmung und Emotion zu geben. Vielmehr wird die Wichtigkeit einer eigenständigen psychologischen Erklärungsebene betont.

Für das Korrekturlesen möchte ich mich herzlich bei Franz Brazda, Doris Hergovich, Bernhard Oberfichtner, Nicolas Pils und der Verlagslektorin Astrid Fischer bedanken. Sigrid Nindl und Victoria Tatzreiter vom Facultas-Verlag danke ich sehr für das Entgegenkommen und die unkomplizierte Zusammenarbeit.

Wien, November 2021 Andreas Hergovich

Inhalt

1 Definitionen

Der Begriff Psychologie („psychologia"), der aus den beiden Wörtern *psyche* (Seele) und *logos* (Lehre, Wort) zusammengesetzt ist, wurde erstmals von Rudolf Goclenius (latinisiert, eigentlich Gockel, 1547–1628) in seiner „seelenkundlichen Abhandlung" verwendet (Pongratz, 1984). Der Lehrer von Immanuel Kant, Christian Wolff (1679–1754), führte den Begriff dann in den deutschen Sprachraum ein.

Seit Menschengedenken wurde der Gegenstand der Psychologie, nämlich die Lehre von der Seele, thematisiert, so z. B. von Aristoteles in seiner Nikomachischen Ethik. Man kann darüber diskutieren, ob für eine zeitgemäße Psychologie der Begriff der Seele noch angemessen ist (Mack, 2007), zumal auch die modernen Neurowissenschaften kein physisches Korrelat für die „Seele" identifizieren konnten. Eine solche Fragestellung lebt jedoch von der unhinterfragten Annahme, dass unter Seele eine Art von Substanz, die womöglich noch lokalisierbar und bestimmbar sein soll, zu verstehen ist. Dass die Verwendung des Begriffs der Seele ungeachtet aller Einwände noch heute sinnvoll erscheint, lässt sich bereits daran erkennen, dass der Begriff im Sprachgebrauch benutzt wird. Man versteht, was gemeint ist, wenn einem jemand mitteilt, dass er „seelische Schmerzen" hat oder dass „es einem in der Seele weh tut". Psychologie als Wissenschaft von der „Seele" behandelt dementsprechend alle Vorgänge, die uns in einem weitesten Sinne persönlich „betreffen". Darunter fallen leibliche Empfindungen, unser Denken, Handeln und Fühlen. Bei Bauchschmerzen z. B. handelt es sich nicht nur um körperliche Vorgänge, die von außen betrachtet werden können, Bauchschmerzen werden auch empfunden. Der Betroffene leidet darunter.

Historisch gesehen hat sich die Wissenschaft der Psychologie erst sehr spät (Ende des 19. Jahrhunderts) aus der Philosophie heraus entwickelt.

Die Allgemeine Psychologie ist dasjenige Teilgebiet der Psychologie, das sich mit den Gesetzmäßigkeiten bzw. Phänomenen des Denkens, Handelns und Fühlens befasst, die im Grunde allen Menschen zukommen. Alle Menschen – sofern gesund – können ihre Umwelt wahrnehmen, alle Menschen haben Emotionen und alle Menschen denken und handeln.

Im Unterschied zur Allgemeinen Psychologie interessiert sich die Differentielle Psychologie hingegen für die Unterschiede zwischen den Individuen. In welchen Persönlichkeitseigenschaften unterscheiden sich Menschen, welche Geschlechtsunterschiede gibt es und worin liegen die Ursachen für diese Unterschiede? Die Allgemeine Psychologie behandelt Unterschiede zwischen den Menschen nicht oder nur am Rande (z. B. wenn die Farbenblindheit thematisiert wird).

Auf der anderen Seite lässt sich die Allgemeine Psychologie auch gegenüber der Sozialpsychologie abgrenzen, einer Disziplin der akademischen Psychologie, die sich erst recht spät (ab der Mitte des 20. Jahrhunderts) von der Allgemeinen Psychologie abgespalten und als eigenes Fachgebiet etabliert hat. Sozialpsychologen[1] erforschen in erster Linie den Einfluss der Situation auf das Individuum (z. B. unter welchen Bedingungen tritt aggressives Verhalten auf, sind Menschen alleine oder in der Gruppe risikobereiter in ihren Entscheidungen?). In der Sozialpsychologie geht es daher bevorzugt um die Interaktion zwischen Menschen, während in der Allgemeinen Psychologie auch Vorgänge untersucht werden, die unabhängig von der Interaktion mit anderen Menschen im Individuum stattfinden (z. B. Prozesse der Wahrnehmung).

Die Grenzen zwischen Allgemeiner Psychologie, Differentieller Psychologie und Sozialpsychologie sind fließend. Stets lassen sich interindividuelle Differenzen thematisieren, die allgemeinen Gesetzmäßigkeiten des Verhaltens zukommen (z. B. gibt es kulturbedingte Unterschiede im Ausdruck grundlegender Emotionen, die alle Menschen zeigen?). Auf der anderen Seite ist der Mensch immer auch ein soziales Wesen. So steht auch unsere Wahrnehmung in Abhängigkeit von sozialen Bezugsnormen. Besonders unsere optische Wahrnehmung („das Sehen") unterliegt in unterschiedlichen Kontexten unterschiedlichen Bewertungen („Das hast Du gut gesehen", „Du solltest Dir eine Brille kaufen").

Aus der Allgemeinen Psychologie haben sich unterschiedlichste Fachgebiete herauskristallisiert, wie die Kognitive Psychologie (vielerorts wird der Begriff Kognitive Psychologie auch als Synonym für Allgemeine Psychologie verwendet), die Neuropsychologie, die Angewandte Psychologie etc. Innerhalb dieser Fachgebiete gibt es teilweise wieder Subdisziplinen, so z. B. die kognitiven Neurowissenschaften, die Wahrnehmungspsychologie oder kognitive Ästhetik als zwei Teilgebiete (unter vielen) innerhalb der Kognitiven Psychologie oder die Wirtschaftspsychologie, die Sportpsychologie und die Umweltpsychologie als drei Teilgebiete (unter vielen) innerhalb der Angewandten Psychologie. Diese Entwicklung der zunehmenden Differenzierung immer spezialisierterer Teilgebiete ist nie abgeschlossen. Es existiert auch kein Kanon, nach dem sich eindeutig sagen ließe, welche Fächer zur Allgemeinen Psychologie gehören und welche nicht.

Eine bemerkenswerte neuere Entwicklung bei der Etablierung von Fächern innerhalb der Allgemeinen Psychologie und auch der Psychologie insgesamt ist der Vormarsch der Neurowissenschaften. Es findet sich kein modernes Lehrbuch der Psychologie (sei es nun ein Lehrbuch der Allgemeinen Psychologie, der Kognitiven Psychologie oder der Wahrnehmungspsychologie), in dem nicht die Funktion und der Aufbau des menschlichen Gehirns dargestellt wird. Dementsprechend gibt es Fächer wie „Cognitive Neurosciences", „Neuroeconomics" oder „Social Neurosciences". Die Neurowissenschaften erheben oftmals einen Hegemonieanspruch, sie meinen also, durch ihre neuen Methoden die *via regia* zur Erforschung des menschlichen Erlebens

[1] Es wird das generische Maskulinum (bei Begriffen wie Psychologen) sowie Femininum (bei Begriffen wie Personen) verwendet. Begriffe wie „Psychologen" und „Personen" abstrahieren also vom konkreten biologischen Geschlecht (das aus biologischer Sicht auch in mehr als zwei Ausprägungen vorliegen mag).

und Verhaltens zur Verfügung zu stellen (Slaby, 2013). Über eine Untersuchung neuronaler Prozesse käme man direkt an die „explanatorischen Wurzeln“ der Psychologie, womit schlussendlich „eine eigenständige psychologische Analyseebene obsolet“ wäre (Mausfeld, 2010, S. 183). Es sind nur wenige Stimmen innerhalb der Psychologie vernehmbar, die dieser „unhinterfragten und als wissenschaftliche Selbstverständlichkeit angesehenen Hausphilosophie“ widersprechen:

> Dogmatische Feststellungen der Art, dass die ‚eigentliche‘ Erklärungsebene für psychologische Phänomene und Leistungen auf der Ebene neuraler Prozesse liege, [...] spiegeln [...] ein profundes Missverständnis methodologischer Prinzipien der Naturwissenschaften wider [...]. Es gibt bei der Untersuchung mentaler Prozesse nichts, woraus sich eine privilegierte Stellung einer neurophysiologischen Analyseebene begründen ließe. (Mausfeld, 2010, S. 183)

Im Folgenden nennt Mausfeld (2010) fünf Gründe für die gegenwärtige Dominanz neuroreduktionistischer Perspektiven. Erstens erscheinen neurowissenschaftliche Erklärungen sehr plausibel, weil sie unserer Alltagsintuition, wonach eine gute Erklärung eine Erklärung ist, die auf Vertrautes verweist, entgegenkommen. Hirnareale, Neuronen oder Gene sind selbst für Laien „realer“ und „fassbarer“ als abstrakte theoretische Konzepte. Die verbreitete Faszination der durch die neuen Methoden der Hirnforschung gewonnenen „Bilder“, die scheinbar „direkt“ ins Gehirn blicken lassen (Gehring, 2004), resultiert für Mausfeld (2010) zum Großteil aus diesen Alltagsintuitionen.

Zweitens fokussieren Neurowissenschaften auf Phänomene, die in unserer Lebenswelt von hoher Relevanz sind, und erzeugen deshalb eine entsprechend große Resonanz, wenn etwa über ein neuronales Korrelat der Verliebtheit berichtet wird:

> Derartige Untersuchungen, so interessant sie für neurophysiologische Belange sein können, suggerieren, dass nun durch die Verbindung zu neuralen Prozessen ein vertieftes theoretisches Verständnis psychologischer Phänomen[e] gewonnen sei: Tatsächlich nehmen sie jedoch ihren Ausgangspunkt bei entsprechenden Alltagskonzeptionen und bleiben auch in den theoretischen Schlussfolgerungen nahe an der Oberfläche dieser Alltagskonzeptionen. (Mausfeld, 2010, S. 185)

Drittens zehren neurowissenschaftliche Forschungsprogramme auch von der induktivistischen Alltagsintuition, wonach es ausreiche, nur genug Wissen anzuhäufen, um irgendwann die ultimative Erklärung zu gewinnen: „Diesen Intuitionen zufolge entstehe eine explanatorisch angemessene Theoriebildung über kurz oder lang gleichsam automatisch als Endprodukt einer konsequent betriebenen Akkumulation von Einzelbefunden, ohne dass es eigenständiger theoretischer Anstrengungen bedürfe“ (Mausfeld, 2010, S. 186).

Viertens konzentrieren sich neuroreduktionistische Bestrebungen auf Bedingungs- („Welche externen Variablen lösen mentale Phänomene aus?“) und Effektvariablen

(„Mit welchen Effekten gehen sie einher?") (Mausfeld, 2010, S. 187). Auch hier sieht Mausfeld eine Parallele zu unserer Alltagsintuition. Da wir im Alltag schlecht in das Innere unserer Mitmenschen hineinsehen können, suchen wir auch dort zunächst nach äußeren Bedingungen, die ein Verhalten (z. B. einen Wutanfall) erklären können. Die Psychologie als Wissenschaft hat eine lange Tradition darin (s. die Ausführungen zum Behaviorismus im Abschnitt Emotionen), leicht objektivierbare extern zugängliche Variablen als Erklärungsinstanzen schwer fasslichen internen Prozessen vorzuziehen, mit den Folgen einer Verkümmerung des bereits erreichten Reflexionsniveaus: „Die Folgen dieses überwältigenden Einflusses neuroreduktionistischer Haltungen sind eine nur mit dem Behaviorismus vergleichbare Monopolisierung und Degeneration des theoretischen Diskurses" (Mausfeld, 2010, S. 188).

Fünftens finden neuroreduktionistische Bestrebungen in der gegenwärtigen Wissenschaftslandschaft einen geradezu idealen sozio-ökonomischen Nährboden vor. Die Versuche, wissenschaftliche Leistungen ökonomisch zu steuern, indem z. B. „objektive" Leistungsindikatoren in Form der Anzahl „impact-starker" Publikationen als Kriterium für eine wissenschaftliche Karriere herangezogen werden, gehen automatisch zu Lasten des theoretischen Niveaus und der Bearbeitung schwieriger Grundlagenprobleme: „Die derzeitige Tendenz zur Bearbeitung von rasch in Publikationen umsetzbaren Fragestellungen, die dann zwangsläufig trotz oftmals methodisch hoher Standards inhaltlich dürftig sind, ist eine natürliche Konsequenz der Ersetzung klassischer wissenschaftlicher Leitideale durch das der *‚visibility'*" (Mausfeld, 2010, S. 189). Dieser Prozess wird noch dadurch beschleunigt, dass die neurowissenschaftliche Arbeit sehr teure Geräte erfordert, deren Anschaffung nur legitimiert werden kann, wenn „beeindruckende" Forschungsergebnisse geliefert werden. Das heißt, Neurowissenschaftler müssen die Fachwelt und auch die Medien geradezu mit Ergebnissen „überschwemmen", die dann wiederum Eingang in einschlägige Lehrbücher finden und so den wissenschaftstheoretischen Diskurs maßgeblich im Sinne reduktionistischer Philosopheme beeinflussen.

1.1 Methoden der Allgemeinen Psychologie

Psychologen betreiben in erster Linie empirische Forschung. Sie wollen aus der Empirie (Erfahrung) Informationen über den Menschen gewinnen. Dabei wählen sie entweder einen quantitativen oder einen qualitativen Zugang.

1.1.1 Quantitative Forschung

Das Ziel der quantitativen Forschung besteht darin, Messwerte in Bezug auf interessierende Variablen, die numerisch vorliegen, zu gewinnen. „In der Psychologie [...] geht es oft um die Beschreibung, Erklärung oder Vorhersage von menschlichem Verhalten. Die Statistik bietet hierbei zahlreiche Hilfen, Beobachtungen fassbarer bzw. prüfbarer zu machen. Dazu ist es allerdings nötig, das Beobachtete in Zahlen zu transformieren. Man könnte also sagen, Verhalten wird gemessen" (Bühner & Ziegler, 2009, S. 15). Ist ein Merkmal operationalisiert (messbar gemacht), das heißt, liegen seine Ausprägungen in Zahlenwerten vor, spricht man von einer Variablen. Das Gewicht kann mit Hilfe einer Waage gemessen werden, die Intelligenz von Personen kann unter Zuhilfenahme eines Intelligenztests bestimmt werden. Häufig verwendete Methoden zur Gewinnung von Variablen sind das Experiment und die Vorgabe von Fragebögen. Mit Hilfe von Experimenten gilt es, Kausalaussagen zu bestätigen. Vor der Durchführung eines Experiments werden Hypothesen festgelegt (Zusammenhangshypothesen oder Unterschiedshypothesen). Im einfachsten Fall wird dabei eine unabhängige Variable variiert (z. B. die Entfernung von einer zu beurteilenden Stimulusperson) und der Einfluss der Variation der unabhängigen Variable auf die interessierende abhängige Variable (z. B. die Schätzung der Größe der Stimulusperson in cm) gemessen. Die Nullhypothese besagt, dass kein Unterschied zwischen den Bedingungen vorgefunden wird (im angeführten Beispiel sollten sich die Größenschätzungen nicht unterscheiden, wenn die Beurteiler unterschiedlich weit entfernt sind). Weist der gemessene Unterschied zwischen den Bedingungen eine Größe auf, die unter der Annahme der Nullhypothese (der Annahme keines Unterschiedes zwischen den Schätzungen beider Bedingungen) sehr unwahrscheinlich ist, so spricht man von einem signifikanten Ergebnis (wobei es Konventionen dafür gibt, wann ein Unterschied bzw. Ergebnis hochsignifikant, signifikant oder tendenziell signifikant ist). Die Hypothesenprüfung erfolgt letztlich statistisch. Übertragen auf den Fußball könnte das heißen, dass es unter der Annahme der Nullhypothese (dass Österreich und Spanien gleich gut Fußball spielen) sehr unwahrscheinlich ist, dass Spanien Österreich 9:0 besiegt. Sollte das dann doch der Fall sein,[2] gehe man mit Recht davon aus, dass Spanien besser spielt (in der Wissenschaft spricht man dann von einem signifikanten Ergebnis, die Nullhypothese gilt somit als widerlegt), während ein Unentschieden oder ein knapper Sieg für eine der beiden Mannschaften im Einklang mit der Nullhypothese wäre. In der Wissenschaft wird die Signifikanz aber nicht an Einzelereignissen festgemacht, sondern man benötigt wiederholte Testungen, um die Signifikanz statistisch berechnen zu können.

Häufig wird auch zwischen einer Versuchsgruppe und einer Kontrollgruppe unterschieden. Man interessiert sich z. B. dafür, wie sich Schlafentzug auf die Beurteilung optischer Täuschungen auswirkt. Die Teilnehmer der Versuchsgruppe (VG) haben seit 24 Stunden nicht geschlafen, die Teilnehmer der Kontrollgruppe (KG) sind frisch und ausgeruht.

[2] Am 27.3.1999 ist es passiert, Österreich verlor gegen Spanien mit 0:9.

Obwohl das Experiment der „Königsweg" wäre, um Kausalaussagen zu bestätigen, ist es in der Praxis oft nicht durchführbar. Stattdessen werden oft Zusammenhänge zwischen verschiedenen Variablen berechnet. Ein statistisches Maß für einen Zusammenhang zwischen Variablen ist der Korrelationskoeffizient, der zwischen –1 und +1 liegen kann. Bei einer Korrelation von 0,1 spricht man von einem schwach positiven Zusammenhang, bei einem Koeffizienten von 0,3 von einem moderaten und bei einem Koeffizienten von 0,5 von einem relativ hohen Zusammenhang (nach Cohen, 1988). Beträgt die empirisch erhobene Korrelation zwischen Gewicht und Körpergröße 0,44, handelt es sich bereits um einen mittleren bis hohen positiven Zusammenhang derart, dass größere Menschen schwerer sind bzw. kleinere Menschen leichter. Ein Beispiel für einen negativen Zusammenhang: Je geringer der Selbstwert, desto höher die Depressionsneigung (s. Myers, 2008). An dem Beispiel kann erläutert werden, dass man sich bei Korrelationen vor Kausalinterpretationen hüten sollte. So gibt es drei Möglichkeiten, die negative Korrelation zwischen Selbstwert und Depressionsneigung zu interpretieren (der Korrelationskoeffizient liefert dabei keinen Anhaltspunkt für die richtige Interpretation):

(1) Ein niedriger Selbstwert ist eine mögliche Ursache für die Depression.
(2) Die Depression ist die Ursache des niedrigen Selbstwerts.
(3) Eine dritte Variable (wie schwierige Lebensumstände oder eine biologische Disposition) ist die Ursache für die Depression und den niedrigen Selbstwert.

Das erste experimentalpsychologische Forschungslabor der Welt wurde 1879 von Wilhelm Wundt (1832–1920) in Leipzig gegründet. In diesem führte er z. B. Reaktionszeitversuche zu Willenshandlungen durch (Benetka, 2002). Bemerkenswert am experimentellen Paradigma von Wundt ist, dass erstmals (im Gegensatz zu Forschern wie Gustav Theodor Fechner oder Hermann Ebbinghaus) nicht eine Person mit sich alleine experimentierte, sondern verschiedene Rollen (Versuchsperson, Versuchsleiter, Beobachter) zugeteilt wurden. Die Rolle der Versuchsperson (Vp) hatte dabei noch einen hohen Stellenwert als Experte (der sich selbst beobachten sollte) und so fungierte Wundt gelegentlich als Vp, aber nie als Versuchsleiter (Benetka, 2002).

1.1.2 Qualitative Forschung

In der Psychologie kommen auch qualitative Verfahren zum Einsatz, das heißt, es werden z. B. bei Beobachtungen oder durch Interviews Daten erhoben, die nicht schon in numerischer Form vorliegen und quantitativ verarbeitet werden können. Oftmals liegen bei qualitativen Studien noch keine expliziten Hypothesen vor, diese werden erst im Forschungsprozess generiert (die *Grounded Theory* liefert eine theoretische Grundlage dafür). Der Vorteil der qualitativen Forschung besteht darin, dass die gewonnenen

Daten unmittelbar aus der Lebenswelt stammen und noch nicht nach vorhandenen wissenschaftlichen Denkschablonen kategorisiert wurden. Sie sind reichhaltiger als quantitative Daten, die von für irrelevant erachteten Aspekten abstrahieren (es gibt dann z. B. nur ein quantitatives Maß für die Schlafgüte, nämlich die Dauer des Vorliegens bestimmter Hirnwellen). Qualitative Forschung hat jedoch den Nachteil, dass der wissenschaftliche Anspruch auf Objektivität, Zuverlässigkeit (Reliabilität – wie genau messe ich das, was ich messen will) und Gültigkeit (Validität – erfassen die Daten überhaupt das, was man messen will) auf die gewonnenen Daten überhaupt nicht angewandt werden kann. Bei einer psychologischen Testung kann berechnet werden, ob die Testergebnisse einer Person bei wiederholter Testung zuverlässig dieselben sind; bei einem Interview kann keine Berechnung über die Zuverlässigkeit der gewonnenen Aussagen erfolgen.

1.1.3 Hermeneutik

Kernstück der qualitativen Forschung ist die Hermeneutik (nach Hermes, dem Götterboten, der zwischen Göttern und Menschen vermittelt), die Kunst der Auslegung und des Verstehens von Sinngehalten. Von Johann Wolfgang v. Goethe stammt das Diktum „Jedes Ansehen geht über in ein Betrachten, jedes Betrachten in ein Sinnen, jedes Sinnen in ein Verknüpfen, und so kann man sagen, dass wir schon bei jedem aufmerksamen Blick in die Welt theoretisieren“ (im Vorwort zur Farbenlehre). Goethe drückt damit aus, dass unsere Wahrnehmungen, unsere Beobachtungen immer auch der Auslegung, der Interpretation bedürfen. Dilthey (1894/1994, S. 144) hat gesagt: „Die Natur erklären wir, das Seelenleben verstehen wir.“ Das Verstehen erfordert Einfühlen und setzt ein verwandtes eigenes Seelenleben voraus. Methodisch ist der hermeneutische Zirkel hervorzuheben: So kann man beispielsweise einen Text nur verstehen, wenn man ihn liest. Nach dem Lesen des Textes hat man ein besseres Verständnis und liest ihn wiederum anders, gewinnt dann vielleicht noch ein besseres Verständnis usw.

Zu den ältesten qualitativen Verfahren der Psychologie gehört die Beobachtung, insbesondere auch die Selbstbeobachtung (Introspektion). Auch bei den Experimenten von Wilhelm Wundt war die Selbstbeobachtung noch von zentraler Bedeutung, obwohl er die Rolle der Introspektion auf ein Minimum zu reduzieren trachtete (Benetka, 2002).

Niemand geringerer als Immanuel Kant hat die Grundlage für die Kritik an der Selbstbeobachtung geliefert. Er meinte, dass diese Methode „leichtlich zu Schwärmerei und Wahnsinn führt“ (1790/1974, S. 148): „Denn unvermerkt machen wir hier vermeinte Entdeckungen von dem, was wir selbst in uns hineingetragen haben“. Demgegenüber würden wir in der Mathematik „reine“ Gesetze finden, die ihre Gültigkeit vor aller Erfahrung für alle Erfahrung haben. Nicht jedes konkrete Dreieck muss abgemessen werden, um festzustellen, dass die Winkelsumme 180 Grad beträgt. Mit dieser Kritik glaubte Kant, nicht nur die Methode der Introspektion ablehnen zu müssen, sondern er verwarf damit auch die Möglichkeit einer Psychologie als Wissenschaft insgesamt, weil er sich noch keine alternativen Forschungszugänge vorstellen konnte.

1.2 Philosophischer Ausgangspunkt

Im Verlauf meiner Beschäftigung mit der Wissenschaft der Psychologie ist mir klar geworden, dass die Aussagekraft vieler empirischer Forschungsarbeiten oft sehr beschränkt ist und das Ziel, menschliches Denken, Handeln und Fühlen besser zu verstehen, eigentlich verfehlt wird. Ein Hauptgrund für dieses Scheitern liegt m. E. darin, dass oftmals unzureichend zwischen Laborreaktionen und dem handelnden Menschen in seiner Lebenswelt unterschieden wird. Aus meiner Sicht ist es daher unabdingbar, sich stets die Reichweite und Grenzen wissenschaftlicher Forschung vor Augen zu halten. Voraussetzung einer solchen kritischen Prüfung wäre aber die Einsicht, dass die Natur und damit auch der Mensch nicht zur Gänze wissenschaftlich erfassbar und erklärbar sind (Mutschler, 2002). Die folgenden Punkte skizzieren damit auch ein bestimmtes Menschenbild.

1. Irreduzibilität des Menschen: Der Mensch lässt sich nicht auf seine Physiologie, seine Laborreaktionen oder sein Gehirn reduzieren. Man kann nicht physiologisch registrieren, was in einem Menschen vorgeht, wenn er sich Gedanken über bestimmte Ereignisse macht. Man kann versuchen zu registrieren, welche physiologischen Reaktionen einhergehen mit bestimmten Gedanken, die einem die Versuchspersonen (Vpn) mitteilen. Aber die Wissenschaftler sind auf die Mitteilungen ihrer Vpn angewiesen, um diese in Beziehung zu bestimmten physiologischen Korrelaten zu setzen. Experimentelle Forschung abstrahiert also vom Gesamtphänomen, indem nur bestimmte Parameter (z. B. die physiologische Aktivierung) betrachtet werden. Dies sollte nicht zu dem Fehlschluss verleiten, dass *nur* die Parameter der experimentellen Forschung Gegenstand der Wirklichkeit sind. Aufgrund z. B. neurophysiologischer Daten alleine lassen sich psychologische Zusammenhänge prinzipiell nicht verstehen. Die Überlegungen von Daniel Dennett (1971) legen dies eindringlich dar: Nach Dennett können wir drei Haltungen einnehmen, wenn wir versuchen, Zusammenhänge zu erklären – die physikalische, die funktionale und die intentionale. Der Flug eines Balles oder einer Rakete kann physikalisch erklärt werden, wenn man die entsprechenden Gesetze versteht. Versuchen wir einen Schachcomputer oder auch nur die Mechanik eines Küchentoasters oder eines Heizungsthermostats zu verstehen, dann funktioniert das auf Basis der physikalischen Gesetzmäßigkeiten praktisch nicht mehr. Es ist sinnvoll, eine funktionale Haltung einzunehmen (die Hei-

zung läuft solange, bis eine bestimmte Soll-Temperatur erreicht wird, danach stellt sich der Thermostat ab). Das komplexe Verhalten des Menschen kann aber weder aufgrund der Kenntnis physikalischer Zusammenhänge noch funktional verstanden werden. Damit ergibt sich die Notwendigkeit, aus einer intentionalen Perspektive das Verhalten zu erfassen. So unterstellen wir Menschen Wünsche, Absichten und Meinungen. Aufgrund dieser Intentionen können wir im Alltag das Verhalten unserer Mitmenschen relativ gut vorhersagen bzw. erklären.
Anders formuliert heißt das: Die Begriffe niedrigerer Erklärungsebenen reichen nicht aus, um die Begriffe höherer Ebenen zu definieren. So reicht keine physikalische Beschreibung aus, um zum Begriff des Sessels zu kommen (Schumacher, 2006). Auf Basis physikalischer Begriffe ist es vielleicht möglich, einen einzelnen Sessel zu definieren, aber dabei geht die multiple Realisierbarkeit des Sessels durch unbestimmt viele physikalische Objekte verloren. Es ist also nicht möglich, mit Hilfe einer ausschließlich physikalischen Terminologie begrifflich zwischen Sesseln und Nicht-Sesseln zu differenzieren (Schumacher, 2006). „In gleicher Weise gilt, dass sich anhand neurophysiologischer Beschreibungen nicht definieren lässt, was es heißt, sich in einem bestimmten kognitiven Zustand zu befinden" (Schumacher, 2006, S. 172). Höherstufige Begriffe lassen sich nicht auf Begriffe niedrigerer Erklärungsebenen reduzieren. Neurophysiologische Beschreibungen geistiger Zustände sind auch inhaltlich *unterbestimmt*, da es nicht genügt, sämtliche intrinsischen Zustände des Gehirns zu kennen, um zu wissen, woran jemand denkt (worauf sich die Zustände beziehen). So spricht einiges dafür, dass sich ein und derselbe Hirnzustand in verschiedenen Umwelten auf verschiedene Inhalte beziehen kann (Schumacher, 2006). Es ist zu bezweifeln, dass sich menschliches Verhalten überhaupt auf Basis einer Einzelwissenschaft (wie der Psychologie oder Soziologie) vollständig erklären lässt (s. u.). Sicher aber sind Erklärungen auf einer rein biologischen Ebene zu kurz gegriffen.

2. Ganzheitlichkeit des Menschen: Der Mensch ist eine leiblich-seelische Einheit, eine Person. Man kann theoretisch bzw. begrifflich sauber zwischen Emotionen und Kognitionen, zwischen körperlichen Reaktionen und Wahrnehmungen trennen, in Wirklichkeit aber agiert und reagiert immer ein ganzer Mensch.
3. Humanistischer Standpunkt: Menschen als Personen sind keine „Naturgegenstände" wie Gesteine oder Pflanzen. Sie sind auch keine „höheren" Tiere, sondern „[d]iesem Seienden eignet, dass mit und durch sein Sein dieses ihm selbst erschlossen ist" (Heidegger, 1927/2006, S. 11 f.). Dem Menschen ist immer schon eine Welt eröffnet, und diese Tatsache kann sich der Mensch auch selbst bewusstmachen. Er kann über sein Dasein nachdenken. Menschen handeln aus Gründen (ihr Verhalten wird nicht wie das eines den Abhang hinunterrollenden Steines verursacht). Insofern sind Menschen frei. Menschen kommt damit auch eine Würde zu, was bedeutet, dass Menschen nicht als Sachen begriffen werden sollen (s. die Selbstzweckfor-

mel von Immanuel Kant: Man sollte Menschen nicht als Mittel zum Zweck, sondern als Zweck an sich begreifen). Das beinhaltet aber auch, dass man Menschen Verantwortung für ihr Handeln zuschreibt.

4. Zwischenmenschlicher bzw. kulturpsychologischer Standpunkt: Im Zentrum psychologischer Forschung steht viel zu häufig das Individuum, ohne zu berücksichtigen, dass Menschen mit anderen Menschen im Rahmen einer spezifischen Gesellschaft und Kultur agieren: „Wenn also auch die Psychologie notwendig in eine Kultur verwoben ist, dann muss sie im Kontext all der bedeutungsschaffenden und bedeutungsnutzenden Prozesse aufgebaut werden, die den Menschen mit seiner Kultur verknüpfen. [...] Aufgrund der Teilhabe an der Kultur werden Bedeutungen zu öffentlichen und gemeinschaftlich geteilten Bedeutungen“ (Bruner, 1997, S. 31). Im Rahmen der zwischenmenschlichen Begegnung hat auch die Alltagspsychologie ihre Berechtigung. Menschen versuchen im Alltag in ihrer Lebenswelt das Verhalten ihrer Mitmenschen zu verstehen und vorherzusagen, auch wenn sie nicht Psychologie studiert haben. Nichts deutet darauf hin, dass die Alltagspsychologie durch die Wissenschaft ersetzt werden könnte. Wenn man das Verhalten eines anderen Menschen verstehen will, muss man oft den lebensweltlichen Kontext berücksichtigen, die Kultur, in der er lebt, bisweilen sogar die Geschichte, die dahintersteht. Dies alles sind Sachverhalte, die im Labor nicht anzutreffen sind.
5. Empirische Forschungsergebnisse müssen durch Reflexion eingeholt werden. Sie sprechen nicht für sich selbst. Wenn bspw. aus den Experimenten von Soon et al. (2008) die Schlussfolgerung gezogen wird, dass sich das Gehirn ca. zehn Sekunden, bevor die Entscheidung bewusst wird, bereits entscheidet, dann wirft das weitere Fragen auf, wie z. B.: Kann ein Gehirn überhaupt entscheiden? Kann es unbewusste Entscheidungen des Gehirns geben? Und ist eine Hirnaktivierung tatsächlich als Entscheidung zu interpretieren?
6. Die Ansicht, wonach nur die Wissenschaften alle Fragen beantworten können oder die Wissenschaft die letzte kritische Instanz für die Wahrheit von Aussagen ist (Szientismus), wird abgelehnt. Viele den Menschen drängende Fragen (z. B. nach dem Sinn des Lebens) können aus unserer lebensweltlichen Erfahrung her viel besser verstanden und beantwortet werden. Wenn ich z. B. nicht bereits am eigenen Leib erfahren habe, was es heißt, „verliebt“ zu sein, dann wird mir das auch kein Wissenschaftler jemals erklären oder verständlich machen können, gleichgültig wie viele wissenschaftliche Erkenntnisse er präsentieren mag. Die Lebenswelt liegt letztlich auch dem wissenschaftlichen Arbeiten uneinholbar zugrunde (Hergovich, 2016).

2 Wahrnehmung

2.1 Philosophie der Wahrnehmung

Der Begriff Wahrnehmung ist zweideutig. Einerseits bezeichnet er das *Resultat* einer Wahrnehmung, andererseits ist damit der *Vollzug* des Wahrnehmens, durch den wir zum Resultat gelangen, gemeint. In der Regel nehmen die folgenden Ausführungen Wahrnehmung in der zweiten Bedeutung in den Blick. Wahrnehmung in der zweiten Bedeutung ist immer *jemandes* Wahrnehmung. Es gibt also ein Subjekt, das wahrnimmt, und es gibt ein Objekt, das wahrgenommen wird.

Die Frage, um was es sich bei dem Wahrgenommenen, dem Wahrnehmungsobjekt handelt, erscheint zunächst trivial. Bei genauerer Überlegung ist dies jedoch nicht so einfach zu beantworten. *Was* nehmen wir denn überhaupt wahr? Welche der folgenden Antworten trifft wohl am ehesten zu?:

A) Wir nehmen unmittelbar die Wirklichkeit wahr.
B) Wir sehen eigentlich nur Licht bestimmter Wellenlängen, jedoch keine äußere Welt.
C) Unser Gehirn konstruiert ein Modell der Wirklichkeit und gleicht dieses mit der Wirklichkeit ab.
D) Wir sehen nur mehrdeutige zweidimensionale Bilder auf unserer Netzhaut, die vom Gehirn interpretiert werden.

Vermutlich kommen die Antworten B) bis D) in Betracht und Antwort A) ist für komplett falsch zu erachten. Welche der Aussagen hält einer kritischen Prüfung am ehesten stand?

Es ist relativ leicht zu zeigen, dass Antwort B) falsch ist. Licht selbst sehen wir nicht, auch nicht im Dunkeln. Wenn die Quelle des Lichts nicht sichtbar ist und Licht auf nichts (keinen Gegenstand) in unserem Gesichtsfeld trifft und von dort reflektiert oder gestreut wird, dann sehen wir es nicht, obwohl es in unserem Sehfeld ist. Erst wenn das Licht auf einen Gegenstand trifft und von dort in unser Auge reflektiert wird, sehen wir den Gegenstand respektive den Raum (durch das Streulicht, das die Staubteilchen reflektieren). Wir sehen also nur Lichtquellen und Gegenstände, die vom Licht reflektiert werden.

Antwort C) trifft schon aus dem Grund nicht zu, weil ein Vergleich mit der Wirklichkeit die Erfassung der Wirklichkeit zur Voraussetzung hätte und es dann nicht mehr nötig wäre, ein Modell der Wirklichkeit zu erstellen. Darauf wird im Folgenden noch näher einzugehen sein.

Antwort D) ist die Antwort, die in den meisten Lehrbüchern der Allgemeinen Psychologie oder Wahrnehmungspsychologie zu finden ist. Sie ist ebenfalls kritisch zu hinterfragen, weil es schlicht keine Instanz im Menschen selbst gibt, die erst zweidimensionale Bilder (auf der Netzhaut oder auf einer retinotopen Landkarte im Gehirn) sieht und diese dann interpretiert.[3] Welche Instanz neben dem Menschen, der die Wirklichkeit selbst wahrnimmt, sollte das sein? Bleibt als einzig plausible Alternative Antwort „A) Wir nehmen unmittelbar die Wirklichkeit wahr“ übrig.[4]

Es stellt sich als nächstes die Frage nach dem Wahrnehmenden, dem Wahrnehmungssubjekt: *Wer bzw. was* nimmt denn eigentlich wahr? Mögliche Antworten lauten:
A) das Auge,
B) das Gehirn,
C) der Mensch oder
D) der gesamte Sinnesapparat (inklusive Augen, Nerven und Gehirn).

Wie mittlerweile leicht zu erraten ist, sind die Antworten A), B) und D) kritisch zu betrachten, auch wenn v. a. die Ansicht, dass das Gehirn sieht, weit verbreitet ist und sich auch in psychologischen Lehrbüchern findet: „Man schaut mit den Augen, aber man sieht mit dem Gehirn“ (Gerrig, 2015, S. 121). Das Kapitel zur Wahrnehmung im klassischen Lehrbuch der Psychologie von Myers (2008) beginnt folgendermaßen:

> Rund um die Uhr wird unser Körper von der Außenwelt mit Reizen konfrontiert. Gleichzeitig befindet sich unser Gehirn in einer stillen, abgeschirmten inneren Welt in völliger Dunkelheit. Ohne Verbindung nach außen sieht es nichts. Es hört nichts, und es fühlt auch nichts. Das wirft eine Frage auf, die Tausende von Jahren älter ist als die Psychologie und zur Entwicklung der Psychologie vor mehr als einem Jahrhundert beigetragen hat: *Wie gelangt die äußere Welt in unser Inneres?* (Myers, 2008, S. 214)

Muss man sich wundern, wenn bei einer so anthropomorphen Schilderung der Situation des armen in die Schädelhöhle eingeschlossenen Gehirns immer mehr Menschen sich als Hirnprodukt betrachten? Pöltner (1993a) entgegnet einer solchen von anderer Seite geäußerten Ansicht zu Recht:

> Wenn gesagt wird, dass der Mensch ‚das Gefängnis seines Gehirns immer schon dadurch durchbricht, dass er in Kontakt mit anderen Menschen steht‘ […], so bedeutet das keine Verabschiedung dieser wahrhaft unsinnigen Vorstellung vom Menschen im Menschen, sondern die noch in der negativen Absetzung wirksame Teilung ihrer Voraussetzungen. (Pöltner, 1993a, S. 131)

---

3 Beim „Netzhautbild“, auf das noch einzugehen sein wird, handelt es sich nur um eine Etappe auf dem Weg der Wahrnehmung, der keinerlei Eigenständigkeit zukommt: „une étape du phénomène nerveux, à laquelle ne correspond encore aucun fait psychologique“ (Guillaume, 1947, zit. nach Linschoten, 1956, S. 10).

4 Eine Unmittelbarkeit, die freilich vermittelt ist: „Darin besteht die Unmittelbarkeit des Sehens (und allgemein die unmittelbare Gegenwart einer phänomenalen Welt), dass in ihr dasjenige, was diese Unmittelbarkeit jeweils schon vermittelt hat, verschwunden ist“ (Gölz, 1970, S. 12).

Hier verwechselt sich der Mensch mit seinem Gehirn. Teile oder Organe von Menschen (wie Auge oder Gehirn oder auch der gesamte Sinnesapparat) können jedoch keine Leistungen vollbringen, die wir sinnvollerweise nur dem Menschen als Ganzem zuschreiben! Es läuft der Mensch, nicht seine Beine oder sein Gehirn. Genauso nimmt der Mensch seine Umwelt wahr, und zwar *mittels* seines Sinnesapparates, *indem* von den Gegenständen reflektiertes Licht auf die Netzhaut fällt, dort Rezeptoren erregt usw. und diese Erregungen dann im Gehirn verarbeitet werden.

Was versteht man also unter Wahrnehmung? Die folgende eingängig formulierte Lehrbuchdefinition sei hierzu etwas eingehender betrachtet:

> Wenn wir unsere Augen öffnen, fällt Licht auf unsere Netzhaut. Dieses Licht ist durch die vielen Gewebeschichten unseres optischen Apparates gewandert, dabei immer wieder gestreut und gebrochen worden und stellt jetzt ein etwas unscharfes Abbild unserer visuellen Umwelt dar. Während diese Umwelt sich in drei Raumdimensionen erstreckt, ist das Abbild nur zweidimensional. Da dasselbe zweidimensionale Bild aber durch eine Vielzahl von dreidimensionalen Objekten erzeugt werden kann, ist es nicht eindeutig, und das visuelle System ist darauf angewiesen, zu erraten, welcher Reiz dem Netzhautbild am plausibelsten zugrunde liegen könnte. (Spering & Schmidt, 2012, S. 13)

Obwohl die Definition sehr plausibel und wissenschaftlich klingt, sind folgende Probleme mit ihr (und allgemein allen sogenannten Abbildtheorien der Wahrnehmung) verbunden:

Problem 1: Wenn das Wahrnehmen im Erzeugen von Abbildern (des Originals) besteht (s. Abb. 1), dann bestünde das Wahrnehmen des Abbildes im Erzeugen eines Abbildes des Abbildes (vom Original) usw. *ad infinitum.* Wir hätten es mit einer endlosen Kette von Abbildungen zu tun, ohne das Original je erreichen zu können. Abbildtheoretiker verschieben das Problem vom Original auf das Abbild und erkennen dabei nicht, dass sie das eigentliche Problem dabei überspringen:

> Das bloße Vorhandensein eines Abbildes macht noch nicht dessen Fürunssein aus. Die Abbildtheoretiker setzen das Fürunssein des Abbildes immer schon als selbstverständlich und in demselben Atemzuge voraus, in dem sie dessen bloßes Vorhandensein konstatieren. Aber um den Schritt vom Vorhandensein zum Fürunssein, vom Sein zum Bewußtsein, geht es hier gerade. […] Der Trugschluß der Abbildtheoretiker, das Abbild sei eo ipso ein bewußt erlebtes Abbild, beruht darauf, daß sie selbst ein Abbild nicht anders vorstellen können als ein (von ihnen) vorgestelltes Abbild. Sie nehmen ihre eigene Vorstellung des Abbildes, welches sie im Gehirn eines anderen Menschen denken, für die – damit noch in keiner Weise gesetzte – Vorstellung des anderen Menschen. Auf Grund dieser Äquivokation wird der springende Punkt bei der ganzen Problematik nicht nur unzureichend erfaßt, sondern überhaupt nicht gesehen. (Gölz, 1970, S. 17)

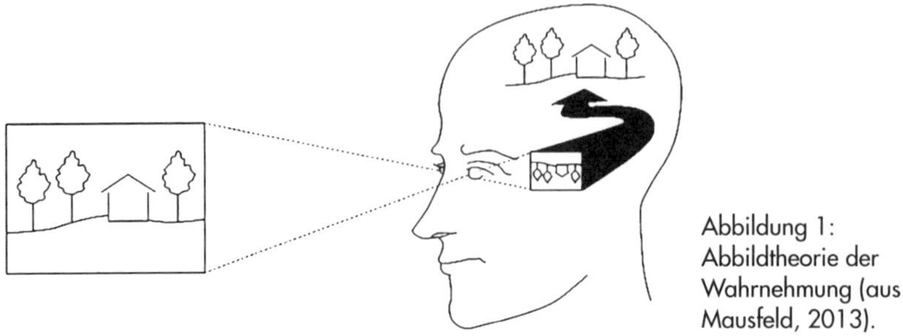

Abbildung 1: Abbildtheorie der Wahrnehmung (aus Mausfeld, 2013).

Problem 2: Es kommt zu einer Verdopplung der Wahrnehmung. Wir betrachten dann das zweidimensionale Netzhautbild und den dreidimensionalen Gegenstand (z. B. einen Tisch), wie er uns in der Wahrnehmung gegeben ist. Dies verdeutlicht auch eine weitere Definition der Wahrnehmung: „Jeder Wahrnehmungsakt ist eine versuchte Rekonstruktion äußerer Objekte aus chaotischen Sinneseindrücken" (Vollmer, 1985, S. 86). Wenn das „primär Wahrgenommene nicht der Gegenstand, sondern das Chaos der Sinneseindrücke" (Pöltner, 1993a, S. 89 ff.) sein soll, haben wir es mit zwei Gegenständen der Wahrnehmung zu tun, erstens dem Chaos der Sinneseindrücke und zweitens den äußeren Objekten.

Problem 3: Da die Wahrnehmung letztlich eine Leistung des Gehirns sein soll, kommt es auch zu einer Verdopplung der Wahrnehmungssubjekte (Gehirn und Ich), oder man akzeptiert, dass der Mensch mit seinem Gehirn identifiziert bzw. auf dieses reduziert wird. Letzteres scheint – wie gesagt – kein akzeptabler Ansatz zu sein, zumal wir es in der Realität auch nie mit isolierten Gehirnen zu tun haben.

Freilich – ein Bild erfordert einen Betrachter, also stellt sich zwangsläufig die Frage, wer denn das zweidimensionale, nach den Regeln der Optik invertierte (auf dem Kopf stehende) Netzhautbild betrachtet. Der Mensch selbst kann es nicht sein, denn sonst wäre uns das Netzhautbild in der Wahrnehmung selbst gegeben. Wir nehmen aber niemals Netzhautbilder wahr (höchstens „mouches volantes", fliegende Mücken, kleine Glaskörpertrübungen). Somit könnte nur das Gehirn selbst die Netzhautbilder wahrnehmen und diese dann interpretieren. Letztlich müsste aber der Mensch vom Gehirn informiert werden, was dieses wahrgenommen hat. Das Gehirn wäre nach dieser Vorstellung eine Art von Homunkulus (kleiner Mensch) im Menschen, dem Aufgaben zugemutet werden, die normalerweise dem ganzen Menschen zugeschrieben werden.

Der Homunkulus-Fehlschluss wurde bereits von Aristoteles (2011) thematisiert, der über die Seele schreibt:

> [S]o ist die Aussage, daß die Seele sich erzürne, ähnlich der, wie wenn man sagte, die Seele webe ein Tuch oder baue ein Haus; denn es ist vielleicht besser, nicht zu sagen, die Seele habe Mitleid, oder lerne, oder denke, sondern der Mensch mittels der Seele […]. (De Anima, 408b)

Keil (2003, S. 2) definiert den Homunkulus-Fehlschluss folgendermaßen:

> Der Fehlschluss bestehe darin, daß Prädikate, die auf kognitive oder perzeptive Leistungen einer ganzen Person zutreffen, auch auf Teile von Personen oder auf subpersonale Vorgänge angewendet werden.

So hat sich Johannes Kepler „lange gequält nachzuweisen, wo im Auge die Lichtstrahlen einander ein zweites Mal schneiden, bevor sie die Netzhaut erreichen" (1654, zit. nach Keil, 2003, S. 9).

In Wirklichkeit aber gibt es überhaupt kein invertiertes Netzhautbild:[5] „Nothing, however, could be more mistaken. A picture is something to be looked at. The retinal image could only be a picture if there existed a perceiver behind the eye to look at it" (Gibson, 1951, S. 408).

Ähnlich formuliert dies Linschoten (1956, S. 9):

> Präpariert man ein Auge dermaßen, dass die Netzhaut zu sehen ist, so erblickt man ein solches Bild wie in einer camera obscura [...]. Dieses Bild ist jedoch selbst ein *Wahrnehmungsgegenstand* und kein physiologisches oder psychologisches *Agens*. Als Bild ist es nur für den reellen oder imaginären Beschauer da, nicht für den auf dessen Retina es entsteht.

Wie gesagt, erfordert ein Bild immer einen Betrachter und der ist beim Netzhautbild nicht vorhanden:

> Wenn wir uns ein für alle Mal von der irrigen Auffassung trennen, dass das Netzhautbild überhaupt ein Bild ist, müssen wir das Netzhautbild nicht mehr als Mysterium betrachten, geschweige denn davon ausgehen, dass das Gehirn dessen „Inversion" korrigieren muss. (Noe, 2011, S. 168)

Der Homunkulus-Fehlschluss ist aber gerade in den Kognitionswissenschaften weit verbreitet. Insbesondere, wenn von inneren Repräsentationen im Gehirn gesprochen wird (letztlich auch nichts anderes als Bilder), liegt der Verdacht auf Homunkulismus nahe.

Problem 4: Wenn wir unterstellen, dass das Gehirn tatsächlich rekonstruiert, so drängt sich die Frage auf: „Wonach bemisst sich die Ähnlichkeit des Rekonstruierten mit dem Original, und wer setzt jenes mit diesem in Beziehung?" (Pöltner, 1993a, S. 91). Aus Sicht vieler Wahrnehmungspsychologen wird auf Basis des zweidimensionalen Netzhautbildes versucht, eine dreidimensionale Rekonstruktion des Wahrgenommenen zu erreichen: „Unser Gehirn muss dreidimensionale äußere Objekte aus ihren zweidimensionalen Projektionen auf unserer Netzhaut *rekonstruieren*" (Vollmer, 1985, S. 85). Wenn aber die Wahrnehmung des Originals in einer Rekonstruktion des Originals besteht, kann

5 Es handelt sich dabei um eine Einsicht, die schon René Descartes (1596–1650) und Bischof George Berkeley (1685–1753) gehabt haben, die aber immer wieder bis in die Gegenwart negiert wird.

das Original niemals direkt wahrgenommen werden. Man hat es immer nur mit Rekonstruktionen zu tun und das Original kann dann auch nicht als Maß für die Ähnlichkeit mit dem Rekonstruierten herhalten. Warum soll überhaupt ein Original in ein Chaos von Sinneseindrücken zerschlagen werden, aus dem jenes rekonstruiert werden muss?

Eine Lösung könnte lauten, dass bei unserer Wahrnehmung nicht von einer Rekonstruktion, sondern von einer Konstruktion die Rede ist. Demnach rekonstruiert das Gehirn nicht die Wirklichkeit, da diese für uns niemals in Reichweite kommt, sondern konstruiert die Wirklichkeit nur soweit, dass wir zumindest gute Überlebenschancen haben. Wir würden demnach nicht die Wirklichkeit wahrnehmen, sondern eine Art virtuelle Realität, wie sie von unserem Gehirn konstruiert wird. Viele Kognitionswissenschaftler sehen das genauso, wie durch folgende Zitate belegt werden soll (s. Fuchs, 2013):

- „Was sie sehen, ist nicht, was *wirklich* da ist; es ist das, wovon ihr Gehirn *glaubt*, es sei da" (Crick, 1994, S. 30; Nobelpreisträger für die Entdeckung der DNS).
- „Bewusstes Erleben gleicht einem Tunnel. [...] Zuerst erzeugt unser Gehirn eine Simulation der Welt, die so perfekt ist, dass wir sie nicht als ein Bild in unserem eigenen Geist erkennen können. Dann generiert es ein inneres Bild von uns selbst als einer Ganzheit. [...] Wir leben unser bewusstes Leben im Ego-Tunnel" (Metzinger, 2009, S. 21 f.).
- „Unsere Wahrnehmung ist [...] eine Online-Simulation der Wirklichkeit, die unser Gehirn so schnell und unmittelbar aktiviert, dass wir diese fortwährend für echt halten" (Siefer & Weber, 2006, S. 259).
- „So sieht sich die Neurobiologie des Bewusstseins zumindest zwei Problemen gegenüber: der Frage, wie der Film im Gehirn erzeugt wird, und der Frage, wie das Gehirn das Gefühl erzeugt, dass es einen Eigentümer und Beobachter dieses Films gibt" (Damasio, 2000; zit. nach Fuchs, 2012, S. 52).

Was ist von dieser Ansicht zu halten? Aus zwei Gründen handelt es sich hier um eine falsche Position. Erstens ist sie selbstwidersprüchlich, da sie letztlich auf die selbstwidersprüchliche These hinausläuft, dass neben der Welt auch wir selbst (als Menschen) nur eine Simulation sind, in Wirklichkeit aber gäbe es uns überhaupt nicht. Wird so eine Aussage von einem Kognitionswissenschaftler getätigt, dann sagt er gleichsam: „Mich gibt es nicht". Die Selbstwidersprüchlichkeit wird sofort deutlich, wenn wir den Sprecher fragen, wer denn das behaupte. Zweitens sprechen die Koextension von Leib und Körper sowie die Tatsache, dass wir uns mit anderen Menschen über Wahrgenommenes verständigen können, eindeutig gegen die These sollipsistischer Gehirne, die ihre virtuellen Realitäten konstruieren (Fuchs, 2013). Zeigt der Patient auf seinen schmerzenden Fuß, dann wird der Arzt zurecht auch dort die Ursache des Schmerzes suchen, und nicht im Gehirn. Arzt und Patient können sich darauf verständigen, dass die blutende Wunde die Ursache des Schmerzes ist.

Zusammengefasst wird davon ausgegangen, dass der Mensch in seinen leiblich-seelischen Vollzügen (Menschen vollziehen Handlungen im eigentlichen Sinn, sie vollziehen aber auch unbewusste Reaktionen, reflexhafte Bewegungen etc.) wahrnimmt. Die Wahrnehmung erfolgt, *indem* Licht auf unsere Netzhaut fällt und in elektrische Impulse umgewandelt wird, die dann wiederum im Gehirn weiterverarbeitet werden. Die Wahrnehmung geschieht also mittels unseres Sinnesapparates, aber nicht durch den Sinnesapparat. Das ist ein großer Unterschied. Die Vermittlung selbst ist uns phänomenal nicht zugänglich.

2.2 Wahrnehmung als Vollzugsidentität

Aus phänomenologischer Sicht ist die Welt kein Raumbehälter, in dem sich alle Gegenstände befinden. Vielmehr ist uns mit unserem Eintritt in die Welt diese selbst schon erschlossen (eröffnet). Welt ist Raum von Gegenwart, das Ganze eines Horizonts, der unausdrücklich im Begegnen selbst miterfahren wird. Die Offenheit der Welt geschieht als unser In-der-Welt-Sein (s. Heidegger, 1927/2006). In dieser uns eröffneten Welt sind nicht die Gegenstände da und dann sehen wir sie, sondern unsere Wahrnehmung (unser Sehen, Hören) ist ganz von der Gegenwart des anderen erfüllt, es *ist* die Gegenwart des anderen. Zu unserer Selbstgegenwart gehört es, dass sie sich als Gegenwart des anderen ereignet. Wir sind uns z. B. selbstgegenwärtig, indem wir sehen (wir sind uns ja stets dessen bewusst, ohne ausdrücklich darüber nachzudenken, dass wir es sind, die sehen). Aber wir sehen nie nichts. Daher ist eine Selbstgegenwart ohne Gegenwart des anderen keine Gegenwart. Wir halten uns nicht in einer Repräsentation der Welt auf, nicht bei Abbildern der Realität oder bei Wirkungen, auf deren Ursachen wir schließen müssen. Wir haben es mit dem anderen selbst zu tun. Die Gegenwart von jeglichem geschieht als Selbstgegenwart:

> Nicht tönt zuerst etwas, und dann höre ich es, sondern das Tönen geschieht als mein Hören. Nicht leuchtet zuerst etwas, und dann sehe ich es, sondern das Leuchten geschieht als mein Sehen. Etwas zeigt sich – in welchen Modifikationen auch immer –, indem es von mir vollzogen wird. Eines geschieht als das andere. Hier herrscht Vollzugsidentität: Das Sich-Zeigen geschieht als mein Vollzug. (Pöltner, 1993a, S. 100)

Das Sehen und das Leuchten des Sehens sind nicht zweierlei Sachverhalte, sondern einer. Das Zum-Vorschein-Kommen des anderen geschieht als mein Vollzug und umgekehrt. Natürlich kann ich mir den Stern leuchtend vorstellen ohne mein Hinsehen, aber etwas leuchtend Vorgestelltes leuchtet selbst nicht. Das Leuchten gibt es nur für den Sehenden. Auch wenn in Abwesenheit eines menschlichen Beobachters Photonen von fernen Sternen, die Lichtjahre entfernt sind, registriert werden, ist weder das Registrieren der Photonen für den Menschen, der die Apparatur abliest, noch das Emittieren der Photonen selbst ein Leuchten. Zum Leuchten wird es erst durch das Hinsehen auf den Stern. Das ist aber nicht so misszuverstehen, als ob der Stern erst durch mein Hinsehen Photonen emittiert oder gar zu existieren beginnt, sondern so, dass er durch das Hinsehen zum Vorschein und zum Leuchten kommt.

Der Vollzugscharakter der Wahrnehmung bringt es mit sich, dass die Wahrnehmung nicht länger in das klassische Reiz-Reaktions-Schema eingefügt werden kann. Die Wahrnehmung ist keine Reaktion auf Reize, die unsere Sinnesorgane erreichen, obwohl man natürlich auf Wahrnehmungen (wie den Anblick eines sich drohend nähernden Bären) reagieren kann:

Nicht die physikalischen oder physiologischen Elementarereignisse, die sich zwischen den Objekten, unseren Sinnesrezeptoren und dem Gehirn abspielen, sind ja das „eigentlich wirkliche" Geschehen bei der Wahrnehmung.

> Diese gesamte Kaskade von physikalischen und biologischen Prozessen ist nur ihre materielle Grundlage. […] Wir nehmen nicht Reize oder Bilder wahr, sondern Gestalt- und Sinneinheiten. Wahrnehmung […] bedient sich der vermittelnden Prozesse, um eine unmittelbare Beziehung zu den Dingen herzustellen – eine *vermittelte Unmittelbarkeit.* (Fuchs, 2013, S. 44)

In der Wahrnehmung fallen Subjekt und Objekt zusammen, ohne deshalb miteinander identifiziert werden zu können. Daher ist ein gehörtes Musikstück auch nicht zu lokalisieren. Es befindet sich weder im Kopf eines Menschen (in seinem Geist) noch außerhalb des Menschen. Ebenso verhält es sich mit dem Gesehenen. Die Wahrnehmung des Bären als Bären befindet sich weder im Gehirn noch außerhalb desselben, auch wenn Bär und Beobachter an verschiedenen Orten zu lokalisieren sind.

Es gibt eine Grundvoraussetzung der Wahrnehmung, auf die noch nicht eingegangen wurde. Um wahrnehmen zu können, müssen wir Identität und Differenz unterscheiden können. Wir müssen wahrnehmen können, dass zwei Gegenstände miteinander identisch sind oder sich voneinander unterscheiden. Wer nicht von vornherein versteht, was „identisch" und „verschieden" sein bedeutet, dem wird auch der Hinweis auf Identität und Unterschied nicht helfen. Man kann zwar darauf hinweisen, dass sich beispielsweise eine Orange von einem Apfel in diesem und jenem Merkmal unterscheidet, aber beim Merkmal stellt sich dasselbe Problem: Ich muss zwei Merkmale als einander gleich oder verschieden wahrnehmen können. Dieses Verfügenkönnen über „Identität" und „Differenz" ist ein transzendentaler Grundzug menschlichen Wahrnehmens, eine Ermöglichungsbedingung des Wahrnehmens (gleichzeitig ist das *Verschiedensein* auch Ermöglichungsgrund des *Sich-Zeigens* von Gegenständen)[6], die empirisch nicht eingeholt werden kann,[7] weil sie selbst eine Bedingung der Möglichkeit von Empirie (im Sinne Kants) ist.

---

6 Wem es schwerfällt, das nachzuvollziehen, der möge sich ausmalen, alle Gegenstände wären miteinander ident. Könnte man dann noch von verschiedenen Gegenständen sprechen? Wäre dann noch Wahrnehmung möglich?

7 „Wir können nicht hinter das immer schon vollzogene Sich-Zeigen einer phänomenal räumlichen Welt zurück" (Gölz, 1970, S. 19).

2.3 Historische Positionen zur Wahrnehmung bis zur Gegenwart

Obwohl bereits Aristoteles das Prinzip der Camera Obscura bekannt war, wurde es vom Rationalisten René Descartes (1596–1650) auf die Wahrnehmung angewandt. Er skizziert eine lebensgroße Camera Obscura und vergleicht diese direkt mit dem menschlichen Auge:

> Ein Mensch befinde sich in einem völlig verschlossenen Zimmer, das nur ein einziges Loch besitzt, vor das eine gläserne Linse gebracht wird. In einem gewissen Abstand davon spannt man ein weißes Tuch auf, auf dem das Licht, das von den äußeren Gegenständen ausgeht, die Bilder hervorbringt. Das Loch ist die Pupille, das Glas entspricht dem Kristallwasser, oder besser allen Teilen des Auges, die eine Brechung hervorrufen. (1633, zit. nach Wiesing, 2002, S. 68)

Obwohl Descartes selbst davor warnt, seine Darstellung so zu verstehen, als ob dieses Bild zu einer Empfindung wird, die quasi von einem zweiten Paar Augen betrachtet wird, hat sich genau dieser naheliegende Fehlschluss (s. die Bemerkungen zum Homunkulus-Fehlschluss) bis in die Gegenwart erhalten: „The lens of each eye naturally inverts the image of the world as it projects the image onto the retina. In this way, the message sent to your brain is literally upside-down and backward" (Sternberg, 2009, S. 80).

John Locke (1632–1704) knüpft an Descartes Vorstellung an und liefert damit die Grundlage für die heute vorherrschende Position des *Repräsentationalismus*. Locke unterscheidet zwischen den *primären* Qualitäten, die den äußeren Gegenständen selbst zukommen (wie Ausdehnung, Gestalt) und den *sekundären* Qualitäten (wie Wärme/Kälte, Geschmacksempfindungen oder Farbe), die Vorstellungen (Ideen), also Produkte des Geistes sind und durch die primären Qualitäten verursacht werden. Direkten Zugang zu den primären Qualitäten, die die sekundären Qualitäten verursachen, haben wir nach Locke nicht. Daher erwächst bei ihm bereits eine Kluft zwischen Erscheinungswelt und der dahinterstehenden realen Welt, die nicht erkennbar ist. Diese Kluft findet sich auch bei gegenwärtigen Ansätzen in den Kognitionswissenschaften. Demnach haben wir es immer nur mit Repräsentationen der Wirklichkeit, niemals mit der Wirklichkeit selbst zu tun. Die Quelle der Vorstellungen von der äußeren Welt liefern für Locke die Sinnesdaten *(sensations)*, auf deren Basis die Vorstellungen entwickelt werden:

> Wenn unsere Sinne mit bestimmten sinnlich wahrnehmbaren Objekten in Berührung treten, so führen sie dem Geist eine Reihe verschiedener Wahrnehmungen von Dingen zu, die der mannigfach verschiedenen Art entsprechen, wie jene Objekte auf die Sinne einwirken. Auf diese Weise kommen wir zu den Ideen, die wir von gelb, weiß, heiß, kalt, weich, hart, bitter, süß haben, und zu allen denen, die wir sinnlich wahrnehmbare Qualitäten nennen. Wenn ich sage, die Sinne führen sie dem Geist zu, so meine ich damit, sie führen von den Gegenständen der Außenwelt her dem Geist dasjenige zu, was in demselben jene Wahrnehmungen

> hervorruft. Diese wichtige Quelle der meisten unserer Ideen, die ganz und gar von unseren Sinnen abhängen und durch sie dem Verstand zugeleitet werden, nenne ich Sensation. (Locke, 1690/2000, S. 108)

Hermann von Helmholtz (1821–1894) ist ein bedeutender Physiologe und Psychologe, der auch die Grundlagen des Farbensehens erforscht hat. Auch er knüpft in seiner Theorie des Sehens an das Modell von Descartes zur Camera Obscura an. Während das vom Auge gesehene Netzhautbild noch Ähnlichkeiten mit den gesehenen Gegenständen aufweisen würde, haben unsere Empfindungen keine Ähnlichkeiten mit dem äußeren Gegenstand:

> Unsere Empfindungen sind eben Wirkungen, welche durch äußere Ursachen in unseren Organen hervorgebracht werden, und wie eine solche Wirkung sich äußert, hängt natürlich ganz wesentlich von der Art des Apparates ab, auf den gewirkt wird. Insofern die Qualität unserer Empfindung uns von der Eigentümlichkeit der äußeren Einwirkung, durch welche sie erregt ist, eine Nachricht gibt, kann sie als ein Zeichen derselben gelten, aber nicht als ein Abbild. Denn vom Bilde verlangt man irgend eine Art der Gleichheit mit dem abgebildeten Gegenstande [...]. (Helmholtz, 1879/1959, S. 12)

Die Empfindungen sind für Helmholtz nur Zeichen für den Gegenstand. Wie kommen wir von den Zeichen zur Wahrnehmung des Gegenstands? Helmholtz geht davon aus, dass wir dies mittels unbewusster Schlüsse von den Zeichen auf den dahinterstehenden Gegenstand bewerkstelligen. Natürlich muss man auch Helmholtz mit dem Homunkulusproblem konfrontieren, weil ein Zeichen ja nur für einen Interpreten, der ein Zeichen als Zeichen für etwas Bezeichnetes versteht, ein Zeichen darstellt (die Zeichenrelation ist also nicht nur eine zweistellige Relation zwischen Zeichen und Bezeichnetem, sondern dreistellig, weil ein Interpret benötigt wird).

Eine weitere einflussreiche Strömung, die bis in die Gegenwart wirkmächtig ist, ist die Schule der Gestaltpsychologie. Als Vordenker der Gestaltschule gilt der Österreicher Christian Ehrenfels (1859–1932), ein Schüler Franz Brentanos (1838–1917). Weitere namhafte Vertreter der Gestaltpsychologie sind Max Wertheimer (1880–1943), Kurt Koffka (1886–1941) und Wolfgang Köhler (1887–1967), die alle in den 1930er-Jahren aus Deutschland emigrierten.

Die Gestaltpsychologie wendet sich ursprünglich gegen die strukturalistische Annahme, gemäß der die Wahrnehmung aus einer einfachen (z. B. additiven) Kombination der Empfindungen zusammengesetzt ist. Gestaltpsychologen weisen demgegenüber darauf hin, dass wir immer sinnhafte Gestalten wahrnehmen. Die Gestalt (das Ganze) ist immer mehr als die bloße Summe seiner Teile. Es wurde versucht, sogenannte Gestaltgesetze zu identifizieren, die für die Wahrnehmung von Gestalten bedeutend sind. Diese Gestaltgesetze besitzen auch aus heutiger Sicht ihre Gültigkeit, auch wenn man heute besser von Gestaltprinzipien spricht und weniger von Gestaltgesetzen.

Das grundlegendste Gestaltprinzip ist das Gesetz der Prägnanz (oder der guten Gestalt). Demnach sind wir immer bestrebt, in der Wahrnehmung gute (einprägsame, klare) Gestalten zu gewinnen. Die folgende Abbildung 2 a) der Olympischen Ringe nehmen wir automatisch als fünf ineinander verkettete Ringe wahr. Auch wenn wir diese Abbildung noch nie gesehen haben, wird sie nicht als Ansammlung mehrerer komplizierter Formen wie in Abbildung b) gesehen.

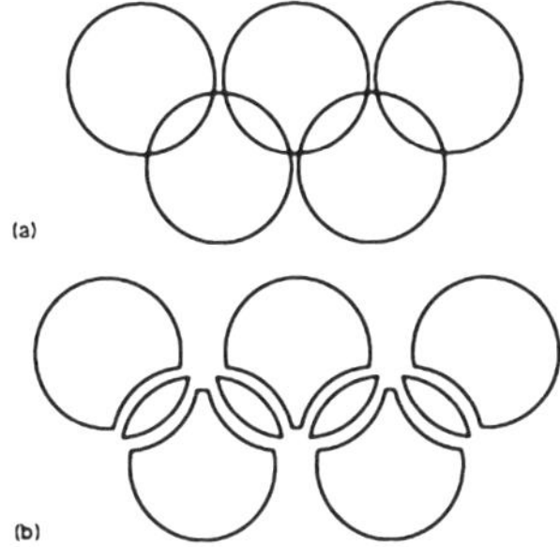

Abbildung 2: Gesetz der Prägnanz (aus Goldstein, 2010).

Nach dem Prinzip des guten Verlaufs (s. Abb. 3) sehen wir, dass das Kabel von A direkt nach B verläuft und nicht zu den Punkten C und D abzweigt, da diese Wege ungewöhnlich scharfe Kurven erfordern würden. Linien werden also so gesehen, als folgten sie dem einfachsten Weg.

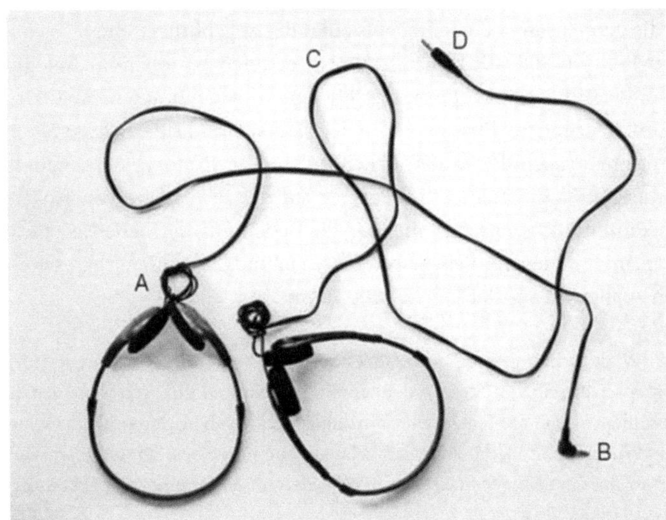

Abbildung 3: Das Prinzip des guten Verlaufs (aus Goldstein, 2010).

In Abbildung 4 sind neben dem Prinzip der Nähe (a), wonach Elemente, die nahe beieinanderliegen, als verbunden wahrgenommen werden, neuere Gestaltprinzipien (s. Palmer, 1999) dargestellt: Nach dem Prinzip der gemeinsamen Region (b) werden Elemente, die sich in einer gemeinsamen Region befinden, als zueinander zugehörig empfunden.

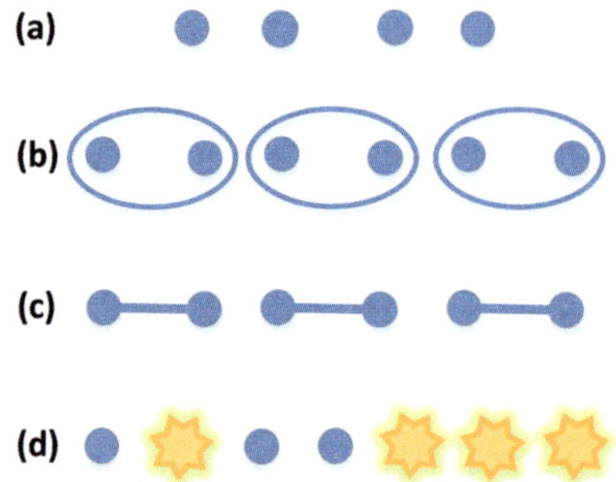

Abbildung 4: Das Prinzip der Nähe (a), der gemeinsamen Region (b), der Verbundenheit (c) und der Synchronizität (d) (modifiziert aus Palmer, 1999).

Nach dem Prinzip der Verbundenheit (c) werden Elemente, die miteinander verbunden sind, als zueinander zugehörig wahrgenommen, auch wenn benachbarte Elemente näher wären.

Nach dem Prinzip der Synchronizität (d) schließlich werden Elemente wie die Sterne in Abbildung 4, die gemeinsam aufleuchten, als einander zugehörig erlebt.

Maurice Merleau-Ponty (1908–1961) hat sich als Vertreter der phänomenologischen Richtung besonders intensiv mit der menschlichen Wahrnehmung befasst. Die von Edmund Husserl begründete Phänomenologie ist insofern kritisch gegenüber naturalistischen Positionen (nach denen den Erkenntnissen der Naturwissenschaften überragende Bedeutung zukommt) eingestellt, als sie auf das Primat der Lebenswelt hinweist. Demnach kann die Wissenschaft niemals die Bedeutung der Lebenswelt erlangen, weil wir uns primär in unserer Lebenswelt bewegen und die Wissenschaft selbst ihre Fragestellungen zuallererst aus der Lebenswelt nimmt:

> Das Universum als Wissenschaft gründet als Ganzes auf dem Boden der Lebenswelt, und wollen wir die Wissenschaft selbst in Strenge denken, ihren Sinn und ihre Tragweite genau ermessen, so gilt es allem voran, auf jene Welterfahrung zurückzugehen, deren bloß sekundärer Ausdruck die Wissenschaft bleibt. Nie wird Wissenschaft denselben Seinssinn wie die Erfahrungswelt haben, aus dem einfachen Grunde, daß sie deren Bestimmung oder Erklärung ist. (Merleau-Ponty, 1945/66, Vorwort)

Konsequenterweise versteht sich Merleau-Ponty nicht als Produkt der Erkenntnisse, die von den Einzelwissenschaften gewonnen werden:

> diese [...] Losung, ‚deskriptive Psychologie' zu sein, [...] ist zunächst eine Absage an ‚die' Wissenschaft. Was ich bin, ist nicht Resultat [...] mannigfaltiger meinen Körper [...] bestimmender Kausalitäten, ich vermag mich weder als Teil der Welt, noch als Objekt der Biologie, Psychologie oder Soziologie zu fassen, noch überhaupt in die Welt der Wissenschaft mich einschließen zu lassen. (Merleau-Ponty, 1945/66, Vorwort)

Im Mittelpunkt phänomenologischen Denkens steht das unmittelbare Bewusstseinserleben. Reflektieren wir auf unser unmittelbares Bewusstsein, so sind uns keine Empfindungen, Sinnesdaten oder neuronalen Aktivierungen gegeben: „Die Empfindung selbst ist nicht empfunden, das Bewusstsein ist stets Bewusstsein eines Gegenstandes" (Merleau-Ponty, 1945/1966, S. 59).

> Die als Wirkung von Reizen auf unseren Körper definierte reine Empfindung ist ein ‚Endprodukt' unserer Erkenntnis, und zwar unserer wissenschaftlichen Erkenntnis, es ist bloß eine – sehr natürliche – Täuschung, die sie uns an den Anfang setzen und aller Erkenntnis vorgängig glauben läßt. Es ist dies die notwendige, aber auch notwendig trügerische Weise, in der der Geist seine eigene Geschichte sich zur Vorstellung bringt. Die Empfindung gehört in den Bereich des Konstituierten, nicht zum konstituierenden Geist selbst. (Merleau-Ponty, 1945/1966, S. 59)

Vielmehr sind wir unmittelbar leiblich in unserer Welt situiert. Wir sind direkt bei den Gegenständen. Phänomenologisches Denken versucht dabei, die Subjekt-Objekt-Spaltung, die durch den Dualismus eines Descartes (in *res extensa* und *res cogitans*) begründet wurde, zu überwinden. In der Wahrnehmung ist das Subjekt (der Wahrnehmende) immer schon beim Objekt (dem Wahrgenommenen), wie am Vollzugscharakter der Wahrnehmung bereits verdeutlicht wurde. Wahrnehmung ist immer Wahrnehmung von etwas. Wahrnehmung ist immer gerichtet auf etwas.

Auch aus sprachanalytischer Sicht wurde Kritik an herkömmlichen Konzeptionen der Wahrnehmung geübt. Gilbert Ryle (1900–1976) verwirft die Idee, wonach es sich bei der Wahrnehmung um so etwas wie einen physiologischen Vorgang handelt, dessen Endprodukt das Wahrgenommene ist: „Ich möchte nur zu zeigen versuchen, dass mit dem ganzen Programm, nachdem es sich beim Sehen eines Baums um das Endstadium entweder eines physiologischen oder eines psychologischen Prozesses handeln muss, etwas ganz und gar verkehrt ist" (1953, zit. nach Wiesing, 2002, S. 304). Und an anderer Stelle: „Es geht ganz entschieden nicht auf, wenn wir uns auf die Ansicht festlegen, dass es sich beim Sehen eines Baums im Prinzip um dasselbe handelt wie beim Belichten eines Negativs in der Kamera oder beim Schneiden einer Grammophonplatte" (1953, zit. nach Wiesing, 2002, S. 311). Ryle kommt auf folgende Weise zu seiner Schlussfolgerung: Es gibt Begriffe für Vorgänge, die eine Zeit dauern, wie z. B. laufen oder suchen, bei anderen ist das nicht der Fall, und zwar bei Worten, die einen Endpunkt oder das Erreichthaben von etwas charakterisieren. Das „Finden" oder „Gewinnen" dauert keine Zeit und kann auch nicht physiologisch erklärt werden. Ich kann nicht sinnvoll fragen, wie lange es gedauert hat, zu gewinnen oder etwas zu finden: Entweder habe ich es gefunden oder noch nicht, entweder habe ich gewonnen oder (noch) nicht. Ähnlich ist es mit dem Sehen. So hat bereits Aristoteles darauf hingewiesen, dass man in dem Augenblick, in dem man sagen kann „Ich sehe es", auch schon sagen kann „Ich habe es gesehen". Das Sehen selbst ist also kein Vorgang, der Zeit beansprucht. Dies bestätigt nochmals die Einsicht, wonach das Vollzugsgeschehen der Wahrnehmung kein Reaktionsphänomen ist.

Elisabeth Anscombe (1919–2001) weist darauf hin, dass wir zwischen der Wahrnehmung und der Beschreibung unserer Wahrnehmung differenzieren müssen. Unbestrittenermaßen beziehen wir uns in unserer Wahrnehmung immer auf etwas. Wir haben ein intentionales Objekt der Wahrnehmung. Anscombe meint, dass wir dieses intentionale Objekt der Wahrnehmung immer unter einer bestimmten Beschreibung erfassen, unter einer anderen Beschreibung aber nicht. Nehmen wir den Satz: „Der Jäger sah einen dunklen Fleck, den er für ein Wildschwein hielt." Die Beschreibung seiner Wahrnehmung beinhaltet das intentionale Objekt seiner Wahrnehmung, nämlich den für ein Wildschwein gehaltenen dunklen Fleck. Unter anderen Beschreibungen ist das intentionale Objekt nicht gemeint: „Der Jäger sah seinen Vater." Tatsächlich handelt es sich bei dem dunklen Fleck um den Vater des Jägers, aber der Jäger erkennt dies nicht und er intendiert auch nicht, seinen Vater zu erschießen. Anscombe möchte damit zeigen, dass sowohl die Sinnesdatentheorie als auch die Theorie der direkten Wahrnehmung falsch ist. Die Theorie der direkten Wahrnehmung ist falsch, weil es offenbar Gesehenes gibt, dass material nicht existiert (bei einer Halluzination oder Täuschung). Wenn der Jäger sagt, er hat ein Wildschwein gesehen, dann entspricht dem kein materiales Objekt. Andererseits gibt es Fälle, wo dem intentionalen Objekt sehr wohl ein materiales Objekt entspricht. Der Sinnesdatentheoretiker irrt also, wenn er meint, dass wir es immer nur mit Sinnesdaten zu tun haben. Entscheidend ist also die Beschreibung der Wahrnehmung selbst. Anscombes Überlegungen zeigen zweierlei: Zum einen sollten wir zwischen unserer Wahrnehmung und der Beschreibung unserer Wahrnehmung unterscheiden. Oftmals legen wir etwas in die Wahrnehmung hinein, was wir nicht direkt gesehen haben. Zum anderen ist es möglich, dass wir in der Wahrnehmung irren. Wir beziehen uns auf etwas, das uns in der Wahrnehmung überhaupt nicht gegeben ist. Dies bedeutet offenkundig aber nicht, dass wir uns in der Wahrnehmung niemals direkt auf die Gegenstände beziehen können.

Der radikalste Vertreter der Theorie der direkten Wahrnehmung ist vermutlich James Gibson (1904–1979). In seiner ökologischen Theorie der Wahrnehmung geht er davon aus, dass wir wahrnehmend direkt Informationen aus unserer Umwelt entnehmen können. Eine interne Repräsentation und Weiterverarbeitung der Empfindungen durch das Gehirn ist nach Gibson nicht notwendig, da in der Umwelt alle Informationen bereitliegen, um direkt wahrgenommen werden zu können. Wir extrahieren diese Informationen, um Veränderungen wahrnehmen zu können. Wesentlich dabei sind die invarianten Informationen, die über die Zeit hinweg unverändert bleiben (relativ invariant ist z. B. die Größe, Farbe oder Form von Objekten, wenn wir uns auf sie zubewegen oder sie aus verschiedenen Perspektiven betrachten).

Eine wichtige Informationsquelle nach Gibson ist der optische Fluss. Wenn wir uns bewegen, dann fließt die Umgebung ausgehend von einem Expansionspunkt am Horizont entgegen der Bewegungsrichtung an uns vorbei. Nahe Gegenstände an der Peripherie verschwinden sehr rasch (erscheinen verwischt, wenn wir uns mit höherer Geschwindigkeit bewegen, der Bewegungsgradient naher Objekte verläuft anders) und Objekte in weiterer Entfernung bewegen sich langsamer. Der Expansionspunkt am Horizont weist keine Bewegung auf. Der Expansionspunkt stellt auch eine invariante Information dar (wo immer wir hinblicken, gibt es einen Horizont).

Der optische Fluss bewirkt, dass wir uns im dreidimensionalen Raum fortbewegen und dabei die Eigenbewegung und auch Fremdbewegungen richtig einschätzen können. Daher spricht Gibson von einer Wechselwirkung zwischen Bewegung und Wahrnehmung. Um wahrnehmen zu können, müssen wir uns bewegen. (Es gibt eigentlich keine statische Wahrnehmung. Zumindest die Augen sind immer in Bewegung. Wollen wir bewegte Objekte wahrnehmen oder Objekte, die mehr Raum im Gesichtsfeld einnehmen, müssen wir uns bewegen.) Die Bewegung wiederum erfordert die Wahrnehmung. Dass wir selbst beim Stehen auf visuelle Informationen angewiesen sind, zeigt sich u. a. daran, dass es uns recht schwerfällt, stabil auf beiden Beinen (und erst recht auf einem Bein) zu stehen, wenn die Augen geschlossen sind.

Bei der Wahrnehmung von Eigen- und Fremdbewegung gibt es eine bekannte Täuschung, die Zugillusion. Wenn man in einem Zug sitzt und aus dem Fenster auf den am benachbarten Gleis stehenden Zug schaut, kann man mit einem Mal das Gefühl haben, der Zug fährt (rückwärts oder vorwärts) an, obwohl in Wirklichkeit nur der Nachbarzug angefahren ist, bis man mit einem Ruck die Täuschung versteht. Die Täuschung erfolgt, obwohl das vestibuläre System keine Informationen der Gleichgewichtsverlagerung zur Verfügung hat, und ist selbst dann vorhanden, wenn auch Teile des Sehfeldes statische Informationen des Wageninneren erhalten. Und sie erfolgt deshalb, weil eine Eigenbewegung immer relativ zu einer Fremdbewegung interpretiert wird und normalerweise eine Eigenbewegung erfolgt, wenn große Teile des sich im Sehfeld Befindlichen sich bewegen.

Eine invariante Information für die Entfernung, die die Umwelt selbst bei relativ statischer Wahrnehmung zur Verfügung stellt, ist der Texturgradient (s. Kap. 2.10). Bewegt man sich auf einen Zebrastreifen zu, scheinen die näher liegenden Zebrastreifen weiter auseinander zu liegen, während die weiter entfernten Zebrastreifen so wirken, als hätten sie einen geringeren Abstand. Allgemein erscheinen bei weiter entfernt liegenden Elementen einer Textur die Zwischenräume immer schmaler als bei näher liegenden.

Gibson wendet sich ebenfalls gegen die Ansicht, dass Wahrnehmung entsteht, indem Reize aufgenommen und verarbeitet werden:

> Die Annahme, daß Reize aus der Umwelt die Außenwahrnehmung verursachen, ist zu simpel, um etwas zu erklären. Die eher wissenschaftliche Annahme, daß Wahrnehmungen über die Umwelt dann entstehen, wenn Empfindungsqualitäten durch Reize ausgelöst und von Erfahrungen vervollständigt werden, läßt sich ebensowenig halten. (1975, zit. nach Wiesing, 2002, S. 348)

So weist er darauf hin, dass Reize alleine niemals reichen, um zu einer Wahrnehmung zu kommen. Wenn Licht auf unser Auge trifft, das durch einen Nebel gestreut wird, nehmen wir nichts wahr (als eine gleichmäßige Helligkeit). Die bloße Reizung der Netzhaut unserer Augen reicht nicht aus, um wahrzunehmen. Wahrnehmung ist vielmehr als aktive Auseinandersetzung des Individuums mit seiner Umwelt zu begreifen.

Gibson trifft auch die weitgehende Annahme, dass sogenannte Anforderungen der Umwelt („affordances") direkt erkannt werden können, ohne dass eine mentale Verarbeitung notwendig ist. Die „Sitzbarkeit" des Sessels z. B. wäre so eine Eigenschaft.

Im Gegensatz zu Gibson vertritt David Marr (1945–1980, früh an Leukämie verstorben) mit seinem algorithmischen Ansatz der Wahrnehmung eine repräsentationale bzw. indirekte Theorie der Wahrnehmung. Mit Gibson und beeinflusst von diesem (Warren, 2012) nimmt Marr aber ebenfalls an, dass sich auf einer physiologischen Ebene keine Wahrnehmungstheorie formulieren lässt: „Trying to understand perception by studying only neurons is like trying to understand bird flight by studying only feathers: It just cannot be done" (Marr, 1982, S. 27). Marr sieht Wahrnehmung in Analogie zu einem Computerprogramm, das die Aufgabe hat, aus einem zweidimensionalen retinalen Abbild ein dreidimensionales Bild zu errechnen. Rekursiv soll dabei ermittelt werden, welches dreidimensionale Objekt dem optisch mehrdeutigen zweidimensionalen Eingangsbild zugrunde liegt (man spricht hier auch von dem Projektionsproblem oder dem „inverse optics problem"). Zunächst werden in einem ersten Schritt durch Analyse der Licht- und Schattenübergänge Ecken und Kanten herausgefiltert. In weiteren Schritten werden nach Gestaltgesetzen elementare Merkmale gruppiert und die Informationen beider Augen kombiniert (so gewinnt man die Tiefeninformation), bevor eine dreidimensionale Repräsentation entwickelt und mit abgespeicherten Modellen verglichen wird, um ein Objekt letztlich zu identifizieren.

Obwohl die konkreten technischen Lösungsvorschläge von Marr längst von anderen Modellvorstellungen (wie z. B. Bayesianischen Modellen) abgelöst wurden (Warren, 2012), wird der grundlegende Ansatz nach wie vor weiterverfolgt. Kritisch kann zum algorithmischen Ansatz der Wahrnehmung angemerkt werden, dass es zwar möglich sein mag, Computer auf dieser Basis so zu programmieren, dass sie Objekte „identifizieren" können, aber es ist nicht davon auszugehen, dass auch die menschliche Wahrnehmung so funktioniert. Marr geht von einer reinen Bottom-up-Verarbeitung von einfachen Eigenschaften bis zu komplexen Repräsentationen aus. Top-down-Prozesse sind bei ihm nicht vorgesehen, spielen beim Menschen aber sicher eine Rolle (Bar, 2003), weil der Mensch im Unterschied zum Computer über seine im Zuge von Wahrnehmungen gewonnenen Konzepte tatsächlich verfügen kann. Letztlich „erkennen" Computer keine Objekte, und wenn dem Computer nicht schon intern in Hard- oder Software abgespeicherte Objekte zur Verfügung gestellt werden, mit denen sie ihre errechneten Modelle vergleichen können, werden sie von sich aus auch nichts erkennen. Auch wenn es im Zeitalter selbstfahrender Autos und Personenscanner als starke Behauptung erscheinen mag: Computer bzw. Computerprogramme sehen nichts, sie verarbeiten nur Symbole, die für sie selbst bedeutungslos sind. Wenn ein Bildverarbeitungsprogramm die Konturen einer fotografierten Person nachschärft, erkennt es diese nicht als Person. Wenn ein selbstfahrendes Auto einem entgegenkommenden Fahrzeug ausweicht oder ein Computer seinen Besitzer mittels Webcam „identifiziert", werden weder Fahrzeug noch Besitzer tatsächlich erkannt. Computer stehen nicht in der Möglichkeit, wahrzunehmen, da sie nicht einmal zwischen dem eigenen Dasein und Nicht-Dasein unterscheiden können. Ihnen fehlt mit der Selbstgegenwart (dem Bewusstsein von einem Selbst) auch die Gegenwart des Anderen: „Solches Seiendes kann wohl so konstruiert sein, dass es Informationen im technischen Sinne speichern kann und nach Programm verarbeiten kann. Aber es wird selbst nichts davon merken und sich nichts dabei denken können. Es ist keine gelichtete Helle da" (Welte, 1969, S. 28 im Anschluss an Gedanken von Heidegger). Diese Problematik bleibt auch bei neueren konnektionistischen Modellen der Wahrnehmung (dabei werden sogenannte neuronale Netzwerke erstellt, indem das Netz nach bestimmten Algorithmen lernt, Ähnlichkeiten zu „sehen" und Unterschiede besser „wahrzunehmen") erhalten.

Abschließend sei in diesem historischen Überblick auf den Enaktivismus eingegangen. „Enact" heißt so viel wie beschließen, verfügen oder inszenieren – frei übersetzt meint es „gestalten". Es handelt sich um einen Ansatz, der von vielen Strömungen beeinflusst wurde: von der Phänomenologie, vom amerikanischen Pragmatismus, von der ökologischen Theorie Gibsons und von kognitionswissenschaftlichen Ansätzen (z. B. spielt die Idee der Autopoiesis, wie sie von Maturana oder Varela geprägt wurde, eine Rolle). Der enaktivistische Ansatz vergleicht das Sehen mit dem Handeln. So definieren O'Regan und Noe das Sehen als einen Vorgang der Erkundung der Welt, welcher auf sensumotorischen Kontingenzen beruht: „Vision is a mode of exploration of the world that is mediated by knowledge of what we call sensorimotor contingencies" (O'Regan & Noe, 2001, S. 940). Unter sensumotorischen Kontingenzen versteht man die Koordination von Bewegung und Sehen, um sich zielgerichtet bewegen und zielgerichtet sehen zu können. Ein neugeborenes Kind muss erst lernen, seine Bewegungen der Hand und die der Augen zu koordinieren, um nach Gegenständen greifen zu können. Diese Herstellung sensumotorischer Kontingenzen ist für uns längst Routine geworden und bedarf nur bei komplexeren Handlungen (z. B. im Sport beim Tennisspiel) besonderer Aufmerksamkeit. Genau genommen erfordert aber nicht nur jedes Greifen oder Bewegen, sondern auch das sichere Sehen von Objekten die Herstellung sensumotorischer Kontingenzen. Um eine Linie mit den Augen zu verfolgen und nicht nach oben oder unten abzuweichen, ist die zielgerichtete Koordination der Augenbewegungen erforderlich.

Der Ansatz des Enaktivismus steht in scharfem Gegensatz zum Repräsentationalismus und gehört mit „embodied", „embedded" und „extented" zu den „vier E" der Kognitionswissenschaften. Diese Ansätze weisen alle große Überschneidungen miteinander auf.

„Embodied" bedeutet, dass unsere Wahrnehmung bzw. Kognition immer auch verkörpert ist. Es gibt nicht den körperlosen vergeistigten mentalen Zustand im Gehirn, sondern Kognitionen und Wahrnehmungen drücken sich in einem körperlichen Zustand aus. Nimmt man beispielsweise einen geliebten Menschen wahr, begegnet man ihm auch körperlich, man streckt die Arme aus, lächelt usw. Umgekehrt beeinflusst der körperliche Zustand (die Haltung, Gestik oder Mimik) auch unsere Kognition und Wahrnehmung. Man nimmt alles schwerer, wenn man gebückt steht, und ist stolzer auf eine erbrachte Leistung, wenn man aufrecht geht.

„Embedded" bedeutet, dass unsere Wahrnehmung immer in eine Umwelt eingebettet ist, die uns beim Wahrnehmen hilft: Unsere Wahrnehmung ist situiert, sie findet in einer und in Interaktion mit einer Umwelt statt. Wir können uns auf einen Blick in unserem Werkzeugkasten oder Geräteraum zurechtfinden, wenn die Werkzeuge in bestimmter Weise angeordnet sind, ansonsten fällt es uns schwer, uns zurechtzufinden. Wahrnehmung erfolgt schließlich auch „extended", d. h. erweitert. Wir benutzen nicht nur interne Repräsentationen, sondern auch Geräte außerhalb unseres Körpers, die uns beim Wahrnehmen unterstützen. Zum Beispiel helfen uns Smartphones, unser Gedächtnis zu entlasten oder einen Weg zu finden.

2.4 Offene philosophische Probleme der Wahrnehmungsforschung

Trotz aller Forschungsbemühungen und obwohl seit Menschengedenken über die Wahrnehmung philosophiert wird, gibt es nach wie vor ungelöste Fragen der Wahrnehmungsforschung. Zu diesen gehören v. a. die folgenden Punkte:

Ist die Wahrnehmung direkt oder indirekt? Noch immer wird darüber diskutiert, ob menschliche Wahrnehmung direkt oder indirekt erfolgt. Richtet sich also unsere

Wahrnehmung direkt auf das, was wir wahrzunehmen meinen (meinen Nachbarn, den Schreibtisch vor mir, das gegenüberliegende Haus), oder richtet sie sich in erster Linie auf interne Erregungsmuster (in der Netzhaut, in bestimmten Zentren des Gehirns), auf deren Grundlage eine Repräsentation der äußeren Welt errechnet wird?

Es gibt nach wie vor eine unüberbrückbar scheinende Kluft (einen Hiatus) zwischen der physikalischen Welt (der Welt der elektromagnetischen Wellen unterschiedlicher Frequenz, der Schallwellen) und unserer phänomenalen Erlebniswelt, wie in folgendem Zitat zum Ausdruck kommt: „Die objektive (physikalische) Welt besteht aus Atomen, Molekülen, mechanischen und elektromagnetischen Schwingungen usw. Aber wir empfinden keine Moleküle und Schwingungen, sondern Farben, Töne, Gerüche und ähnliches, also durchwegs Dinge, die in der physikalischen Welt gar nicht existieren" (Herkner, 1992, S. 1). Das Problem spiegelt sich in der Kluft zwischen den neuronalen Zuständen und den phänomenalen Qualitäten wider. Darin besteht der Kern des sogenannten Leib-Seele-Problems, das die Menschheit seit ihren Anfängen beschäftigt. Gottfried Wilhelm Leibniz (1646–1716) hat dafür das Mühlengleichnis formuliert:

> Man muss übrigens notwendig zugestehen, daß die Perzeption und das, was von ihr abhängt, aus mechanischen Gründen, d.h. aus Figuren und Bewegungen, nicht erklärbar ist. Denkt man sich etwa eine Maschine, die so beschaffen wäre, dass sie denken, empfinden und perzipieren könnte, so kann man sie sich derart proportional vergrößert vorstellen, daß man in sie wie in eine Mühle eintreten könnte. Dies vorausgesetzt, wird man bei der Besichtigung ihres Inneren nichts weiter als einzelne Teile finden, die einander stoßen, niemals aber etwas, woraus eine Perzeption zu erklären wäre. (Leibniz, 1714/1998, § 17)

Viele gegenwärtige Wissenschaftler glauben, die Kluft zwischen physikalischer (neuronaler) Ebene und der phänomenalen Ebene durch noch gründlichere naturwissenschaftliche (z.B. neurowissenschaftliche) Forschung überwinden zu können. Aus transzendentalphilosophischer oder phänomenologischer Sicht ist diese Vorstellung aber naiv. Vielleicht verdeutlicht das die folgende auf Wittgenstein zurückgehende Überlegung zum Auge: Ohne sehendes Auge gäbe es kein Gesichtsfeld. Das sehende Auge ist also Bedingung der Möglichkeit des Gesichtsfelds (so drücken das Transzendentalphilosophen aus), ohne selbst im Gesichtsfeld vorzukommen. Das sehende Auge kann nie von *außen* (d.h. durch empirische Forschung) vollständig verstehend eingeholt werden. Selbst wenn wir unser eigenes Auge z.B. im Spiegel betrachten, haben wir es nicht mit dem „sehenden" Auge zu tun, denn das im Spiegel betrachtete Auge sieht nicht und hat kein Gesichtsfeld. Auch aus phänomenologischer Sicht hat es keinen Sinn zu fragen, „wie das Phänomenale durch Gehirnprozesse *hervorgebracht* wird. Dasjenige […], durch das wir wissen, dass es überhaupt Gehirnprozesse gibt, ist wieder selbst eine Phänomenalität" (Linschoten, 1956, S. 20).

Allerdings ist der Hiatus zwischen physikalischer und phänomenaler Welt nur für diejenigen ein Problem, die annehmen, dass es sich bei der physikalischen Welt um die „objektive" Welt handelt bzw. bei den neuronalen Zuständen um den „Sitz" unserer Gedanken, Wahrnehmungen etc. Hängt man nicht dem Wunsch nach einem einheitlichen physikalischen Weltbild an und betrachtet die „physikalische" Welt nur als einen hochabstrakten Aspekt unserer Welt und die neuronalen Zustände lediglich als einen aus Sicht der dritten Person festgestellten physiologischen Aspekt geistiger Tätigkeit, löst sich das Problem in Wohlgefallen auf.

Die Differenzierung zwischen Empfindung und Wahrnehmung ist nach wie vor schwierig. Die folgende Definition verdeutlicht dies:

> Der Begriff Empfindung wird im Allgemeinen für die unmittelbaren Effekte des Reizes benutzt, der auf ein Sinnesorgan einwirkt, und beinhaltet die Aktivität des Sinnesorgans selbst. Im Gegensatz dazu wird der Begriff der Wahrnehmung für die Nachwirkungen der Rezeptoraktivität verwendet, d. h. für Prozesse, die der Reizung folgen und die zentraleren kognitiven Funktionen des Organismus in Anspruch nehmen. (Bourne & Ekstrand, 2005, S. 81)

Die Sinnhaftigkeit des Begriffs Empfindung hängt direkt damit zusammen, ob wir davon ausgehen, dass unsere Wahrnehmung direkt oder indirekt ist. „Empfindungen" werden ja verspürt bzw. wahrgenommen. Aus der Annahme, dass es „Empfindungen" auf Seiten der Rezeptororgane gibt, muss also die Schlussfolgerung gezogen werden, dass die Wahrnehmung indirekt erfolgt.

2.5 Charakteristika der Wahrnehmung

2.5.1 Spezifität

Unsere Wahrnehmung hat in Abhängigkeit vom jeweiligen Sinnesorgan bzw. Sinn eine spezifische Qualität. Sehen hat eine andere Qualität als Hören oder Tasten. Durch das Sehen sind wir auf Gegenstände bezogen, die sich in unterschiedlicher Entfernung von uns befinden. Sehen und Hören werden daher als Fernsinne bezeichnet, während das Tasten ein Nahsinn ist. Auf Ebene der vermittelnden physiologischen Prozesse liegt eine Reizspezifität vor, da prinzipiell nur rezeptoradäquate Reize entsprechende Empfindungen und Wahrnehmungen auslösen (s. Tab. 1). Schallwellen z. B. werden nicht optisch wahrgenommen, während elektromagnetische Wellen bestimmter Frequenz das Sehen von Gegenständen ermöglichen.

In Tabelle 1 wird zwischen Empfindung und Wahrnehmung differenziert, in unserer Wahrnehmung selbst lassen sich Empfindung und Wahrnehmung aber nicht trennen. Wenn wir wahrnehmen, empfinden wir in bestimmter Art und Weise. Wir nehmen unsere Empfindungen aber nicht auch noch wahr.

Tabelle 1: Spezifität der Wahrnehmung (nach Herkner, 1992).

Reiz	Rezeptor	Empfindung	Mögliche Wahrnehmungen
elektromagnetische Wellen (10^{-5} bis 10^{-4} cm)	Stäbchen und Zäpfchen in der Netzhaut des Auges	Farben, Helligkeit	Gegestände, Personen, Tiere
elektromagnetische Wellen (10^{-4} bis 10^{-2} cm)	Hautzellen	Wärme, Kälte	Feuer, Eis
mechanische Schwingungen von 20 bis 20.000 Hz	Rezeptorzellen im Innenohr (im Vestibularapparat)	Tonhöhe, Lautstärke, Klänge, Geräusche	Stimmen, Musik
Druck	Hautzellen	Berührung	Metalle, Gewebe
Kopfbewegungen	Rezeptorzellen im Innenohr (im Vestibularapparat)	Gleichgewicht, Bewegung	Fallen, Drehen, Beschleunigung
Chemikalien in wässriger Lösung	Geschmackszellen auf der Zunge	süß, sauer, salzig, bitter	Speisen, Getränke
Chemikalien im gasförmigen Zustand	Riechzellen in der Nase	Gerüche	Blumen, Speisen

Die Reizspezifität hat ihre Grenzen. So formulierte schon der Physiologe Johannes Müller (ein Lehrer von Hermann Helmholtz) 1826 das Gesetz der spezifischen Sinnesenergien. Demnach ist es „ganz gleichgültig, von welcher Art die Reize auf den Sinn sind, ihre Wirkung ist in den Energien des Sinnes" (Müller, 1826, S. 45). Das bedeutet, dass ab einer bestimmten Intensität auch ganz unspezifische Reize zu entsprechenden Wahrnehmungen führen. Ein Schlag auf das Auge z. B. kann bewirken, dass wir buchstäblich „Sterne sehen". Somit lösen auch für das Sinnesorgan inadäquate Reize ab einer bestimmten Intensität „organspezifische Empfindungen" aus. Man spricht hier von Empfindungsspezifität.

2.5.2 Selektivität

Wir haben das Gefühl, dass wir im Prinzip alles wahrnehmen, was sich in unserem Sehfeld befindet. Das ist aber ein Irrtum. Schon der „blinde Fleck" demonstriert, dass wir nicht immer alles wahrnehmen. Der blinde Fleck des rechten Auges befindet sich im Sehfeld rechts des Auges, der des linken Auges links vom Auge. Decken Sie bei Betrachtung von Abbildung 5 das linke Auge mit der Hand zu und betrachten Sie eine Weile das Kreuz in der Abbildung. Peripher sollten sie den Kreis noch wahrnehmen können. Wenn Sie jetzt den Abstand zum Bild etwas variieren, werden Sie feststellen, dass der Kreis in einem bestimmten Abstand verschwindet und wieder auftaucht, wenn sie den Abstand verändern.

Abbildung 5: Demonstration des blinden Flecks.

Es gibt noch viel eindrucksvollere Demonstrationen zur Selektivität der Wahrnehmung, und zwar zur Veränderungsblindheit (change blindness), Unaufmerksamkeitsblindheit (inattentional blindness), der Bewegungsblindheit und der relativen Farbenblindheit bei Bewegung. *Veränderungsblindheit* bedeutet, dass wir selbst große Veränderungen in unserem Sehfeld nicht bemerken, wenn wir abgelenkt werden, kurz blinzeln oder ein Schnitt in einer gefilmten Vorführung vorhanden ist. Eindrucksvolle Demonstrationen zur Veränderungsblindheit finden sich auf der Homepage des Psychologen Richard Wiseman.

Ein anderer Effekt ist der der *Unaufmerksamkeitsblindheit*. Fokussieren wir unsere Aufmerksamkeit auf bestimmte Aspekte einer Szenerie, dann können uns selbst sehr auffällige Ereignisse entgehen. Die bekannteste Demonstration zur Veränderungsblindheit stellt das Gorilla-Experiment dar (Simons & Chabris, 1999). In dem Experiment wurden die Vpn instruiert, basketballspielenden Personen zuzusehen und zu beobachten, wie oft gepasst wurde (jeweils die Hälfte der Vpn sollte entweder die weiße oder schwarze Mannschaft beobachten). In einer einfachen Bedingung sollten die Vpn die Anzahl aller Pässe zählen, in der schwierigen Bedingung getrennt Bodenpässe und Pässe ohne Bodenkontakt. Nach ca. 45 Sekunden durchquerte entweder eine Frau mit einem Regenschirm oder eine als Gorilla verkleidete Frau das Spielfeld. Dabei gab es jeweils zwei Bedingungen. In einer Bedingung wurden die Spielszenen und das Störereignis separat gefilmt und dann halbtransparent übereinandergelegt, in der anderen Bedingung fand die Durchquerung tatsächlich statt und wurde auch so gefilmt. Die Ergebnisse zeigen, dass je nach Bedingung ein erheblicher Teil der Vpn das Störereignis *nicht* bemerkt hat (s. Tab. 2). So nahmen bei der schwierigen Aufgabe in der realen Szene ca. 50 % der Teilnehmer den Gorilla *nicht* wahr.

Tabelle 2: Ergebnisse des Experiments zur Unaufmerksamkeitsblindheit bei Simons und Chabris (1999).

	Einfache Aufgabe		**Schwierige Aufgabe**	
Ereignis	Weißes Team	Schwarzes Team	Weißes Team	Schwarzes Team
Transparente Frau mit Regenschirm	58	92	33	42
Transparenter Gorilla	8	67	8	25
Undurchsichtige Frau mit Regenschirm	100	58	83	58
Undurchsichtiger Gorilla	42	83	50	58

Anmerkung: Die Werte geben die Prozentsätze derjenigen Vpn an, die das Ereignis bemerkten.

Bonneh, Cooperman und Sagi (2001) konnten zeigen, dass permanent dargebotene Lichtpunkte bei einem bewegten Bild nicht immer wahrgenommen werden. Eine überzeugende Erklärung dafür gibt es nicht.

Suchow und Alvarez (2011) demonstrierten wiederum eine relative Blindheit für die Farbveränderungen eines Ringes von bunten Kreisen, wenn sich der Ring bewegt. Offenbar belastet die Wahrnehmung der Bewegung unsere Ressourcen so sehr, dass wir lokale Details nicht mehr wahrnehmen können.

Obige Phänomene demonstrieren auch, dass wir nicht immer „Herr“ über unsere Wahrnehmung sind. Die Wahrnehmung hat immer aktive und passive Komponenten (es spielen Top-down- und Bottom-up-Prozesse eine Rolle, s. u.). Wir können nicht immer aktiv beeinflussen (z. B. durch unsere Aufmerksamkeit), was wir wahrnehmen und was nicht. Oftmals sind wir selbst nur staunende Zuseher unserer Wahrnehmung und wundern uns, was uns da widerfährt.

Die Selektivität der Wahrnehmung wird durch unsere Aufmerksamkeit bewusst herbeigeführt. Wir richten die Aufmerksamkeit auf bestimmte Teile unseres Gesichtsfeldes, indem wir den Kopf oder die Augen bewegen. Um etwas scharf zu sehen, müssen beide Augen konvergieren. Jedes Auge vollführt einige Sakkaden (d. h. ruckartige Blicksprünge, zwei bis drei pro Sekunde), um das Gesehene in den Bereich der Fovea (den Bereich des schärfsten Sehens) zu bringen. Zusätzlich gibt es noch Mikrosakkaden, wenn wir etwas fixieren. Das heißt, die Augen befinden sich eigentlich nie in Ruhe (Palmer, 1999).

2.5.3 Kontextabhängigkeit der Wahrnehmung

Unsere Wahrnehmung ist kontextabhängig. Zum Beispiel wird der mittlere Buchstabe in Abbildung 6 im ersten Fall als H, im zweiten als A wahrgenommen und gelesen.

Abbildung 6: Kontextabhängigkeit der Wahrnehmung.

Bei der verblüffenden Adelsonschen Schachbrett-Illusion werden zwei Felder gleicher Helligkeit einmal als schwarzes Feld (Feld A) und einmal als weißes Feld (Feld B) gesehen, weil das eine Feld (B) als im Schatten liegend wahrgenommen wird (s. Abb. 7).

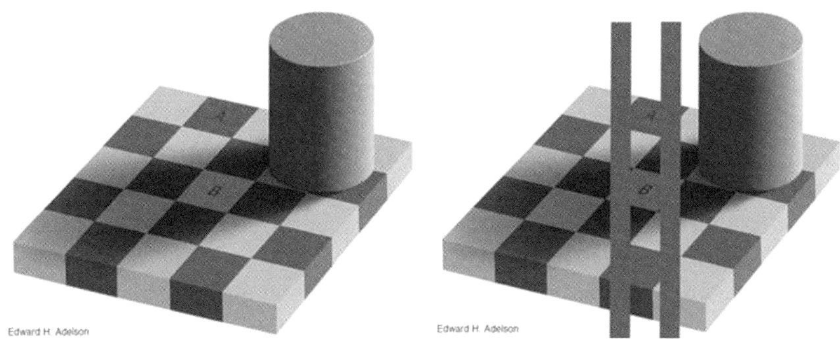

Abbildung 7: Schachbrett-Illusion von Adelson, 1995 (s. http://persci.mit.edu/gallery/checkershadow).

2.5.4 Ganzheitlichkeit der Wahrnehmung

„Unsere Wahrnehmung besteht also nicht aus voneinander unabhängigen Einzelempfindungen, die eine mosaikhafte Gesamtwahrnehmung bilden, sondern: Die vom einzelnen Reiz vermittelte Empfindung wird stets von den gleichzeitigen und unmittelbar vorausgegangenen Wahrnehmungsereignissen mitbeeinflußt“ (Herkner, 1992, S. 4).

Abbildung 8 verdeutlicht, dass wir sogar dort Gestalten sehen können, wo sensorisch überhaupt kein Reiz vorhanden ist. Das Dreieck (a), die Säule (b), die Kugel (c) und die durchlässige Oberfläche in (d) sind sensorisch nicht vorhanden. Gleichermaßen können wir im Bereich der akustischen Wahrnehmung auch hören, wie still es ist. Die Wahrnehmung geht über den rein sensorischen Aspekt hinaus: „Die semantischen Kategorien des Wahrnehmungssystems erschöpfen sich nicht, wie es die empiristische Konzeption nahelegt, in sensorischen Kategorien, sondern gehen weit über alles hinaus, was sensorisch definierbar ist“ (Mausfeld, 2012, S. 9).

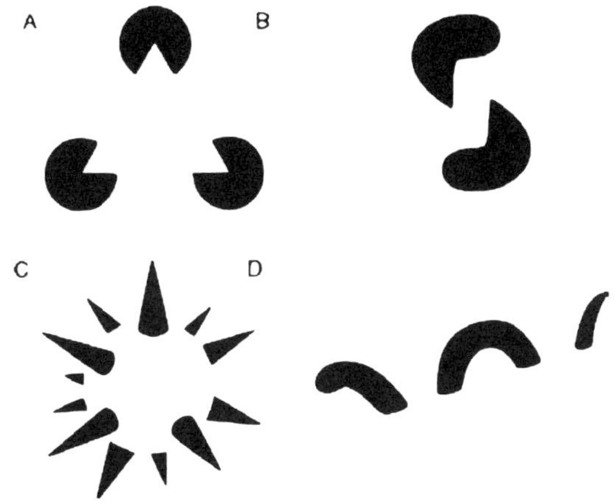

Abbildung 8: Figuren von Kanizsa & Gerbino (1982, aus Mausfeld, 2012).

2.5.5 Begriffsabhängigkeit der Wahrnehmung

Bei der Wahrnehmung spielen Bottom-up- und Top-down-Prozesse eine Rolle. Werden wir mit bestimmten Begriffen konfrontiert, sind auch ähnliche Begriffe und Konzepte semantisch verfügbarer. Es handelt sich hierbei um das sogenannte semantische Priming bzw. eine semantische Voraktivierung. Hört man bspw. den Begriff „blau“, so wird auch der Begriff „Wasser“ oder „Meer“ verfügbarer (die höhere Verfügbarkeit kann z. B. über Reaktionszeit-Experimente erfasst werden). Wird das Konzept „*Alter*“ aktiviert, erkennt man in Abbildung 9 eher eine alte als eine junge Frau.

Abbildung 9: Kippfigur mit alter oder junger Frau (aus https://deecee.de/optische-illusionen/alte-junge-frau/)

Was wir wahrnehmen, ist also auch davon abhängig, welche Konzepte prinzipiell zur Verfügung stehen oder gerade aktiviert wurden. Bei mehrdeutigen Figuren sind mehrere Auflösungen möglich. So kann der Necker-Würfel (benannt nach dem Schweizer Geologen Louis Albert Necker, dem das Phänomen bei Kristallzeichnungen auffiel) als von links unten oder von rechts oben gesehen werden (s. Abb. 10).

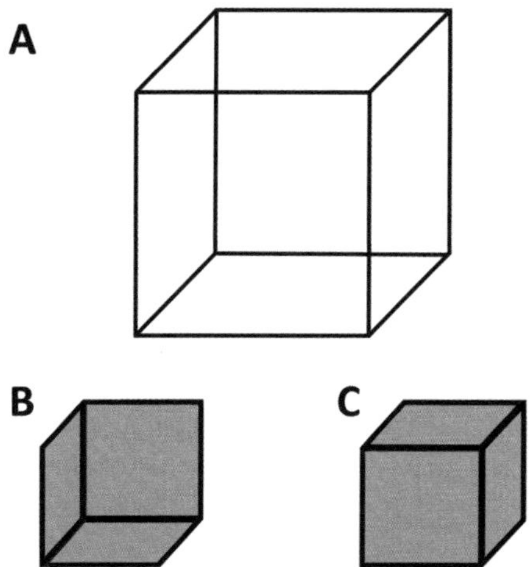

Abbildung 10: Der Necker-Würfel und seine beiden Auflösungen in der Wahrnehmung.

Die drehende Tänzerin (vom Webdesigner Nobuyuki Kayahara im Jahr 2003 entwickelt) wird als sich im Uhrzeigersinn drehend oder gegen den Uhrzeigersinn drehend wahrgenommen. Die Mehrdeutigkeit ergibt sich dadurch, dass bei den Armen und

Beinen nicht eindeutig gesagt werden kann, ob es sich jeweils um den rechten oder linken Arm, um das rechte oder linke Bein handelt und damit auch ob die Frau einem die Vorder- oder Rückseite zudreht (s. Abb. 11). Entsprechend kann z. B. die Hand in Abbildung 11 ganz links als linke oder rechte Hand interpretiert werden, das gehobene Bein als linkes oder rechtes Bein.

Abbildung 11: Einzelbilder der drehenden Tänzerin. Es ist nicht eindeutig bestimmbar, ob man die Figur eher von vorne oder von hinten sieht (http://www.procreo.jp/labo/labo13.html).

In einem Übersichtsartikel von Long und Toppino (2004) zählen die Autoren alle möglichen Erklärungen, die im Laufe der Forschung zu mehrdeutigen Figuren gegeben wurden, auf:

> As we summarize below, the certainly incomplete list of processes hypothesized over the past 170 years to be revealed by the reversible figures [...] includes fluctuations in attention, eye-movement changes, accommodation changes, stimulus complexity effects, natural cortical rhythms, expectancy effects, volitional effects on perception, satiation in the flow of cortical activity, fatigue of localized neural channels, cyclical decision processes, perceptual learning, perceptual hypothesis-testing, preference for novelty, cyclical cortical ‚search' processes, and more. In all cases, the hypothesized processes are not cited as unique to the reversible-figure situation; rather, these processes are proposed as normal visual processes that are more clearly revealed in the reversible-figure situations. (Long & Toppino, 2004, S. 748)

Die Erklärungen lassen sich in kognitive (top-down) und physiologische (bottom-up) Erklärungen kategorisieren. Erwartungseffekte oder lernabhängige Erklärungen wären eher kognitive Erklärungen, kortikale Rhythmen oder Müdigkeit neuronaler Kanäle wären eher physiologische Erklärungen. Man mag dies mit der Situation eines Wissenschaftlers vergleichen, der versucht, den Erfolg/Misserfolg eines Sprinters im 100-m-Lauf zu erklären. Er könnte versuchen, den Erfolg auf die Schrittlänge oder die Schrittfrequenz (Bottom-up-Erklärung) zurückzuführen, er könnte aber auch den Siegeswillen und das harte Training (Top-down-Erklärung) als Ursache annehmen. Am plausibelsten ist beim Läufer wie bei der Wahrnehmung mehrdeutiger Figuren, dass sowohl physiologische als auch kognitive Erklärungen angebracht sind. Die Wahrnehmung mehrdeutiger Figuren (wie die Wahrnehmung insgesamt) unterliegt natürlich Einflüssen, über die wir keine bewusste Kontrolle haben (kortikalen Ermüdungsprozessen, unwillkürlichen Augenbewegungen) – aber nicht nur. Es gibt auch bewusst steuerbare Faktoren, die Einfluss darauf haben, wie wir mehrdeutige Figuren wahrnehmen, und daher ist es auch möglich, mit einiger Übung z. B. den Necker-Würfel relativ beliebig von einer Konfiguration in die andere zu überführen.

Eine faszinierende mehrdeutige Figur ist die konkave Hohlmaske, die als nach außen gewölbt (konvex) interpretiert wird (s. Abb. 12).

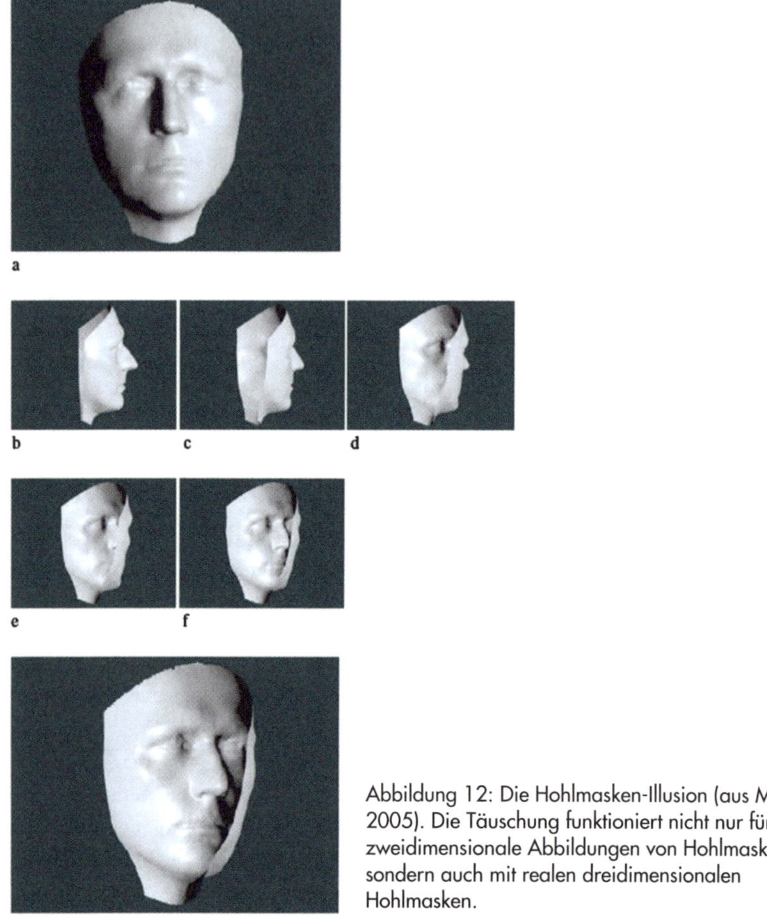

Abbildung 12: Die Hohlmasken-Illusion (aus Mausfeld, 2005). Die Täuschung funktioniert nicht nur für zweidimensionale Abbildungen von Hohlmasken, sondern auch mit realen dreidimensionalen Hohlmasken.

Die Täuschung wirkt bei Gesichtern besonders stark, ist aber auch für andere Formen nachweisbar (s. Abb. 12). Sie tritt monokular wie binokular auf, ist jedoch intensiver bei einäugiger Betrachtung. Geht man um eine Hohlmaske herum (in Abb. 12 von a) nach g) veranschaulicht), hat man das Gefühl, als würde sie einem das Gesicht zudrehen und als würde sich das Gesicht einem zuwenden (bei Abb. 12 g) schaut man eigentlich in die Hohlmaske hinein). Als Maß für die Stärke der Illusion wird der Abstand zwischen Beobachter und Maske herangezogen, bis zu dem die Maske noch als nach außen gewölbt gesehen wird. Je kleiner dieser Abstand ist, desto stärker ist die Täuschung. Hill und Johnston (2007) nennen folgende Faktoren, die einen Einfluss auf die Stärke der Täuschung haben: Erstens ist die Täuschung für vertraute Formen stärker. In ihrer Untersuchung war die Täuschung für die Teddybärform stärker als für die Ananas- oder Muschelform (s. Abb. 13).

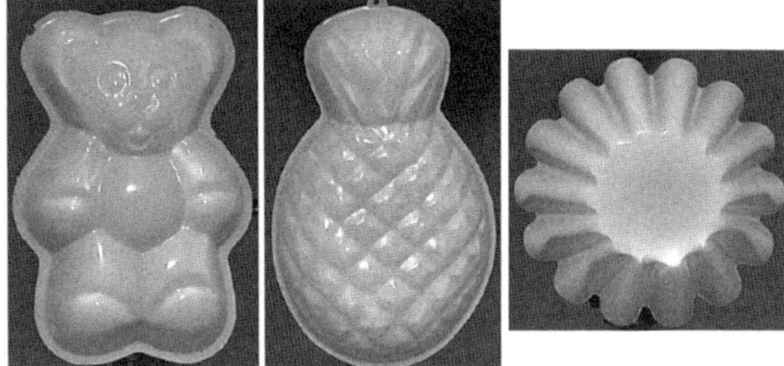

Abbildung 13: Formen zur Hohlmasken-Täuschung von Hill & Johnston (2007).

Zweitens hängt die Stärke der Täuschung auch von der Vertrautheit der Beleuchtung (die Schatten auf dem beleuchteten Objekt können als Tiefenreize interpretiert werden) ab. In der Regel werden Objekte von oben beleuchtet, selten von unten. Wird eine Hohlmaske von vorne beleuchtet (das Licht fällt in die Aushöhlung), wird die Maske ab einer bestimmten Entfernung nicht nur als konvex (statt konkav) wahrgenommen, sondern es dreht sich auch die wahrgenommene Beleuchtungsrichtung um (Hill & Bruce, 1993). Die Illusion ist dann stärker, wenn das Licht scheinbar von oben kommt (in Wirklichkeit von unten), als wenn es tatsächlich von oben kommt (scheinbar von unten). Beim Betrachten von Abbildung 14 ist das nachzuvollziehen. Im rechten Teil der Abbildung scheint das Licht wie beim Bild in der Mitte ebenfalls von links oben zu kommen, obwohl das Bild um 180 Grad gedreht wurde, und der Eierkarton wird als konvex (ausgefüllt) wahrgenommen. In diesem Fall reichen die zweidimensionalen Schattenmuster sogar aus, um den Gegenstand als einigermaßen konvex wahrzunehmen.

Und drittens spielt auch die Vertrautheit der Orientierung eine Rolle. Gesichter oder Teddybären sieht man eher in aufrechter Position als auf dem Kopf stehend. Dementsprechend fällt die Täuschung stärker aus, wenn sich die betrachteten Objekte in aufrechter Position befinden.

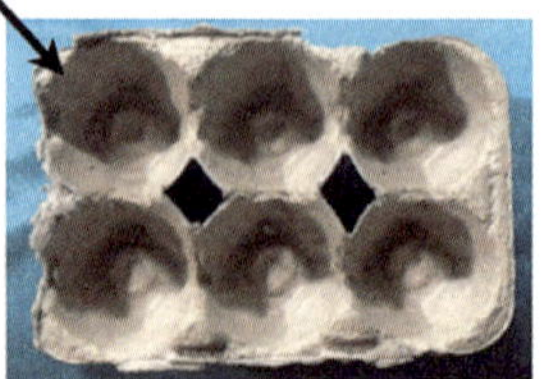
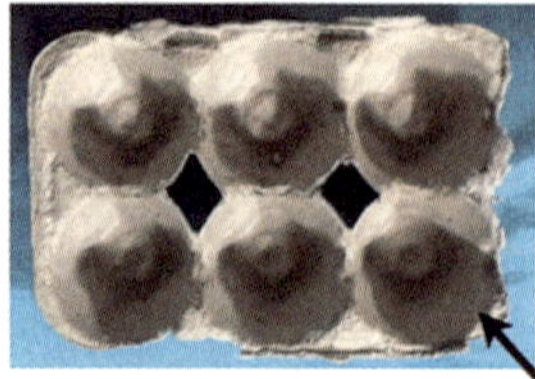

Abbildung 14: Ein Eierkarton, von links oben beleuchtet (Mitte), rechts wurde das mittlere Foto um 180 Grad gedreht (https://www.brainfacts.org/thinking-sensing-and-behaving/vision/2013/depth-perception-and-the-hollow-face-illusion).

Während die meisten Autoren die Hohlmasken-Täuschung als Paradebeispiel für die Wichtigkeit von Top-down-Prozessen ansehen (Vertrautheit mit dem Gegenstand, der Beleuchtung), betonen Hill und Johnston, dass es auch bei dieser Illusion auf das Zusammenspiel von Bottom-up- und Top-down-Prozessen ankommt. Einerseits müssen die sensorischen Daten so zweideutig sein, dass sie eine konvexe Interpretation erlauben; andererseits haben wir Menschen eine starke Präferenz für konvexe Formen und lassen uns umso mehr täuschen, je vertrauter uns der betrachtete Gegenstand ist und je vertrauter die Bedingungen sind, unter denen er betrachtet wird.

2.5.6 Konstruktivität und Plastizität der Wahrnehmung

Wie bereits festgestellt, ist unsere Wahrnehmung nicht nur passiv, sondern auch aktiv gestaltend. Die Experimente mit den Umkehrbrillen (erstmals von Stratton, 1896, durchgeführt) legen für viele Interpreten nahe, dass wir es wahrnehmend sogar zustande bringen, die Welt buchstäblich auf den Kopf zu stellen, wenn wir aufgrund widersprüchlicher Informationen verschiedener Sinneskanäle dazu gezwungen sind. Bei diesen Experimenten (s. den Film zu den Experimenten von Kohler und Erisman, 1950: https://www.uni-wuerzburg.de/awz/archiv/film-fotoarchiv/theodor-erismann/, s. Kohler, 1955) trugen die Teilnehmer eine Brille, durch die sie die Welt um 180 Grad verdreht „auf dem Kopf stehend“ vorfanden. Für die Teilnehmer ist das zunächst eine unangenehme Erfahrung und sie haben große Mühe, ihre Tastempfindungen mit dem Gesehenen in Einklang zu bringen. Im Film von Kohler und Erisman verläuft das Experiment aber so erfolgreich, dass die Vp (Ivo Kohler) nach einiger Zeit sogar selbständig auf dem Fahrrad fahren kann. Am Ende des Experiments soll sich auch die Wahrnehmung komplett umgestellt haben und trotz Umkehrbrille ein aufrechtes Sehen möglich sein. Letztere Interpretation ist aber sehr zu bezweifeln.

Bei den meisten Experimenten mit Umkehrbrillen (z. T. wurde die Brille länger als von Kohler getragen) kam es zu keiner Umkehr der Wahrnehmung. Zwar konnten die Vpn ihre eigenen Bewegungen richtig an die veränderte Wahrnehmungssituation anpassen, sie konnten auch Fremdbewegungen zunehmend richtig einschätzen, aber tatsächlich umgedreht hat sich die Welt nicht (s. Linden et al., 1999). Reisiger (2010) resümiert nach einem 44-tägigen Selbstversuch: „Eine vollständige Restitution des Sehbildes in neuer Aufrichte kann nach heutigen Einsichten bei Erwachsenen wohl kaum durch das Tragen einer Umkehrbrille erzielt werden, sicher nicht in den von Kohler angegebenen Zeiträumen" (Reisiger, 2010, S. 5). Ebenso fällt die Schlussfolgerung von Sekiyama, Hashimoto und Sugita aus: „studies [...] have consistently found adjustment (error reduction) in visually guided behavior [...] or eye-movements [...], but perceptual adaptation has been reported only in limited studies" (Sekiyama et al., 2012, S. 231).

Zum Beispiel hatten die Teilnehmer nach einiger Zeit nicht mehr den Eindruck, dass Personen, die sie ansahen, einen verzerrten Mund und verdrehte Augen hatten. Es ist aber anzunehmen, dass Mund und Augen nach wie vor um 180 Grad gedreht wahrgenommen wurden, nur hatte sich die Vp daran gewöhnt, einen Mund, dessen Mundwinkel extrem nach unten gezogen sind, als Lächeln zu interpretieren. Die Versuche zur sogenannten Thatcher-Illusion zeigen aber, dass wir bei auf dem Kopf stehenden Bildern lokale Veränderungen von vornherein nicht so gut bemerken (Thompson, 1980). In Abbildung 15 wird das um 180 Grad gedrehte rechte obere Gesicht als relativ normal und freundlich interpretiert, während die Veränderungen beim Originalgesicht (rechts unten) sofort auffallen.

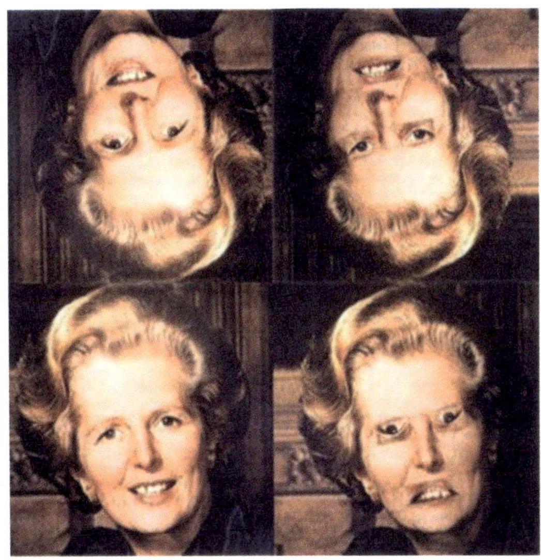

Abbildung 15: Die Thatcher-Illusion (aus Thompson, 1980).

2.5.7 Normativität der Wahrnehmung

Wahrnehmungen können richtig oder falsch sein, unterliegen also einer normativen Bewertung. Wir sind daher empfänglich für Bemerkungen wie „Da hast Du Dich verschaut" oder „Das hast Du gut gesehen". Wir wissen, dass wir uns in unserer Wahrnehmung irren können und unsere Wahrnehmung auch korrigieren können. Wir nehmen z. B. einen Vogel im Baum wahr und identifizieren ihn zunächst als Meise, um dann zu bemerken, dass es sich um einen Grünfinken handelt.

Wahrnehmungen können auch als Rechtfertigungen für Überzeugungen dienen. Man sieht seinen Freund mit dem Auto kommen. Das reicht aus, um mit Fug und Recht annehmen zu können, dass der Freund tatsächlich mit dem Auto gekommen ist. Was man mit den eigenen Augen gesehen hat, stellt sogar einen besonders starken Grund dafür dar, von etwas überzeugt zu sein. Unsere Wahrnehmungen können aber nur dann als Gründe für Überzeugungen dienen, wenn sie „wahr" oder „falsch" sein können. Die Geltung von Wahrnehmungen (Wahrnehmungen können eben gültig oder ungültig, richtig oder falsch sein) zeigt abermals, dass die Ansicht, wonach es sich bei Wahrnehmungen nur um physiologische Prozesse oder das Ergebnis eines physiologischen Prozesses handelt, verfehlt ist. Bei physiologischen Prozessen handelt es sich wie bei physikalisch beschreibbaren Vorgängen um Naturvorgänge, die keiner normativen Bewertung unterliegen. Das kann an einem Beispiel aus der Protophysik von Peter Janich (2000) demonstriert werden, nämlich der falsch gehenden Uhr. Die falsch gehende Uhr falsifiziert kein einziges Naturgesetz, es ist der Natur „gleichgültig", ob die Zeit richtig oder falsch angezeigt wird. Die falsch gehende Uhr verletzt nur die menschliche Zwecksetzung der Zeitmessung. Dementsprechend können auch neuronale Vorgänge niemals falsch oder richtig sein. Sie laufen im jugendlichen Gehirn genauso ungehindert ab wie im Gehirn des dementen Patienten. Falsch oder richtig können nur die Antworten sein, die von Personen gegeben werden, niemals aber die physiologischen Vorgänge selbst.

2.6 Die Physiologie des Sehens

Wenn wir sehen, trifft Licht (physikalisch gesehen elektromagnetische Strahlung im Wellenlängenbereich von ca. 400 bis 700 Nanometern; nm, 1 nm = 1 Millionstel Millimeter) auf unser Auge. Wir sehen nur einen winzigen Ausschnitt des gesamten elektromagnetischen Spektrums (s. Abb. 16).

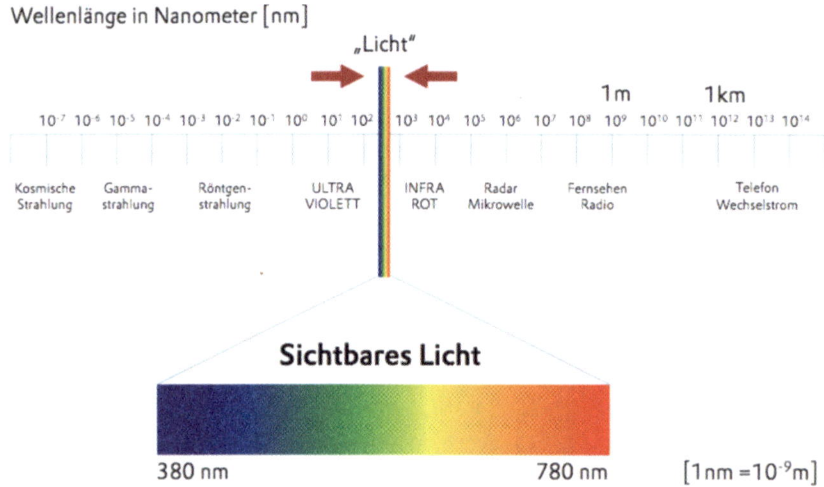

Abbildung 16: Das elektromagnetische Spektrum (https://iba.online/raeume-gestalten(licht/was-ist-licht/).

Die Funktionsweise des menschlichen Auges ähnelt der einer Kamera (s. Abb. 17).

1. Licht kommt durch die transparente Hornhaut auf die Pupille, die von der Iris, der Regenbogenhaut, umschlossen wird. Die Iris funktioniert dabei wie eine Blende und regelt je nach Lichteinfall mittels eigenen Muskeln die Größe der Pupille (des Sehlochs). Je heller es ist, desto kleiner wird die Pupille. Personen mit großer Pupille werden als attraktiver und sympathischer bewertet. Die Verkleinerung der Pupille durch Zusammenzwicken des Auges führt auch zu besserer Tiefenschärfe.

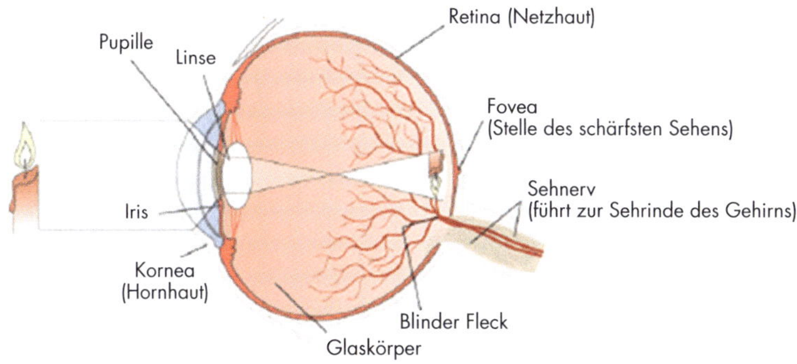

Abbildung 17: Das menschliche Auge (aus Hagendorf et al., 2011).

2. Danach dringt das Licht durch die Linse und den gallertartigen Glaskörper, der dem Auge seine runde Form gibt. Die Linse kann verstellt werden, da durch Zug eines Ringmuskels (des Ziliarmuskels) sich ihre Dicke verändert: Beim Fokussieren auf nahe Objekte muss der Ringmuskel angespannt werden, die Linse wird dadurch kugeliger, beim Fixieren weiter entfernter Objekte entspannt er sich. Diesen Prozess nennt man Akkomodation. Mit zunehmendem Alter verliert der Ringmuskel seine Spannung und die Linse an Elastizität, das Fokussieren naher Objekte gelingt nicht mehr, der Mensch wird alterssichtig. Der Nahpunkt (der kleinste Abstand, bei dem Objekte noch scharf gesehen werden können) entfernt sich immer mehr vom Auge.
3. Danach gelangt das Licht auf die Retina (Netzhaut). Die Fovea ist dabei der Punkt des schärfsten Sehens; der sogenannte blinde Fleck liegt dort, wo der Sehnerv ins Gehirn weiterführt.
   Die Netzhaut bildet den lichtsensitiven Teil des Auges (entsprechend dem Film einer Kamera) und enthält neben Blutgefäßen Zapfen und Stäbchen, die in Pigmentzellen eingebettet sind. Zapfen sind Photorezeptoren für helles Licht, die ein hohes Auflösungsvermögen haben (im Bereich der Fovea befinden sich ca. 50.000 Zapfen pro mm^2). Stäbchen sind Photorezeptoren für schlechtere Lichtbedingungen. Insgesamt gibt es ca. 6 Millionen Zapfen und 120 Millionen Stäbchen auf der Netzhaut (Pollmann, 2008; nach Hagendorf et al., 2011, sind es ca. 5 Millionen Zapfen und 90 Millionen Stäbchen). Im Bereich der Fovea centralis gibt es nur Zapfen, zur Peripherie hin werden es immer weniger; mit den Stäbchen verhält es sich umgekehrt.
   Zapfen und Stäbchen liegen ganz hinten (lichtabgewandt) an der Netzhaut. In den Pigmentmolekülen der Photorezeptoren (z. B. Rhodopsin in den Stäbchen) findet die *Transduktion* statt, die Umwandlung von Lichtenergie in elektrische Signale. Es gibt drei Typen von Zapfen, deren Pigmente jeweils auf unterschiedliche Wellenlängen des Lichts reagieren. Der erste Zapfentyp hat seine maximale Lichtempfindlichkeit bei 440 nm (er ist empfindlich für kurzwelliges Licht), der zweite bei mittelwelligem Licht von 530 nm und der dritte bei langwelligem Licht von 560 nm (Hagendorf et al., 2011).
4. Über die sogenannten bipolaren Zellen erfolgt die Weiterleitung der elektrischen Signale an die Ganglienzellen (s. Abb. 18). In den Ganglienzellen wird die Information zum Teil gebündelt (die Aktivität mehrerer Stäbchen wird addiert, die Aktivität von Zapfen einzeln weitergegeben). Die Axone (Fortsätze von Nervenzellen) der Ganglienzellen laufen zusammen und bilden den sogenannten Sehnerv. Dabei wird die Information von über 100 Millionen Rezeptorzellen in der Retina von ca. einer Million Fasern im Sehnerv weitergeleitet.

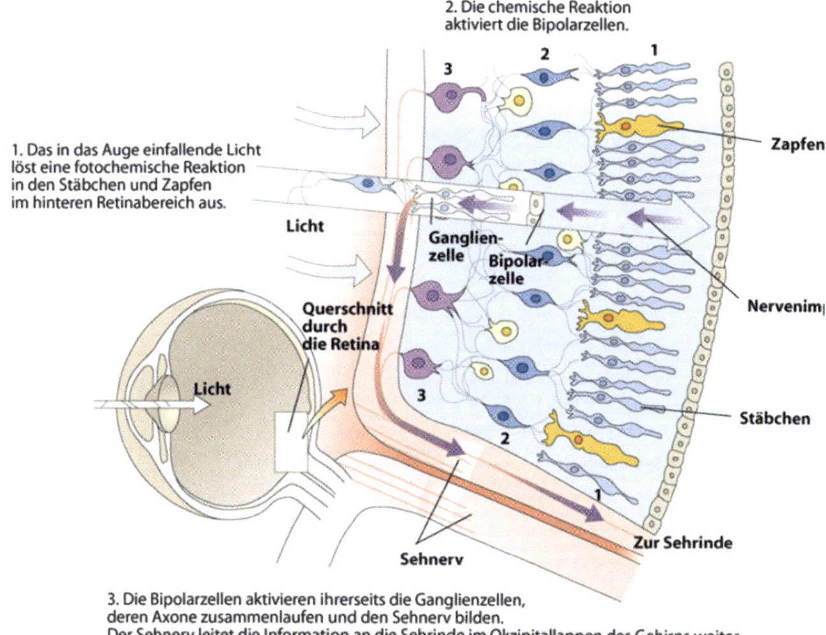

Abbildung 18: Aufbau der Netzhaut (aus Hagendorf et al., 2011).

5. Kurz vor Eintritt in das Gehirn überkreuzen sich die nasal gelegenen Anteile der Sehnerven beider Augen (die innen liegenden Fasern nahe der Nase) zum Chiasma opticum, während die lateral gelegenen Fasern des Sehnervs (die von der Außenseite der Netzhaut wegführen) zur gleichen Hirnhälfte verlaufen (s. Abb. 19). Das linke Gesichtsfeld wird also auf den nasalen Teil der Retina des linken Auges projiziert und auf den lateralen der Retina des rechten Auges (in Abb. 19 der rote Anteil). Von dort ziehen die Nervenfasern in die rechte Hemisphäre. Das rechte Gesichtsfeld wird in die linke Hemisphäre „übertragen". Allerdings erfolgt die Verarbeitung der Information gebündelt. Letztlich haben wir ein einziges Sehfeld und nicht den Eindruck zweier getrennter Sehfelder.

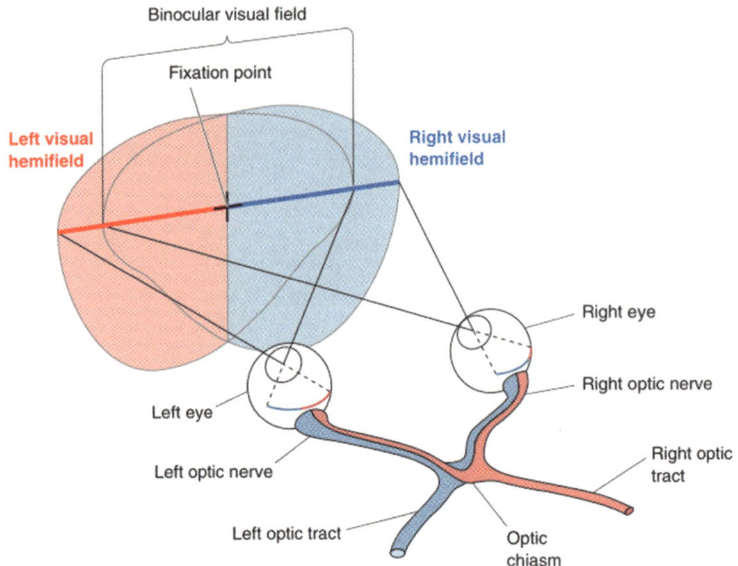

Abbildung 19: Der Weg vom Sehfeld ins Gehirn (aus Bear, Connors & Paradiso, 2007).

6. Von dort wird die Information zunächst in einen Teil des Thalamus (Zwischenhirn), den Corpus geniculatum laterale (seitlicher Kniehöcker), und dann weiter in die Areale des visuellen Cortex (der Großhirnrinde) im Hinterkopf übertragen. Jedem Ort auf der Retina entspricht ein Ort im Corpus geniculatum laterale, im visuellen Cortex und in vielen höheren visuellen Arealen.

Das Phänomen der lateralen Hemmung bestätigt abermals, dass bei der Wahrnehmung immer zwei Aspekte auszumachen sind, nämlich Top-down- und Bottom-up-Prozesse. Die Mach-Bänder (s. Abb. 20) zeigen homogene Bänder unterschiedlicher Grautöne, die als inhomogen wahrgenommen werden. An den Rändern sieht man am Übergang

Abbildung 20: Mach-Bänder. Am Übergang vom dunkleren zum helleren Band ist auf der dunklen Seite ein dunklerer Streifen und auf der helleren Seite ein hellerer Streifen zu sehen.

von einem Grau zum helleren Grau einen noch helleren Streifen, am Übergang vom hellen zum dunkleren Grau einen dunkleren Streifen, wodurch es zu einer Verstärkung der Kontraste kommt.

Das Phänomen der Mach-Bänder kann durch laterale Hemmung erklärt werden. Unter lateraler Hemmung versteht man, dass aktivierte Rezeptoren der Retina benachbarte Rezeptoren in ihrer Aktivität hemmen. Das Ausmaß der Hemmung hängt von der Aktivierung der Rezeptoren ab: Je aktivierter ein Rezeptor, desto größer ist auch die laterale Hemmung. Abbildung 21 veranschaulicht das Prinzip der lateralen Hemmung. Gegeben sei ein Übergang von einem Grau hoher Intensität (helleres Grau) zu einem niedrigerer Intensität (dunkleres Grau). Jeweils drei Rezeptoren liegen im Bereich des hellen (dunklen) Graus. Durch das helle Grau werden die Rezeptoren mit einer Intensität von 100 Einheiten aktiviert, durch das dunkle Grau mit einer Intensität von 20 Einheiten. Die laterale Hemmung beträgt jeweils 10 % der Aktivität. Bei einer Aktivierung benachbarter Rezeptoren mit gleicher Intensität (gleichem Grau) beträgt die resultierende Aktivität 80 (100 – (2 × 10)) bzw. 16 (20 – (2 × 2)) Einheiten. Am Übergang von hoher zu niedriger Intensität wird der letzte Rezeptor auf der Seite hoher Intensität (Rezeptor C) durch den Nachbarrezeptor auf der Seite niedrigerer Intensität (Rezeptor D) schwächer gehemmt, seine resultierende Aktivität liegt dann bei 88 (100 – 10 – 2) Einheiten. Das führt zur Wahrnehmung eines Streifens, der deutlich heller ist. Rezeptor D wiederum wird durch den Nachbarrezeptor C stärker gehemmt (–10), seine resultierende Aktivität liegt damit bei 20 – 10 – 2 = 8 Einheiten, der entsprechende Streifen wird deutlich dunkler wahrgenommen. Das Phänomen der lateralen Hemmung führt also zu einer Kontrastverstärkung benachbarter Konturen.

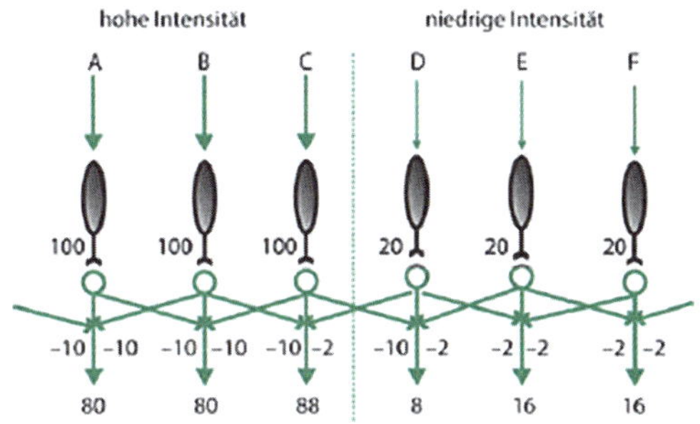

Abbildung 21: Laterale Hemmung am Beispiel von sechs Rezeptoren (aus Hagendorf et al., 2011).

Phänomene wie das Hermann-Gitter (von Ludimar Hermann 1870 entdeckt, Abb. 22), bei dem an der Kreuzungsstelle der weißen Linien zwischen den schwarzen Quadraten graue Punkte aufflackern, können durch laterale Hemmung erklärt werden. Richtet man jedoch die Aufmerksamkeit auf einen einzelnen Punkt, so verschwindet er. Beim Ehrenstein-Gitter (benannt nach dem Psychologen Walter Ehrenstein, 1899–1961) werden demgegenüber Aufhellungen an den Schnittstellen wahrgenommen, die ebenfalls durch laterale Hemmung erklärt werden können (s. Abb. 22, unten).

Nicht alle Kontrasteffekte lassen sich durch das Prinzip der lateralen Hemmung zufriedenstellend begründen. Für manche Phänomene ist es unumgänglich, auch kortikale Prozesse oder höhere geistige Funktionen als Erklärung heranzuziehen.

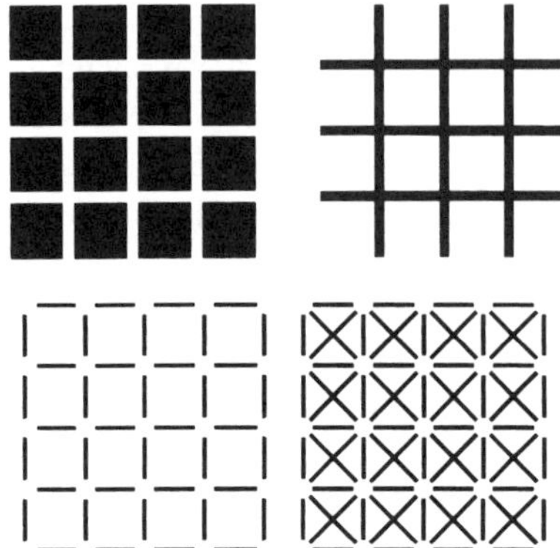

Abbildung 22: Kontrasteffekte beim Hermann-Gitter oben und bei der Ehrenstein-Täuschung unten.

2.7 Psychophysik

Bei der Psychophysik – einem der ältesten Themen der Allgemeinen Psychologie – geht es um Beziehungen zwischen physikalisch messbaren Reizen und unseren Empfindungen und Wahrnehmungen. Als Pionier der Psychophysik gilt Gustav Theodor Fechner (1801–1887), der die Psychophysik folgendermaßen definiert:

> Unter Psychophysik verstehe ich überhaupt eine Lehre von den Beziehungen zwischen Körper und Seele, welche auf der Verbindung des physischen und psychischen Maßes fußt, und sich dadurch in die Reihe exacter Lehren stellt.
> Ich unterscheide eine äußere und eine innere Psychophysik, jenachdem [sic!] es sich um die Beziehungen der Seele zu der körperlichen Außenwelt oder der körperlichen Innenwelt handelt. (Fechner, 1858, S. 21)

Diese Unterscheidung hat im Prinzip bis heute Gültigkeit (s. Abb. 23).

Die äußere Psychophysik behandelt den Zusammenhang zwischen physikalischen Eigenschaften der Umweltreize und der Wahrnehmung. Eine typische Fragestellung wäre z. B., wie die empfundene Lautstärke mit der Änderung des Schalldrucks zusammenhängt.

Die innere Psychophysik beschäftigt sich mit dem Zusammenhang zwischen neurobiologischen Faktoren und der Wahrnehmung, also z. B. mit der Frage, was in bestimmten Hirnarealen passiert, wenn ein Musikstück gehört wird oder Farben gesehen werden. Die folgenden Ausführungen befassen sich hingegen mit den Grundlagen der äußeren Psychophysik.

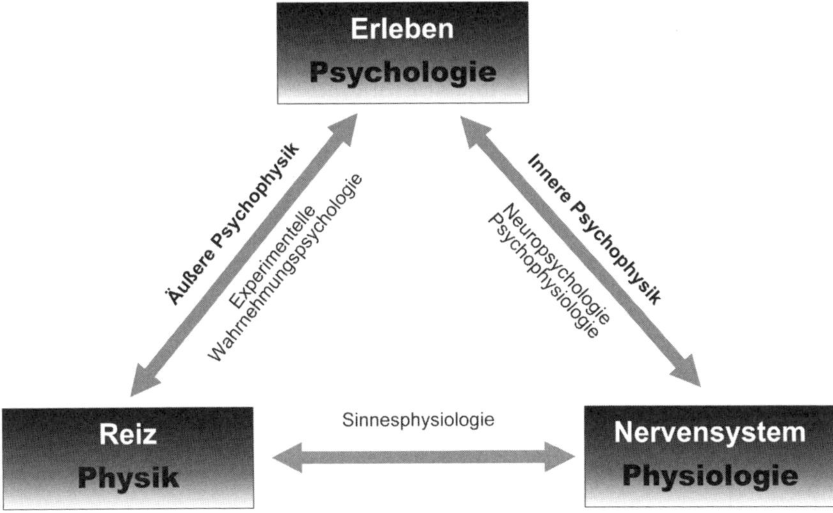

Abbildung 23: Das Dreieck der Beziehungen zwischen Reiz und Erleben (äußere Psychophysik), Nervensystem und Erleben (innere Psychophysik) und Reiz und Nervensystem (Sinnesphysiologie).

Fechner ging davon aus, dass Empfindungen mehr oder weniger stark sein können und dass die Stärke der Empfindungen auch quantitativ bestimmt werden kann:

> Von vorn herein und im Allgemeinen kann nicht bestritten werden, dass das Geistige überhaupt quantitativen Verhältnissen unterliegt. Denn nicht nur lässt sich von einer grösseren und geringeren Stärke von Empfindungen sprechen, es giebt auch eine verschiedene Stärke von Trieben, es giebt grössere und geringere Grade der Aufmerksamkeit, der Lebhaftigkeit von Erinnerungs- und Phantasiebildern [...]. Somit unterliegt das höhere Geistige nicht minder als das sinnliche, die Thätigkeit des Geistes im Ganzen nicht minder als im Einzelnen quantitativer Bestimmung. (Fechner, 1860, S. 55)

Dabei stand er vor drei Problemen: Erstens musste er die minimale Reizintensität bestimmen, die überhaupt eine Empfindung auslösen kann *(Detektionsproblem)*. Zweitens musste er die minimale Reizintensität bestimmen, die bei einem vorgegebenen Reiz zu einer Änderung der Empfindung führt *(Diskriminationsproblem)*, und drittens musste er die Frage beantworten, wie der Zusammenhang zwischen Reizintensität und Stärke der Empfindung ausgedrückt werden kann *(Zusammenhangsproblem)*.

Der zentrale Begriff der klassischen Psychophysik ist der Begriff der Schwelle. Eine *Wahrnehmungsschwelle* bezeichnet den Übergang von einer perzeptiven Erfahrung zu einer anderen als Resultat einer minimalen Änderung des physikalischen Reizes. Es gibt zwei grundlegende Arten von Schwellen: absolute Schwellen und Unterschiedsschwellen *(relative Unterschiedsschwellen)*. Unter einer *absoluten Schwelle* versteht man die geringste Intensität eines Reizes, die für eine bewusste Wahrnehmung nötig ist. Eine *Unterschiedsschwelle* gibt den minimalsten Unterschied zwischen Reizen an, der eben noch wahrgenommen wird. Die Grundlage für die Schwellenbestimmung liefert die psychometrische Funktion, die den Zusammenhang zwischen Reiz und Antwort der Person erfasst (s. Abb. 24).

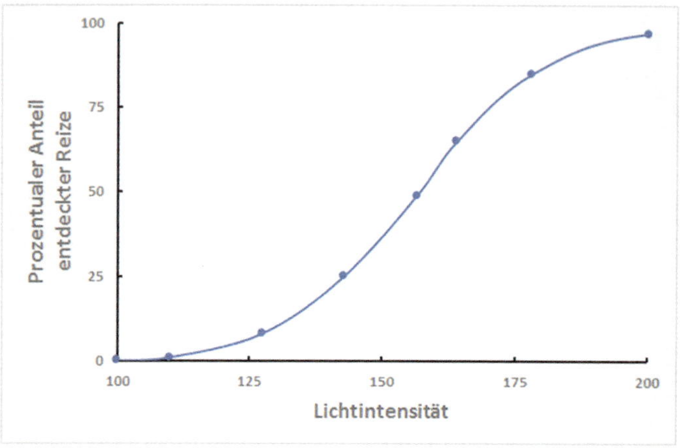

Abbildung 24: Die psychometrische Funktion (modifiziert aus Hagendorf et al., 2011).

Empirisch wird der Wert als Schwellenwert bestimmt, bei dem die Vp in 50 % der Fälle einen Reiz (z. B. einen Lichtreiz) wahrgenommen und in 50 % der Fälle ihn nicht wahrgenommen hat.

Es gibt unterschiedliche Methoden der Schwellenbestimmung. Die beiden wichtigsten sind die *Herstellungsmethode* und die *Konstanzmethode*. Bei der Herstellungsmethode wird die Reizintensität solange von der Vp verändert, bis sich der Wahrnehmungseindruck verändert. Zum Beispiel wird der Schalldruck eines Tones bestimmter Frequenz solange erhöht, bis die Vp den Ton hört (genauer gesagt wird der Wert als Schwellenwert genommen, der in 50 % der Fälle wahrgenommen wird). Auf diese Weise kann die absolute Schwelle bestimmt werden.

Bei der Konstanzmethode wird ein konstanter Reiz sukzessive mit Vergleichsreizen vorgegeben und die Vp soll sagen, ob die vorgegebenen Reize gleich oder unterschiedlich sind. Auf diese Weise kann die relative Unterschiedsschwelle bestimmt werden.

In Tabelle 3 sind verschiedene absolute Schwellen angeführt.

Tabelle 3: Absolute Schwellen für verschiedene Sinnesmodalitäten (aus Galanter, 1962, zit. nach Herkner, 1992, S. 5).

Sehen	Kerzenlicht in dunkler Nacht in ca. 45 km Entfernung
Hören	Ticken einer Armbanduhr in ca. 6 m Entfernung
Schmecken	1 Teelöffel Zucker in ca. 7 Liter Wasser
Riechen	1 Parfümtropfen in einer 6-Zimmer-Wohnung verteilt
Berührung	1 Sandkorn aus ca. 1 cm Höhe auf die Wange fallend

Die Angabe, wonach man eine Kerze bei völliger Dunkelheit noch in ca. 45 km sehen könnte, ist sicherlich viel zu optimistisch. Astrophysiker schätzen, dass eine Kerze in maximal 2,6 km Entfernung noch gesehen werden kann (Freistetter, 2015). Zudem wäre bei einer Entfernung von 45 km schon die Erdkrümmung zu beachten. Man müsste also über 100 m höher als die Kerze positioniert sein, damit diese nicht durch die Erdkrümmung verdeckt wird.

Vor Fechner hatte sich bereits der Sinnesphysiologe Ernst Weber (1795–1878) mit Unterschiedsschwellen befasst und diese auch bestimmt. Er konnte herausfinden, dass die Änderung der Reizintensität, die gerade wahrgenommen wird, (= Unterschiedsschwelle) in einem konstanten Verhältnis zur Intensität des Ausgangsreizes steht:

$$k = \frac{\Delta I}{I}$$

wobei k = Webersche Konstante (je nach Sinnesmodalität anders), I = Reizintensität und ΔI = die Änderung der Reizintensität.

Daraus folgt: Je größer die Reizintensität, desto größer die Unterschiedsschwelle ΔI.

Folgendes Beispiel verdeutlicht den Zusammenhang: Bei einem Gewicht von 200 Gramm wird von den Vpn ein Unterschied von 4 Gramm als schwerer wahrgenommen. Bei einem Ausgangsgewicht von 400 Gramm wird erst ein Gewicht von 408 Gramm als schwerer beurteilt. Die relative Unterschiedsschwelle beträgt damit 4/200 = 8/400 = 0,02. Das heißt, beim Gewicht beträgt die Webersche Konstante 0,02. Eine Änderung von 2 % wird beim Gewicht registriert.

In Tabelle 4 sind verschiedene Unterschiedsschwellen bzw. Webersche Konstanten angeführt.

Tabelle 4: Relative Unterschiedsschwellen für verschiedene Empfindungen (aus Herkner, 1992).

Tonhöhe	0,3 %
Lautstärke	9,0 %
Helligkeit	1,6 %
Länge von Linien	2,5 %
Gewichte (gehoben)	2,0 %
Gewicht (Druck auf die Haut)	15,0 %
Geschmack von Salzlösungen	20,0 %

Einschränkend muss gesagt werden, dass das Webersche Gesetz nur im mittleren Bereich gilt, nicht aber für geringe und hohe Reizintensitäten. Auch wenn die Schlussfolgerung verführerisch ist, dass wir Tonhöhen und Helligkeiten sehr genau differenzieren können, während wir Lautstärken oder Geschmacksunterschiede nicht so gut unterscheiden können (Herkner, 1992), ist ein solcher intermodaler Vergleich höchstens unter genau bestimmten Rahmenbedingungen zulässig. So können bei physikalisch äquivalenten, aber verschiedenartig charakterisierten physikalischen Reizen selbst innerhalb einer Dimension unterschiedliche Werte resultieren (z. B. Bestimmung des Schallpegels über den Schalldruck oder die Schallintensität). Zum anderen hängt die Webersche Konstante auch von der verwendeten Urteilsmethode ab (Nareiis & Mausfeld, 1992). Daher finden sich bei verschiedenen Autoren beträchtliche Abweichungen in den Weberschen Konstanten. Die entscheidende Aussage des Weberschen Gesetzes liegt darin, dass „nicht die absolute physikalische Reizgröße, sondern ihr Verhältnis zur Ausgangsgröße die relevante sensorische Information darstellt“ (Mausfeld, 2001, S. 298).

Fechner knüpfte bei seinen Überlegungen direkt an die Unterschiedsschwellen von Weber an. Er ging *erstens* davon aus, dass das Webersche Gesetz gilt und *zweitens* zog er die Unterschiedsschwelle als Einheit für die Empfindungsstärke heran. Zwei Reize, deren physikalischer Intensitätsunterschied genau eine Unterschiedsschwelle ausmacht, bewirken Empfindungen, die sich in ihrer Stärke „eben merklich“ voneinander unterscheiden unabhängig davon, ob es sich um ganz schwache oder starke Reize handelt. Problematisch ist seine Annahme, dass unterschiedliche Unterschiedsschwellen gleichermaßen zu den Empfindungen beitragen, dass sich also die Empfindungen unterschiedlicher Unterschiedsschwellen zu einer Gesamtempfindung summieren lassen (s. Abb. 25). Damit sollte die zweite Empfindung doppelt so stark sein wie die erste, die vierte doppelt so stark wie die zweite usw.

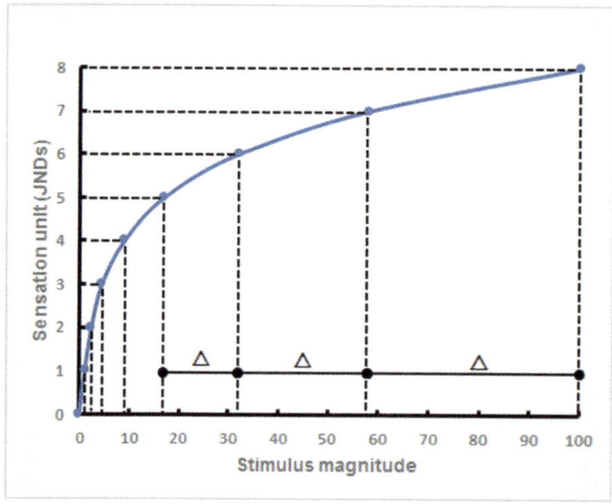

Abbildung 25: Der Zusammenhang zwischen Reizintensität und Empfindungsstärke nach Fechner.

Auf Grundlage seiner beiden Annahmen kam er letztlich zur Formulierung des Gesetzes, das Weber-Fechnersches-Gesetz genannt wird:

$E = k \log I$, wobei E die Empfindungsstärke,
k die Webersche Konstante und I die Reizintensität darstellt.

Die Empfindungsstärke wächst also mit zunehmender Reizintensität, und zwar nach einem logarithmischen Zusammenhang. Aus Abbildung 25 ist ersichtlich, dass die Unterschiedsschwellen mit zunehmender Reizintensität immer größer werden. Im unteren Bereich (schwache Reize) wird also besser differenziert als im oberen. Die Empfindungsstärke wächst folglich viel langsamer als die Reizintensität. Das kann man selbst leicht für Helligkeiten überprüfen, indem man die Helligkeitsunterschiede von vier Glühbirnen (mit 25, 50, 75 oder 100 Watt) vergleicht (Herkner, 1992). Der Helligkeitsunterschied zwischen 25 und 50 Watt ist größer als der zwischen 50 und 75 Watt, dieser wiederum ist größer als der zwischen 75 und 100 Watt. Für unterschiedliche Sinnesmodalitäten fällt der Zusammenhang unterschiedlich aus (moderiert durch die Webersche Konstante). Offen ist, auf welcher Ebene eigentlich die logarithmische Transformation erfolgt (s. Guttmann, 1992).

Drei Theorien stehen dafür zur Verfügung:

1. Die physiologische Theorie: Die Nervenerregungen stehen in logarithmischer Abhängigkeit zum Reiz.
2. Die psychophysische Theorie: Die Empfindung steht in logarithmischer Abhängigkeit zur Nervenerregung.
3. Die psychologische Theorie: Die Reaktion steht in logarithmischer Abhängigkeit zur Empfindung (s. Guttmann, 1992).

Allerdings stellte sich heraus, dass das Weber-Fechnersche Gesetz nicht immer gilt. Bei Schmerzreizen (z. B. durch Gabe von Elektroschocks) reichen bei größerer Intensität kleinere Unterschiede, um eine stärkere Schmerzempfindung auszulösen. Der amerikanische Psychologe Stanley Smith Stevens (1906–1973) konnte diese unterschiedlichen Verläufe von Empfindungskurven in seiner Formel berücksichtigen. Um die Empfindungen zu bestimmen, wandte er die Methode der direkten Größenschätzung an. Er ließ seine Vpn die Empfindungsstärke quantitativ im Vergleich zu einem Standardreiz (der z. B. den Wert 1 erhielt) bestimmen. Wenn die Vpn der Ansicht waren, der Vergleichsreiz wäre doppelt so intensiv (z. B. hell) wie der Standardreiz gewesen, wiesen sie dem Vergleichsreiz den Wert 2 zu. Auf dieser Basis kam er zu folgender Formel:

$$E = k\,I^n$$

wobei E die Empfindung ist, k eine Konstante und n mit der Empfindungsdimension variiert (bei $n < 1$ entspricht die Funktion den von Fechner gefundenen Verläufen, bei $n > 1$ ändert sich die Empfindungsstärke mit wachsender Reizintensität immer stärker, s. Abb. 26).

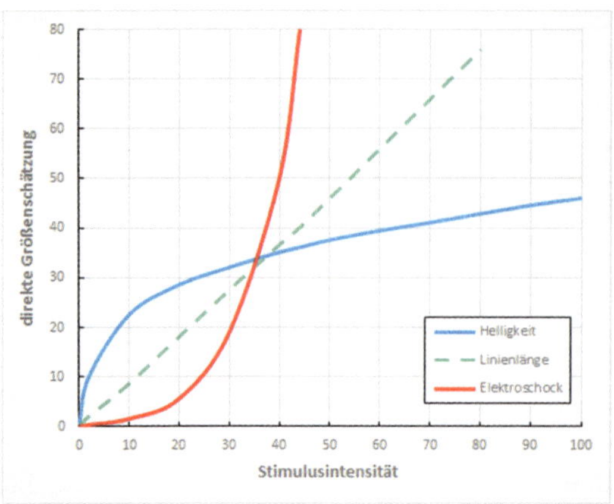

Abbildung 26: Das Psychophysische Potenzgesetz nach Stevens (modifiziert aus Hagendorf et al., 2011).

Für Lautstärke z. B. beträgt der Exponent 0,67, für Helligkeit 0,33, für die Länge von Linien und Kälte 1,0, für süßen Geschmack 1,3, für salzigen Geschmack 1,4 und für Schmerzreize 3,5 (nach Herkner, 1992). Kleine Koeffizienten sind typisch für die „Fernsinne" Sehen und Hören, bei denen es um die Wahrnehmung weiter entfernter Objekte geht, während große Koeffizienten die „Nahsinne" Schmerz oder Geschmacksempfindungen charakterisieren. In diesen Fällen haben wir oft unmittelbaren Kontakt zu den Wahrnehmungsobjekten, die Reizintensität ist daher oft hoch.

Generell ist die Psychophysik mit dem Problem konfrontiert, dass die Empfindungen erst durch die Angaben (Bewertungen, sprachliche Hinweise) der getesteten Vpn zugänglich sind. Während der Vp selbst ihre Empfindungen unmittelbar verfügbar sind, trifft das für außenstehende Beobachter nicht zu. Die Vp steht dabei vor der Entscheidung, ab welchem Grad der Empfindung sie die Auskunft gibt, eine Empfindung gehabt zu haben.

Das folgende Beispiel verdeutlicht dieses Problem (s. Guttmann, 1992): Eine Vp hat die Aufgabe, ja zu sagen, wenn sie ein akustisches Signal hört. Es folgen 100 Darbietungen, 50 mit und 50 ohne Signale. Eine risikofreudige Person A sagt 60 mal ja, davon waren 45 Antworten richtig und 15 falsch. Eine risikoaverse Person B sagt 40 mal ja, davon waren 38 Antworten richtig und 2 falsch. Welche Person hört besser? In Anbetracht der absoluten Anzahl an Treffern ließe sich schlussfolgern, dass Person A besser hört (aber dann würde es genügen, bei jeder Reizdarbietung „ja" zu sagen, und man hätte am Ende mit 50 Treffern besser als die vorsichtige Person B abgeschnitten). Es stellt sich also die Aufgabe, die sensorische Diskriminationsfähigkeit vom nicht sensorischen Faktor der Reaktionsneigung zu trennen. Die von Green und Swets (1966) entwickelte *Signalentdeckungstheorie* leistet genau das.

Werden Reize dargeboten und eine Vp muss entscheiden, ob sie den Reiz wahrgenommen hat, gibt es vier Möglichkeiten:

	Reiz präsentiert	Reiz nicht präsentiert
Vp teilt mit: Reiz wahrgenommen	Treffer	falscher Alarm
Vp teilt mit: Reiz nicht wahrgenommen	Fehler (Verpasser)	korrekte Ablehnung

Verfolgt die Vp die Strategie, ihre Trefferzahl zu maximieren, nimmt sie es in Kauf, viele falsche Alarme zu geben. Ist sie hingegen bestrebt, die falschen Alarme zu minimieren, wird sich auch die Trefferanzahl reduzieren.

2.8 Farbensehen

Man unterscheidet drei Eigenschaften von Farben: Helligkeit, Farbton und Buntheit. Sogenannte achromatische Farben (Weiß, Schwarz, Grau) unterscheiden sich nur in ihrer Helligkeit (s. Abb 27):

Abbildung 27: Achromatische Farben unterschiedlicher Helligkeit.

Chromatische Farben, die den gleichen Farbton aufweisen, können sich ebenso wie chromatische Farben, die unterschiedliche Farbtöne haben, in der Helligkeit unterscheiden (s. Abb. 28):

Abbildung 28: Chromatische Farben gleichen und ungleichen Farbtons bei unterschiedlicher Helligkeit.

Die Buntheit einer Farbe gibt an, wie stark sich eine Farbe von „unbunt“ unterscheidet, indem Weiß oder Schwarz dazugemischt wird: je höher der Weiß- oder Schwarzanteil, desto geringer die Buntheit. Verändert man nur den Weißanteil einer Farbe, verändert sich mit der Buntheit auch die Sättigung der Farbe. Je geringer der Weißanteil ist, desto höher ist die Sättigung (s. Abb. 29):

Abbildung 29: Ein Farbton mit zunehmendem Schwarzanteil (oben) und abnehmender Sättigung unten.

Die wahrgenommenen Farben von Objekten werden großteils durch die Wellenlängen, die diese Objekte reflektieren, bestimmt (s. Abb. 30). Bei den chromatischen Farben werden verschiedene Wellenlängen unterschiedlich stark reflektiert. So reflektieren blaue Pigmentfarben nur kurzwelliges (und schwach mittelwelliges Licht), während Gelb mittel- und langwelliges Licht reflektiert. Die achromatischen Farben sind dadurch gekennzeichnet, dass sie das Licht relativ gleichmäßig über das gesamte Spektrum wahrnehmbarer Wellenlängen reflektieren, wobei der Prozentsatz des reflektierten Lichts je nach Farbe (und Material) unterschiedlich ist. Weißes Papier reflektiert ca. 70–80 % des Lichts, schwarzer Samt hingegen nur 2–4 % (die Reflektanz von Grau unterschiedlicher Helligkeit liegt zwischen der von Weiß und Schwarz).

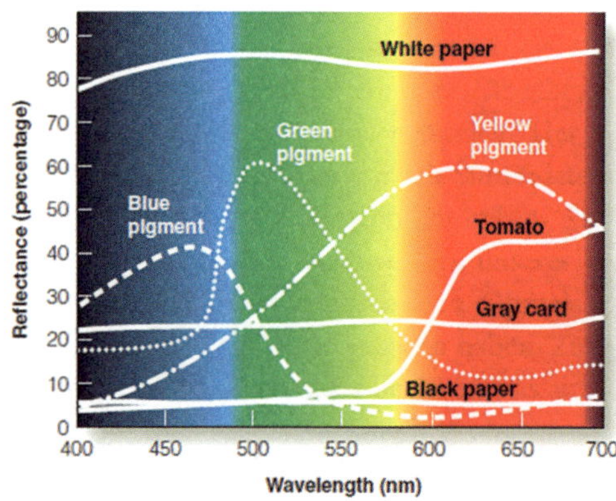

Abbildung 30: Die Reflektanzkurven für verschiedene Pigmentfarben (aus Goldstein, 2010).

Prinzipiell ist die Empfindlichkeit für Licht unterschiedlicher Wellenlängen nicht grundsätzlich gleich. So kann blaues und rotes Licht erst bei höherer Helligkeit, Licht mittlerer Wellenlänge aber auch bei schlechterer Beleuchtungssituation wahrgenommen werden (s. Abb. 31).

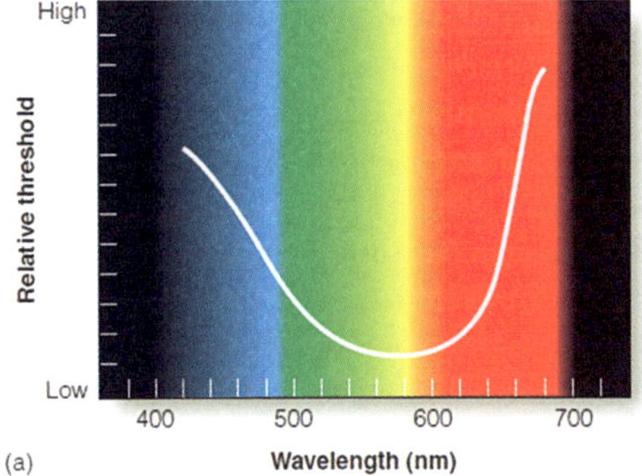

Abbildung 31: Wahrnehmungsschwelle von Licht unterschiedlicher Wellenlänge (aus Goldstein, 2010).

Stäbchen und Zapfen weisen eine unterschiedliche Empfindlichkeit für Licht verschiedener Wellenlängen auf. Während die Stäbchen relativ sensitiv für kurzwelliges (blaugrünes) Licht sind, haben die Zapfen ihre höchste Sensitivität im mittelwelligen Bereich (gelbes Licht) (s. Abb. 32). Im Dunkeln sind nur die Stäbchen aktiv, daher kann man bestimmte Farben (Rot) in der Dämmerung schlecht sehen. Bei hellem Licht sind sowohl Stäbchen als auch Zapfen aktiv, die Aktivität der Stäbchen wird aber durch das Licht gehemmt.

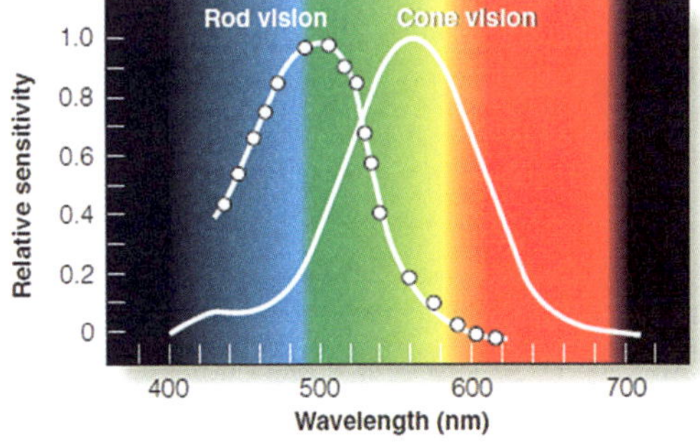

Abbildung 32: Sensitivität von Stäbchen und Zapfen (aus Goldstein, 2010).

2.8.1 Theorien zur Farbwahrnehmung

Dreifarbentheorie

Thomas Young (1773–1829) und Hermann Helmholtz stellten schon im 19. Jahrhundert fest, dass jede Farbe des Lichtspektrums durch Mischung dreier Farben hergestellt werden kann. Darauf aufbauend kamen sie zur Annahme von drei Rezeptorsystemen unterschiedlicher spektraler Empfindlichkeit. Nach dieser Theorie stimuliert Licht einer bestimmten Wellenlänge die drei Rezeptorsysteme in unterschiedlichem Ausmaß und je nach dem Ausmaß der Aktivierung wird eine andere Farbe wahrgenommen. In den 60er-Jahren des 20. Jahrhunderts konnten dann auch der Theorie entsprechend drei Rezeptorsysteme identifiziert werden, indem die Absorptionsspektren dreier verschiedener Zapfenpigmente bestimmt wurden (Goldstein, 2008). Der Zapfentyp, der für kurzwelliges Licht sensitiv ist, hat sein Absorptionsmaximum bei 419 nm, der für mittelwelliges Licht bei 531 nm und der für langwelliges Licht bei 558 nm.

Gegenfarbentheorie

Ewald Hering (1834–1918) vertrat eine alternative Theorie. Er beobachtete das Phänomen negativer Nachbilder: Wenn man eine rote Fläche für etwa 30 Sekunden betrachtet und danach eine weiße Fläche, sieht man ein grünes Nachbild und umgekehrt (die Gegenfarbe von gelb ist blau). Daraus und aus der Tatsache, dass bestimmte Farbkombinationen einander ausschließen (rotes Grün, blaues Gelb), folgerte er, dass es Gegenfarbenmechanismen geben müsse. Er postulierte einen Schwarz-Weiß-Mechanismus, einen Rot-Grün-Mechanismus und einen Blau-Gelb-Mechanismus. In den 1950er- und 1960er-Jahren konnten tatsächlich sogenannte Gegenfarbenzellen in der Retina und im Corpus geniculatum laterale identifiziert werden, die eine erregende Antwort auf Licht eines Spektrums und eine hemmende auf Licht eines anderen Spektrums gaben.

Sowohl Young bzw. Helmholtz als auch Hering hatten also Recht. Heute wird daher eine *Duale Theorie* vertreten (Hurvich & Jameson, 1957). Diese geht davon aus, dass in einer ersten Stufe eine Verarbeitung des Lichts im Sinne der Dreifarbentheorie erfolgt. In einer zweiten Stufe werden dann Prozesse ausgelöst, wie sie die Gegenfarbentheorie postuliert.

2.8.2 Farbmischung

Bei der additiven Farbmischung (s. Abb. 33 links) mischt sich Licht unterschiedlicher Wellenlänge. Bei der Überlagerung von Blau und Gelb entsteht z. B. Weiß, da durch das blaue Licht das Zapfensystem, das für kurzwelliges Licht zuständig ist, aktiviert wird und durch das gelbe Licht das Zapfensystem, das mittel- bzw. langwelliges Licht verarbeitet.

Bei der subtraktiven Farbmischung (s. Abb. 33 rechts) handelt es sich um die Mischung von Pigmentfarben (z. B. Mischen der Farben mit dem Malkasten). Diese Mischung reflektiert jeweils nur das Licht, das weder vom einen noch vom anderen Farbpigment absorbiert wird. Mischt man subtraktiv Blau und Gelb, wird durch das Blau das gesamte langwellige Licht (Gelb und Rot) absorbiert, während das kurzwellige (Blau) und das mittelwellige Licht (Grün) reflektiert wird. Die gelbe Farbe absorbiert hingegen das gesamte kurzwellige Licht, während sie mittelwelliges und langwelliges Licht reflektiert. Insgesamt bleibt damit nur das mittelwellige grüne Licht zur Reflexion übrig.

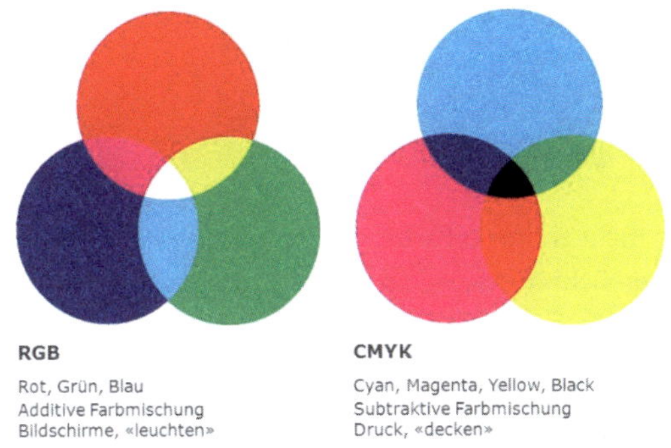

Abbildung 33: Additive Farbmischung (links) und subtraktive Farbmischung (rechts).

2.8.3 Farbenblindheit

Es gibt verschiedene Formen der Farbenblindheit, wobei zwischen totaler Farbenblindheit, bei der nur Graustufen gesehen werden können, und anderen Arten von Fehlsichtigkeit (z. B. die Rot-Grün-Fehlsichtigkeit) zu unterscheiden ist. Während Farbenblindheit bei Frauen und Männern gleich häufig vorkommt, sind einige Arten der Farbfehlsichtigkeit aufgrund des geschlechtschromosomalen Erbgangs bei Männern viel häufiger (die Fehlsichtigkeit wird durch ein Gen auf dem X-Chromosom vererbt, da Männer nur ein X-Chromosom besitzen, kann der Defekt nicht durch ein zweites X-Chromosom mit normalem Gen kompensiert werden).

Farbfehlsichtigkeit kann durch die sogenannten Ishihara-Tafeln getestet werden. In Abbildung 34 sehen Personen mit Rot-Grün-Fehlsichtigkeit links nicht die Zahl 74, sondern das Punktmuster im rechten Teil der Abbildung.

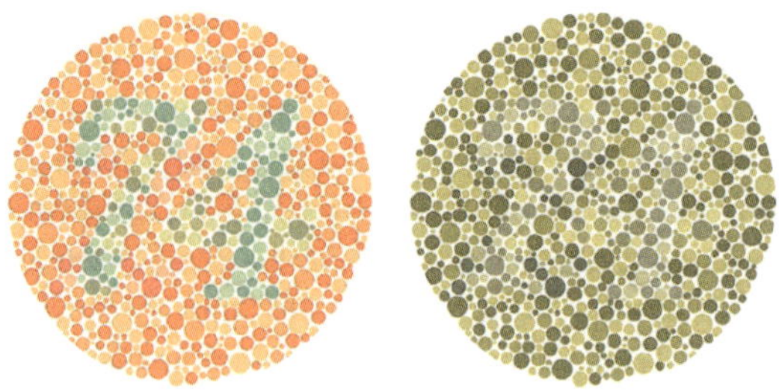

Abbildung 34: Ishihara-Tafeln zur Testung der Rot-Grün-Blindheit (aus Goldstein, 2010).

2.8.4 Offene Fragen der Forschung zu Farben

Die Forschung ist sich nach wie vor nicht einig, ob Farben in der äußeren Welt wirklich vorhanden sind. Aus philosophischer Sicht bieten sich drei Antwortalternativen an.

Erstens kann angenommen werden, dass Farben mit bestimmten physikalisch messbaren Eigenschaften (dem Reflexionsspektrum für Licht unterschiedlicher Wellenlänge) gleichzusetzen sind. Eine solche Position nennt man *Physikalismus*. Nach dieser Sicht bestehen Farben unabhängig davon, ob wir sie wahrnehmen oder nicht (Dorsch, 2009). Allerdings werden auch Gegenstände mit verschiedenen Reflektanzprofilen bzw. aus verschiedenen Wellenlängen gemischtes Licht als gleichfarbig angesehen – man spricht dann von Metameren. Zum Beispiel empfinden wir eine Mischung von rotem Licht mit 620 nm Wellenlänge und grünem Licht mit 530 nm Wellenlänge als gleichfarbig wie gelbes Licht von 580 nm Wellenlänge. Daraus folgt, dass unsere Farbempfindungen nicht mit einzelnen Reflektanzprofilen gesetzmäßig verknüpft sind, sondern höchstens mit einem Spektrum von Reflektanzprofilen.

Zahlreiche Phänomene weisen zudem darauf hin, dass Farbe keine autonome Eigenschaft von Gegenständen, sondern mit anderen Attributen verbunden ist (s. die Schachbrett-Illusion von Adelson, 1995, Abb. 7, S. 42). Abbildung 35 zeigt hierfür ein interessantes Beispiel. Vor einem schwarzen Hintergrund sehen wir drei Bereiche unterschiedlicher Farbe (Reflektanz). Im linken Teil der Abbildung nehmen wir eine untere grüne Fläche im Vordergrund vor einer weißen Fläche wahr, wobei die grüne Fläche transparent erscheint. Rechts erscheint die mittlere kreisförmige Fläche als eigenständige intransparente Oberfläche, obwohl sie dieselbe Reflektanz wie die quadratische mittlere Fläche links hat. Daraus folgt, dass es nicht möglich ist, eine bestimmte Farbe „objektiv“ und physikalisch unabhängig von anderen Eigenschaften des Gegenstandes zu bestimmen (Mausfeld, 2007).

Abbildung 35: Einfluss der Forminformation auf den Farbeindruck (modifiziert aus Mausfeld, 2007).

Betrachtet man die Erdbeeren in Abbildung 36, so erscheinen sie zwar nicht in einem sehr kräftigen Rot, aber die Farbe ist deutlich erkennbar. Tatsächlich aber wurden die Erdbeeren grau gefärbt (die Darstellung neben der Schüssel Erdbeeren zeigt einen vergrößerten Ausschnitt einer Erdbeere), sie enthalten keine roten Pixel. Die Abbildung vergegenwärtigt einmal mehr den Effekt des Kontextes auf unsere Wahrnehmung und demonstriert zudem auf beeindruckende Weise das Phänomen der *Farbkonstanz* (wir nehmen Farben relativ konstant unter unterschiedlichen Beleuchtungssituationen wahr). Bei der Wahrnehmung der Farbe der Erdbeeren wird die generelle Beleuchtungssituation – das Bild ist in einem cyanen Farbton gehalten – mit berücksichtigt (s. Kap. 2.9 zur Helligkeitskonstanz) und so korrigiert, dass die Farbe annähernd so wahrgenommen werden kann, wie sie bei „normaler" Lichtsituation aussehen würde. Die Farbe der Erdbeeren in Abbildung 36 ist offenbar kein Attribut, dass unabhängig von der Beleuchtungssituation verfügbar ist.

Abbildung 36: Erdbeeren ohne rote Pixel (von der Homepage des Psychologen Akiyoshi Kitaoka: http://www.psy.ritsumei.ac.jp/~akitaoka/color16e.html). Rechts ein vergrößerter Ausschnitt einer Erdbeere.

Setzt man Farben mit objektiven Eigenschaften in der Natur gleich, bleibt auch die phänomenale Qualität der Farbwahrnehmung (Farben werden in bestimmter Art und Weise wahrgenommen) unverstanden.

Neben der Annahme, dass Farben mit physikalischen Eigenschaften zu identifizieren sind, gibt es zweitens die These, dass Farben gänzlich eine Illusion darstellen und dass nichts in der objektiven Welt eine Farbe hat *(Subjektivismus)*.

Drittens existiert die Annahme, dass Farben nur die Art und Weise sind, wie wir die Wirkung des Lichts unterschiedlicher Wellenlängen erfahren *(Dispositionismus)*.

2.9 Helligkeitskonstanz

Unter Helligkeitskonstanz versteht man die Konstanz von achromatischer Farbe unter Veränderung der in die Augen reflektierten Lichtmenge. Abbildung 37 stellt beispielsweise ein Schachbrett unter zwei Beleuchtungssituationen dar. Im relativ schwachen Schein der Glühbirne erscheinen die weißen Felder weiß, die schwarzen Felder schwarz. Das ändert sich nicht, wenn das Schachbrett von der strahlenden Sonne beleuchtet wird. Um das genauer zu verstehen, sind die Begriffe der Illuminanz, der Reflektanz und der Luminanz gegeneinander abzugrenzen.

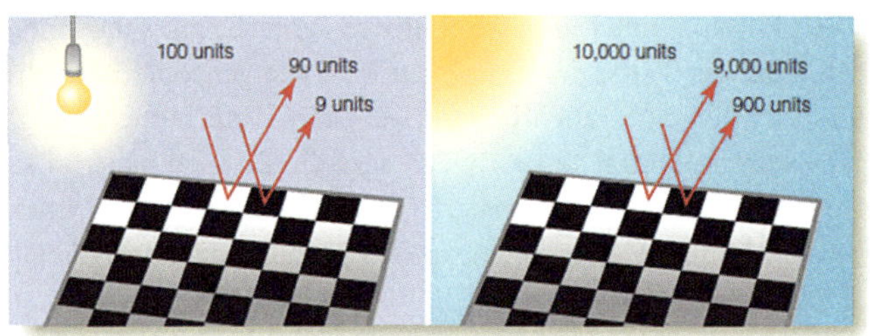

Abbildung 37: Unterschiedliche Beleuchtungssituationen. Die Reflektanz, der relative Anteil an reflektiertem Licht, ändert sich nicht (aus Goldstein, 2010).

Die Intensität des Lichts, die den beleuchteten Gegenstand erreicht, wird als Illuminanz bezeichnet (abgekürzt I, Einheit cd/m^2, Candella pro Quadratmeter als Maß für die Leuchtdichte). Die Reflektanz (R) gibt den Prozentsatz des Lichts an, das die Oberfläche des Gegenstandes reflektiert. Die Lichtmenge, die nach der Reflexion schließlich das Auge erreicht, nennt man Luminanz (L).

Es gilt $L = I \times R$. Wenn von einer Lichtquelle mit 80 cd/m^2 an einer Oberfläche 50 % reflektiert werden, dann beträgt die Luminanz $L = 0{,}5 \times 80 = 40$ cd/m^2.

Weiße Oberflächen reflektieren ca. 90 %, schwarze lediglich 0,1 % des Lichts (der Rest wird absorbiert und in Wärme umgewandelt). Daher bleibt das weiße Autodach in der Sonne kühl, aber die schwarzen Sitze innen fühlen sich glühend heiß an.

Diesen drei physikalischen Größen entsprechen drei psychologische Größen (s. Spering & Schmidt, 2012): Der Illuminanz entspricht die Brightness einer Lichtquelle, der Luminanz die Brightness der Oberfläche und der Reflektanz die Lightness einer Oberfläche.

In Abbildung 37 beträgt die Illuminanz 100 bzw. 10.000 Einheiten, die Reflektanz der weißen Felder liegt bei 90 %, die der schwarzen Felder bei 9 %. Die resultierende Luminanz (L = I × R) liegt damit bei 90 (9) Einheiten bei schwacher Beleuchtung und bei 9000 (900) Einheiten im Falle der starken Beleuchtung. Es ist beachtenswert, dass die schwarzen Felder des Schachbretts, die von der Sonne direkt beschienen werden und deren Luminanz zehnmal so hoch ist wie die der weißen Felder bei schwacher Beleuchtung, dennoch als schwarz wahrgenommen werden. Obwohl sich achromatische Farben nur in ihrer Helligkeit unterscheiden, hängt die wahrgenommene Reflektanz also nicht nur von der Luminanz ab, sondern auch von der Illuminanz. Bereits im 19. Jahrhundert wurde darüber diskutiert, ob die Reflektanz direkt als Invariante verschiedener Beleuchtungssituationen wahrgenommen wird (Hering war dieser Ansicht) oder ob sie unbewusst aus Illuminanz und Luminanz berechnet wird (wie Helmholtz glaubte). Daran erkennt man, dass der Disput zwischen Anhängern direkter und indirekter Wahrnehmung (s. die Theorie von Gibson) die Wahrnehmungsforschung von ihren Anfängen an begleitet.

Die Schachbrett-Illusion von Adelson soll an dieser Stelle unter den Aspekten von Illuminanz, Luminanz und Reflektanz erneut analysiert werden.

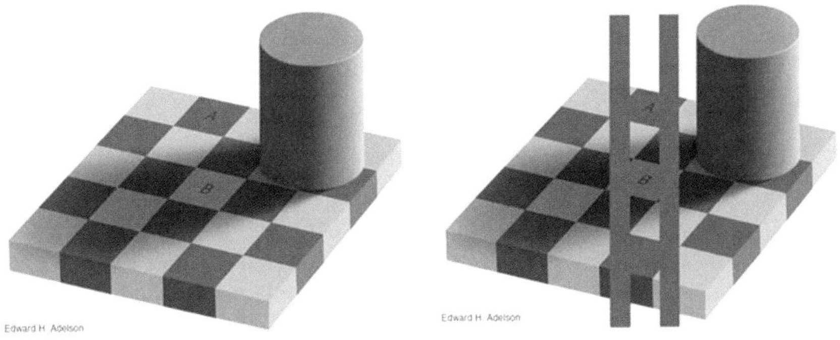

Abbildung 38: Schachbrett-Illusion von Adelson, 1995 (http://persci.mit.edu/gallery/checkershadow).

Im linken Teil der Abbildung 38 haben in unserer Wahrnehmung alle weißen Felder denselben Farbanstrich (die Lightness ist gleich, wir gehen davon aus, dass sie gleich viel Licht reflektieren). Dies gilt auch für die schwarzen Felder. Im Schattenbereich des grünen Zylinders allerdings ist die wahrgenommene Helligkeit der weißen und schwarzen Felder geringer, sie werden als dunkler wahrgenommen, das heißt, die Brightness ist geringer. Das wird von unserem visuellen System aber ausschließlich auf die geringere Illuminanz zurückgeführt. Da die Reflektanz L/I ist und I geringer ausfällt, resultiert eine größere wahrgenommene Reflektanz (Lightness). Der rechte Teil der Abbildung verdeutlicht, das Feld B dieselbe Luminanz besitzt wie Feld A, sich aber im Schatten befindet. Somit liegt der Schluss nahe, dass Feld B einen helleren Farbanstrich hat.

Die Täuschung kommt dadurch zustande, dass der Betrachter das zweidimensionale Bild dreidimensional interpretiert. Dementsprechend nimmt er den Zylinder als schattenwerfend wahr. Stellt man aber Feld A und B direkt gegenüber (wie im rechten Teil der Abbildung), erkennt man, dass A und B dieselbe Reflektanz besitzen und, da zweidimensionale Abbildungen keinen Schatten werfen, auch dieselbe Luminanz aufweisen.

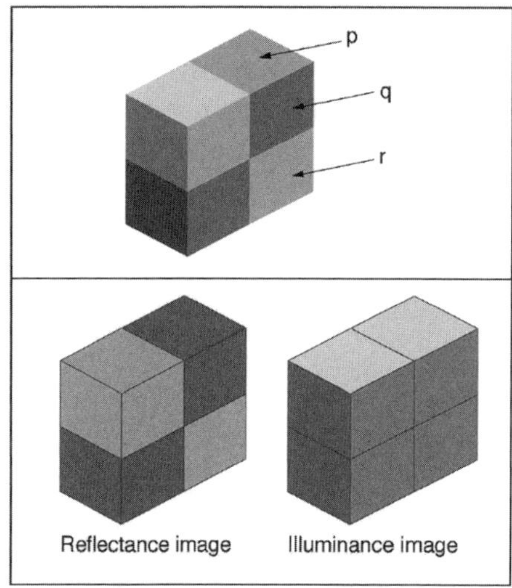

Abbildung 39: Reflektanz-, Illuminanz- und Luminanzwürfel (aus Adelson, 2000).

In Abbildung 39 ist der Zusammenhang zwischen Reflektanz und Illuminanz nochmals dargestellt (aus Adelson, 2000). Der Reflektanzwürfel verdeutlicht unabhängig von der Beleuchtung, welche Reflektanz (Graustufen = Farbe) der aus vier Würfeln zusammengesetzte Würfel aufweist. Im rechten unteren Teil der Abbildung ist die Beleuchtungssituation zu sehen. Das Licht kommt von oben, das heißt, die oberen beiden Flächen werden am stärksten beleuchtet. Die seitliche Schmalkante liegt im Vollschatten, während sich die Vorderfläche im Halbschatten befindet. Der obere Teil der Abbildung zeigt die resultierende Luminanz.

Die Flächen p und q haben zwar die gleiche Reflektanz, werden aber unterschiedlich stark beleuchtet, das heißt, die Illuminanz und damit auch die Luminanz ist unterschiedlich. Die Lightness ist gleich, nicht jedoch die Brightness (man geht davon aus, dass p und q dieselbe Farbe bzw. denselben Grauton haben, aber dennoch wird p als heller wahrgenommen als q).

Vergleicht man die Felder p und r, handelt es sich um zwei Felder unterschiedlicher Reflektanz, wobei das hellere Feld r schwächer beleuchtet wird als das dunklere Feld p. Dies führt dazu, dass die beiden Felder tatsächlich die gleiche Luminanz aufweisen, obwohl sowohl die Lightness (Feld r wird eine hellere Reflektanz zugeschrieben) als auch die Brightness (die wahrgenommene Luminanz von r ist höher) unterschiedlich ist.

Auch in alltäglichen Situationen stehen wir vor der Aufgabe, zwischen der Reflektanz und der Luminanz von Oberflächen zu unterscheiden. Von einer Reflektanzkante spricht man, wenn sich die Reflektanz der Oberfläche ändert (von (a) zu (c) in Abbildung 40), von einer Luminanzkante, wenn sich bei gleicher Reflektanz aufgrund unterschiedlicher Illuminanz die Luminanz ändert (der Übergang von (a) zu (b)).

Abbildung 40: Reflektanz- und Luminanzkanten in einer natürlichen Umgebung (aus Goldstein, 2010).

Wie aus Abbildung 41 ersichtlich ist, spielt der Halbschatten beim Übergang eine entscheidende Rolle dafür, ob eine Kante als Reflektanz- oder als Luminanzkante interpretiert wird. Fehlt der Halbschatten wie bei b), wird die Umrandung des Schattens als Reflektanzkante interpretiert und als eigens gefärbter kreisförmiger Untergrund gesehen. Bei vorhandenem Halbschatten wie bei a) erscheint der kreisförmige Untergrund als Schatten des Bechers (der Übergang wird als Luminanzkante interpretiert).

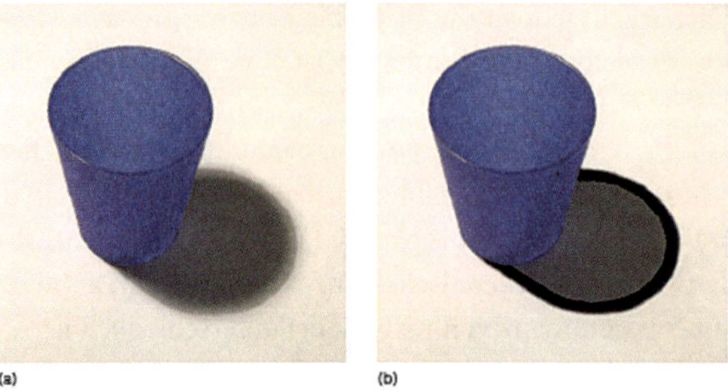

Abbildung 41: Bei Vorhandensein des Halbschattens (a) wird der Übergang vom Schatten ins Licht als Luminanzkante interpretiert, bei seinem Fehlen als Reflektanzkante (b) (aus Goldstein, 2010).

2.10 Tiefenwahrnehmung

Blickt man um sich, so befindet sich alles an seinem Ort. Der wahrgenommene Raum weist Tiefe auf: Manche Gegenstände sind ganz nah, andere weit weg von mir. *„Das Ferne-Moment des optischen Raumes ist [...] als eine ursprüngliche und irreduzible Qualität zu betrachten"* (Linschoten, 1956, S. 23). Wenn in einem völlig verdunkelten Raum nur ein winziger Lichtpunkt zu sehen wäre, so ist dieser Punkt schon als etwas, das dort in der Ferne ist, gegeben. Das Gesehene ist also per se *„dort hinten* [...], von mir, der ich es sehe, entfernt" (Linschoten, 1956, S. 23).

In den Lehrbüchern der Psychologie erfolgt eine Unterscheidung zwischen *okulomotorischen*, *monokularen* und *binokularen* Tiefenreizen bei der Tiefenwahrnehmung. Zu den okulomotorischen Tiefenreizen, die beide Augen betreffen, gehören die Konvergenz der Augen (die Augen sind bei nahen Objekten stärker nach innen gerichtet) und die Akkomodation (stärkere Krümmung der Linse bei Fokussierung auf nahe Objekte). Die Akkomodation ist als ein monokularer Tiefenreiz auch für das einzelne Auge möglich. Die Augenstellung und die Linsenform hängen systematisch mit der Entfernung von Objekten zusammen.

Neben der Akkomodation gibt es *bildbezogene* und *bewegungsinduzierte* monokulare Tiefenreize. Zu den bildbezogenen monokularen Tiefenreizen gehören die Verdeckung, die Konvergenz der Straße, die relative Größe, die relative Höhe im Gesichtsfeld, die vertraute Größe, die atmosphärische Perspektive und der Texturgradient.

Weiter entfernte Objekte werden von näheren verdeckt. Straßen laufen konvergent zusammen und erscheinen in der Ferne schmaler. Weiter entfernte Objekte sind relativ gesehen kleiner als näherliegende (sie nehmen einen kleineren Raum im Gesichtsfeld ein). Für die relative Höhe gilt, dass bei über dem Horizont zu sehenden Objekten das weiter unten im Gesichtsfeld liegende Objekt weiter entfernt erscheint (der Vogel C in Abbildung 42). Bei unter der Horizontlinie befindlichen Objekten suggeriert das weiter

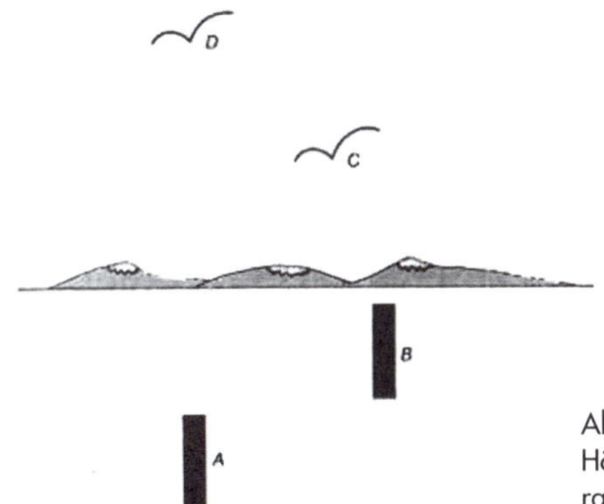

Abbildung 42: Monokularer Tiefenreiz relative Höhe (http://www.unfoto.de/handbuch/raeumlichetiefe/farbeschaerfe.php).

oben im Gesichtsfeld liegende Objekt, weiter entfernt zu sein (der Balken B in Abb. 42).

Anhand der Größe eines vertrauten Objektes (z. B. eines Motorrades) kann man einschätzen, wie weit entfernt das Objekt ist.

Der Begriff der atmosphärischen Perspektive verweist auf den Umstand, dass eine in weiter Entfernung (am Horizont) liegende Szenerie einerseits heller und andererseits bläulich gefärbt erscheint, da das Licht durch die Luft und Staubteilchen gestreut und absorbiert wird, sodass nur mehr Licht kürzerer Wellenlängen das Auge erreichen kann (s. Abb. 43).

Abbildung 43: Die atmosphärische Perspektive (aus Goldstein, 2010).

Ein weiterer bildbezogener Tiefenreiz ist der Texturgradient. Elemente mit gleichen Abständen erscheinen in der Ferne dichter beieinander zu liegen, wie am Zebrastreifen in Abbildung 44 ersichtlich.

Abbildung 44: Der Texturgradient bei einem Zebrastreifen.

Zu den bewegungsinduzierten Tiefenreizen zählen die *Bewegungsparallaxe* und die *Querdisparation*. Die Bewegungsparallaxe ist ein monokularer, die Querdisparation ein binokularer Tiefenreiz.

Die Bewegungsparallaxe ergibt sich, wenn näher entfernte Objekte rascher seitlich an uns vorbeigleiten und weiter entfernte Objekte langsamer (s. Abb. 45). Schauen wir während der Fahrt aus dem Zug, rauschen nahe Objekte schnell an uns vorbei, ohne dass wir sie scharf wahrnehmen können, während Objekte am Horizont nahezu unverändert bleiben. In Abbildung 45 sieht man, dass der Punkt A im Zeitraum der Bewegung von Position 1 zu Position 2 auf der Netzhaut eine viel weitere Strecke „zurückgelegt" hat als Punkt B.

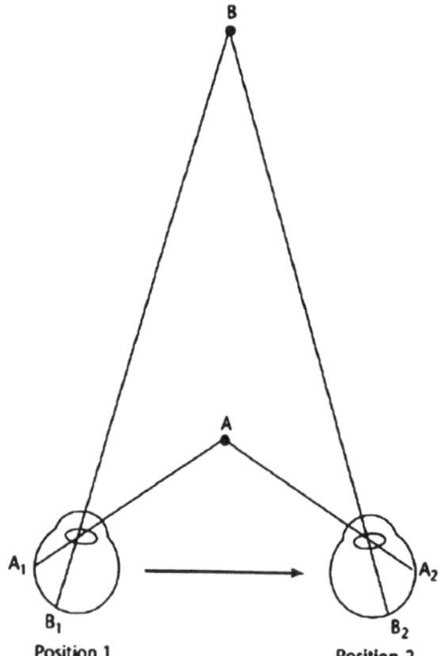

Abbildung 45: Die Bewegungsparallaxe.

Querdisparation (oder auch Querdisparität) bezeichnet den Unterschied zwischen den Netzhautabbildern von linkem und rechtem Auge. Wenn der Bademeister in Abbildung 46 Frieda fixiert, befindet sich das Abbild von Frieda bei linkem und rechtem Auge an derselben Position. Man spricht hier von korrespondierenden Netzhautabbildern (würde man die Netzhäute übereinanderlegen, überlagerten sich die Bilder). Alle Personen, die sich auf dem Horopter (ein gedachter Kreis, der durch die Mittelpunkte der beiden Augenoptiken und den Fixationspunkt verläuft) befinden, werden auf korrespondierenden Netzhautpunkten abgebildet. Das nicht fixierte Mädchen Carole (die sich auch nicht auf dem Horopter befindet) wird hingegen auf disparaten Netzhautpunkten abgebildet. Allgemein ist die Querdisparation umso größer, je weiter ein Objekt vom Horopter entfernt ist. Der Bereich, in dem Bilder von nicht korrespondierenden Netzhautstellen noch als ein Einzelbild wahrgenommen werden, heißt Panum-Bereich[8]. Ist die Querdisparation aber größer, sieht man Doppelbilder. Dies ist leicht zu demonstrieren, indem man durch geringen seitlichen Druck auf den Augapfel die Sehachsenstellung verschiebt und so eine deutliche Querdisparation erzeugt.

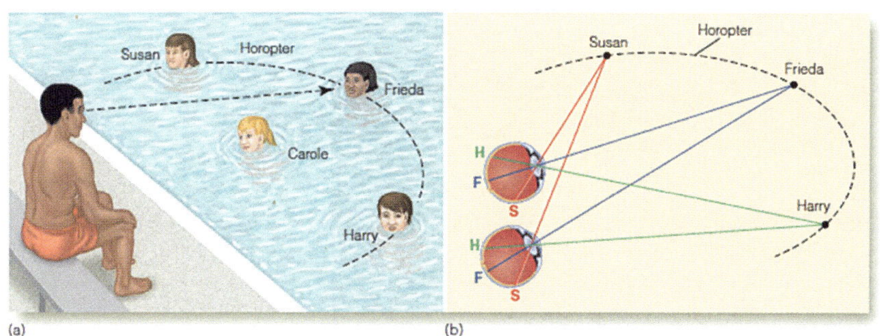

Abbildung 46: Querdisparation (aus Goldstein, 2010).

Betrachtet man seine Umwelt mit nur einem Auge, so hat man zunächst das Gefühl, beinahe ungehindert räumliche Tiefe wahrnehmen zu können. Einige Autoren wie James Gibson vertraten deshalb die Ansicht, dass die monokularen Reize wie der Texturgradient die wesentliche Rolle bei der Tiefenwahrnehmung spielen. Tatsächlich merkt man aber schon beim Einfädeln eines Fadens in ein Nadelöhr, dass dies mit einem Auge weit schwerer fällt als mit zwei Augen. McKee und Tayler (2010) konnten auch empirisch bestätigen, dass die monokulare Tiefenwahrnehmung deutlich schlechter funktioniert als die binokulare. Ihre Vpn mussten einschätzen, ob zwei kleine Metallstäbe auf gleicher Höhe positioniert waren oder sich einige Zentimeter weiter vom Betrachter entfernt befanden (der Abstand zwischen den Betrachtern und den

[8] Benannt nach dem dänischen Physiologen Peter Panum (1820–1885).

Stäbchen betrug ca. einen Meter und die Stäbchen waren 2,5 Zentimeter seitlich voneinander entfernt).

Untersuchungen mit sogenannten Zufallsstereogrammen, die keine andere Tiefeninformation als die Querdisparation enthalten, konnten belegen, dass die Querdisparation alleine ausreicht, um den Eindruck von Tiefe zu gewinnen (Julesz, 1971). Anhand des Autostereogramms in Abbildung 47 kann das nachvollzogen werden. Geht man mit dem Gesicht ganz nahe an die Abbildung heran, sodass die Nase fast das Bild berührt, lässt den Blick ins Leere schweifen, bis sich die Augen daran gewöhnt haben, und entfernt sich dann langsam von dem Bild, ohne dass sich die Ferneinstellung der Augen ändert, so taucht mit einem Mal ein dreidimensional wirkender Kreis aus der Tiefe auf. Die disparaten Bilder der sich wiederholenden Zufallselemente im Bild, die dadurch entstehen, dass nicht auf das Bild fokussiert wird, erzeugen den plastischen Eindruck von Tiefe des zunächst verborgenen Bildes.

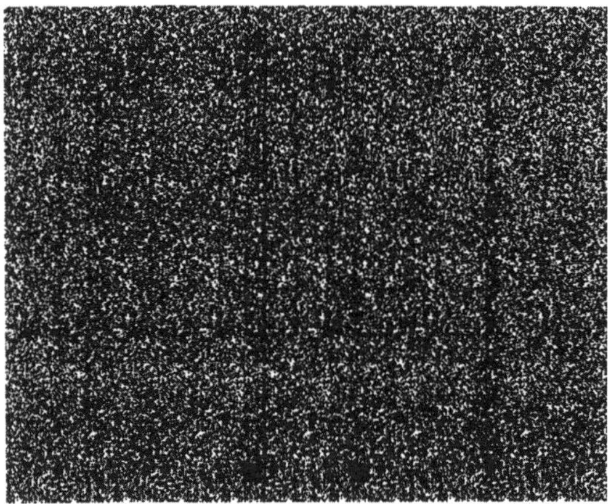

Abbildung 47: Autostereogramm (aus Thimbleby, Inglis & Witten, 1994).

In den gängigen Lehrbüchern werden unterschiedslos im Gesichtsfeld gegebene Inhalte wie die relative Höhe oder die atmosphärische Perspektive, optische Projektionen wie die Querdisparation oder die Bewegungsparallaxe und physiologische Prozesse wie die Konvergenz und Akkomodation der Augen allesamt als Tiefenreize bezeichnet, so als könnten sie alle gleichermaßen vom Organismus verarbeitet werden, um den Eindruck von Tiefe zu gewinnen. Eine ausgearbeitete Theorie, wie diese „Tiefenreize“ zusammenwirken und ob sie das überhaupt tun, fehlt. Bereits Merleau-Ponty hat das problematisiert:

> Konvergenz und scheinbare Größe sind weder Zeichen [sie werden in der Wahrnehmung ja nicht bewusst] noch Ursachen der Tiefe: sie sind in der Tiefenerfahrung gegenwärtig, so wie

> ein *Motiv*, selbst wenn es nicht eigens artikuliert und für sich gesetzt ist, in einem Entschluss. Was versteht man unter einem Motiv, was will man sagen, wenn man von der Motivierung etwa einer Reise spricht? Man meint damit, dass die Reise von gewissen gegebenen Tatsachen veranlasst war, nicht aber so, als hätten diese Tatsachen für sich allein das physische Vermögen besessen, die Reise hervorzubringen, sondern insofern diese Tatsachen Grund gaben, die Reise zu unternehmen. [...] Und gerade dies ist auch das Verhältnis zwischen Erfahrung der Konvergenz oder der scheinbaren Größe einerseits und der der Tiefe andererseits. Sie lassen nicht als ‚Ursachen' wunderbarerweise die Tiefenorganisation erscheinen, sondern sie motivieren sie stillschweigend, insofern sie sie in ihrem Sinne schon einschließen und in sich schon Weisen eines Hinblicks auf Abstand sind. (Merleau-Ponty, 1945/66, S. 301 f.)

Die Konvergenz der Augen z.B. ist für Merleau-Ponty nicht Ursache der Tiefenwahrnehmung, sondern setzt schon die Orientierung auf einen Gegenstand mit Abstand voraus.

2.11 Größenkonstanz

Die Größe eines Objekts nehmen erwachsene Menschen als relativ konstant an, selbst wenn sie das Objekt aus unterschiedlichen Distanzen betrachten und sich mit zunehmender Entfernung der Sehwinkel verkleinert (s. Abb. 48).

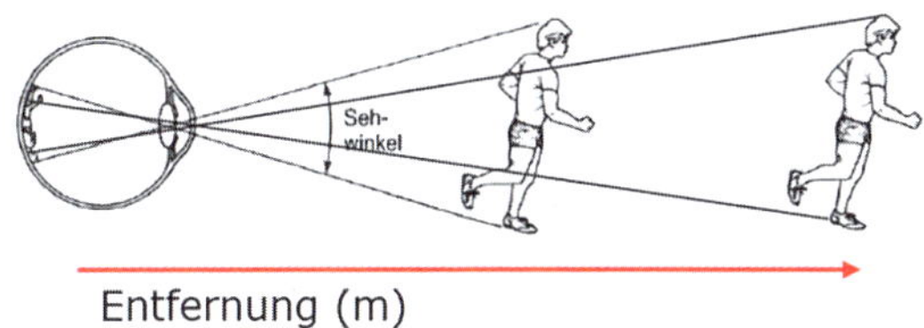

Abbildung 48: Verkleinerung des Sehwinkels mit zunehmender Entfernung.

Dafür wird der Mechanismus der Größen-Distanz-Skalierung verantwortlich gemacht (Gregory, 1966). Nach diesem Mechanismus berücksichtigen wir bei der Beurteilung der Größe eines Objekts neben dem Sehwinkel auch die Distanz, in der wir uns zu ihm befinden. Folgende Gleichung drückt das aus:

$G_W = K \times G_R \times D$, wobei G_W die wahrgenommene Größe, K eine Konstante, G_R die Größe des retinalen Abbildes und D die wahrgenommene Distanz darstellt.[9]

[9] Der Begriff des Netzhautbildes wird hier gebraucht, obwohl auf seine Problematik bereits hingewiesen wurde. Als Abbild darf das Netzhautbild keinesfalls verstanden werden. Vertretbare Deu-

Wenn das „retinale Abbild“ kleiner wird, weil sich ein Objekt (z. B. ein Auto) vom Betrachter entfernt, wird gleichzeitig die Distanz größer und die wahrgenommene Größe bleibt gleich (im gleichen Ausmaß, in dem das retinale Abbild bzw. der Sehwinkel kleiner wird).

Holway und Boring (1941) konnten mit ihrer Versuchsanordnung nachweisen, dass wir bei der Beurteilung der Größe von Objekten nicht nur den Sehwinkel, sondern auch die Distanz berücksichtigen. Ihre Vpn befanden sich an der Kreuzung zweier Gänge (s. Abb. 49). Im einen Gang war eine Vergleichskreisscheibe in fixer Entfernung von ca. drei Metern (10 Fuß) angebracht, während die Testkreisscheibe in einer variablen Entfernung zwischen ca. 3 und 36 Metern (10–120 Fuß) dargeboten wurde. Die Vpn hatten die Aufgabe, die Größe der Vergleichskreisscheibe nach jeder Entfernungsänderung an die Größe der Testkreisscheibe anzupassen. Dabei wurde die Testkreisscheibe mit zunehmender Entfernung vergrößert, um zu gewährleisten, dass die Vpn die Scheibe immer mit einem Sehwinkel von einem Grad sehen.

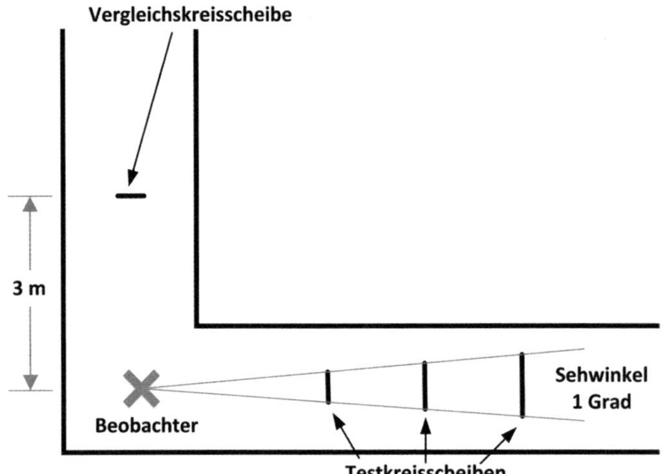

Abbildung 49: Versuchsanordnung modifiziert nach Holway und Boring (1941).

tungen wären a) die abstrakt-mathematische Interpretation als Resultante des Strahlengangs in der Optik und b) eine metaphorische Deutung als „Summe der Vorgänge in den einzelnen Photorezeptoren die den sensorischen Teil der Retina bilden, unter dem Einfluss des auffallenden Lichtes“ (Linschoten, 1956, S. 10). Bei der Diskussion um die Größenkonstanz wäre Interpretation a) zulässig. Noch besser wäre es, in der Formel anstelle der Größe des Netzhautabbildes die Fläche, die ein Objekt innerhalb des Sehfeldes einnimmt (scheinbare Größe), oder den Sehwinkel als Maß für die scheinbare Größe heranzuziehen, wobei $S = D^2 \tan\frac{\alpha}{2}$ mit S als scheinbarer Größe, D als Distanz und α als Sehwinkel. Das Netzhautbild ist proportional zum Tangens des Sehwinkels.

Unter optimalen Bedingungen (freie binokulare oder monokulare Sicht) wurde die Größe der Testkreisscheiben korrekt eingeschätzt, das heißt, es wurden die Entfernung und der Sehwinkel berücksichtigt. Bei reduzierten Tiefenhinweisreizen (monokulare Sicht, Sicht durch eine Lochblende und einen schwarzen Tunnel, um Lichtreflexionen vom Gang zu reduzieren) waren die Schätzungen im Einklang mit dem Gesetz des Sehwinkels, wonach ein kleinerer Sehwinkel ein und desselben Objekts mit einer größeren Entfernung einhergeht. Da der Sehwinkel im Versuch von Holway und Boring konstant bei einem Grad gehalten wurde, beurteilten die Vpn die Testkreisscheiben unter dieser Bedingung immer als gleich groß. Sie hatten offenbar keine Informationsgrundlage, um die Entfernung abschätzen zu können.

Auch die wahrgenommene Größe des Nachbildes hängt davon ab, in welcher Entfernung man das Nachbild betrachtet (wohin man schaut, wenn man z. B. einen roten Kreis betrachtet hat: Blickt man auf das Blatt Papier, das vor einem liegt, oder auf die gegenüberliegende weiter entfernte Wand?). Je nach Entfernung wird das Nachbild auch entsprechend größer. Dieser Zusammenhang wurde 1881 von Emil Emmert (1844–1911) beschrieben und als Emmertsches Gesetz bekannt. Obige Formel kann auch auf das Emmertsche Gesetz angewandt werden. Das retinale Abbild (die sensorische Reizung oder besser der Sehwinkel) bleibt beim Nachbild immer gleich groß. Die Distanz wächst aber mit zunehmender Entfernung zur Fläche, auf der das Nachbild betrachtet wird. Damit wird das Produkt insgesamt größer und ebenfalls die wahrgenommene Größe.

2.12 Optische Täuschungen

Optische Täuschungen sind seit jeher ein beliebtes Thema der Allgemeinen Psychologie. Ein Grund für die anhaltende Faszination liegt sicherlich darin, dass optische Täuschungen herangezogen werden können, um Mechanismen der Wahrnehmung aufzudecken. Aus philosophischer Sicht wiederum wird auf optische Täuschungen verwiesen, weil diese zeigen würden, dass sich die Wahrnehmung nicht direkt auf die Wirklichkeit bezieht. Das grundlegende Argument lautet:

1. Es ist möglich, dass wir uns in der Wahrnehmung täuschen (indem wir z. B. einen im Wasser befindlichen Stab als gebrochen wahrnehmen).
2. Selbst dann, wenn wir uns in der Wahrnehmung täuschen, beziehen wir uns auf etwas.
3. Da wir uns im Falle von Halluzinationen oder auch Täuschungen nicht auf die Wirklichkeit beziehen, können wir uns nur auf Sinnesdaten bzw. (falsche) Repräsentationen der Realität beziehen.

Im Fall des gebrochenen Stabes sehen wir den Stab offenkundig nicht so, wie er in der Realität vorhanden ist. Also nehmen wir nicht die Realität wahr. Diese Argumentation ist jedoch nicht stichhaltig. Von Verteidigern der Theorie der direkten Wahrnehmung wird eingewandt, dass selbst wenn wir akzeptieren, dass wir im Falle des Stabes im Wasser nicht die Wirklichkeit wahrnehmen, damit noch lange nicht feststeht, dass unsere Wahrnehmung sich immer nur auf Repräsentationen der Wirklichkeit bezieht und nicht auf diese selbst. Anhänger des sogenannten Disjunktivismus gestehen zu, dass wir uns im Falle von Täuschungen oder Halluzinationen nur auf Sinnesdaten beziehen, dabei würde es sich aber um einen Sonderfall der Wahrnehmung handeln. Im Normalfall würden wir uns auf die Realität beziehen. Die Theorie heißt Disjunktivismus, weil disjunkte, d. h. unterschiedliche Prozesse für die normale Wahrnehmung und die Wahrnehmung bei Täuschungen oder Halluzinationen angenommen werden. Wenn wir also einen Stab sehen, der gebrochen ist, ist er entweder gebrochen (normale Wahrnehmung) oder es scheint nur so, als wäre er gebrochen (Täuschung).

Eine alternative Verteidigungsstrategie des direkten Realismus weist die Annahme zurück, dass gebrochen aussehende Gegenstände unbedingt gebrochen sein müssen, wenn wir davon ausgehen, die Wirklichkeit wahrzunehmen. Vielmehr schaut ein gerader Stab, der halb im Wasser liegt, eben gebrochen aus und nicht gerade. Der Stab im Wasser hat die Eigenschaft, gebrochen auszusehen, obwohl er es nicht ist, und genau das wird auch wahrgenommen. Es ist also keinesfalls leicht, die richtigen Schlüsse aus dem Vorhandensein von optischen Täuschungen zu ziehen. Der auch in vielen Lehrbüchern der Psychologie aus den optischen Täuschungen gezogene Schluss, dass wir die Welt nicht sehen, wie sie wirklich ist, sondern uns unsere eigene Wirklichkeit „konstruieren", scheint jedenfalls voreilig zu sein.

Die optische Täuschung, die die wissenschaftliche Forschung wohl am meisten beschäftigt, ist die Müller-Lyersche Täuschung, die 1889 von Franz Müller-Lyer vorgestellte wurde (s. Abb. 50).

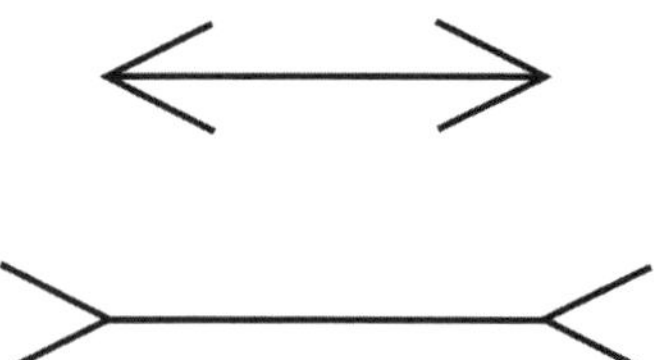

Abbildung 50: Die Müller-Lyersche Täuschung.

Sind die beiden Linien (ohne Pfeilspitzen) gleich lang oder ungleich lang? Obwohl die Linie mit den nach innen zeigenden Pfeilspitzen länger erscheint, weisen die beiden Linien tatsächlich die gleiche Länge auf. Interessanterweise sind nicht alle Kulturen gleichermaßen für die Täuschung anfällig. Segall et al. (1966, zit. nach Henrich, Heine & Norenzayan, 2010) hat schon früh festgestellt, dass es zumindest im afrikanischen Raum Kulturen gibt, die der Täuschung nicht oder nur zu einem ganz geringen Prozentsatz unterliegen (s. Abb. 51).

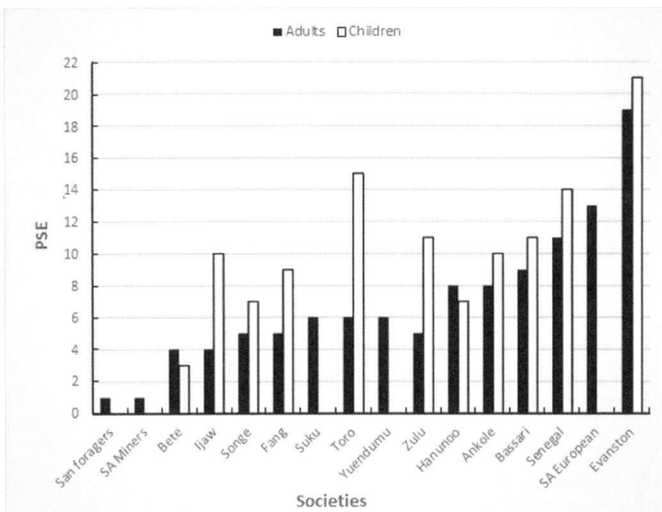

Abbildung 51: Kulturvergleichende Unterschiede bei der Anfälligkeit für die Müller-Lyersche Täuschung (modifiziert nach Segall et al., 1966, zit. nach Henrich et al., 2010). PSE bezeichnet den Prozentsatz, den die Linie mit den nach außen zeigenden Pfeilspitzen länger sein müsste, um als gleich lang beurteilt zu werden.

Die interkulturellen Unterschiede wurden mit einer unterschiedlichen Konfrontation der Kulturen mit Ecken/Kanten oder Kreisen zu erklären versucht. Während die Kulturen ohne Täuschungsanfälligkeit eher Kreiskulturen sind, werden Angehörige der westlichen Zivilisation von Kindheit an mit Ecken bzw. Kanten konfrontiert.

Die Müller-Lyersche Täuschung hat auch praktische Konsequenzen. So konnten Proulx und Green (2011) zeigen, dass sich die wahrgenommene Größe von Figuren auch auf die Aufmerksamkeit auswirkt. Ihre Vpn standen vor der Aufgabe, vertikale Linien zu identifizieren (s. Abb. 52). Dabei wurde die Konfiguration der Müller-Lyerschen Täuschung mit den nach innen zeigenden Pfeilspitzen schneller erkannt (s. Abb. 53).

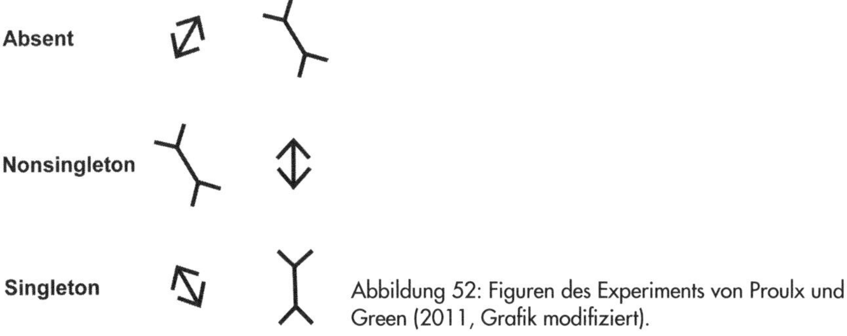

Abbildung 52: Figuren des Experiments von Proulx und Green (2011, Grafik modifiziert).

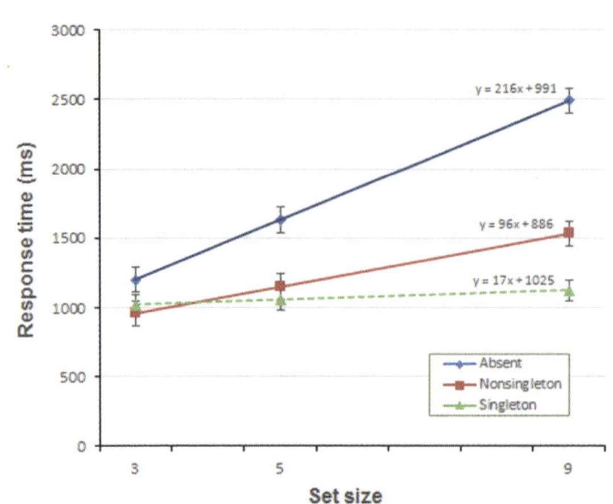

Abbildung 53: Auf vertikale Linien mit nach innen zeigenden Pfeilspitzen (Singletons) wird schneller reagiert (modifiziert nach Proulx & Green, 2011).

Eine populäre Erklärung für die Müller-Lyersche Täuschung stammt von Richard Gregory (1966). Er geht davon aus, dass bei Täuschungen wie dieser die eigentlich adaptiven Mechanismen der Größen-Distanz-Skalierung für den dreidimensionalen Raum in die Irre führen, wenn sie auf eine zweidimensionale Figur angewandt werden. Gregory schreibt: „In a sense all pictures are impossible because they have a dual reality. They are seen both as patterns of lines lying on a flat background and as objects depicted in a quite different three-dimensional space" (Gregory, 1971, zit. nach Funder, 1987, S. 79).

Normalerweise haben wir kein Problem damit, ein und dieselbe äußere Situation aus zwei verschiedenen Perspektiven zu betrachten. So können wir die Dreidimensionalität der Szene eines Bildes wahrnehmen und gleichzeitig sehen, dass es nur ein zweidimensionales Bild ist, das in einem Museum hängt (Mausfeld, 2012, s. Abb. 54).

Bei vielen optischen Täuschungen steht die Eigenschaft der Größe einer Konfiguration der zweidimensionalen Perspektive aber im Widerspruch zur dreidimensionalen Perspektive, bei der die Größe mit der Entfernung variiert. Auf einer zweidimensionalen Fläche kann man ein Objekt mit fixer Größe beliebig platzieren, der Abstand zum Betrachter bleibt immer gleich groß. Fügt man aber die dritte Dimension hinzu, bestimmt der Ort die wahrgenommene Größe.

Im rechten Teil der Abbildung 55 sind die beiden fett gedruckten Linien objektiv gleich lang. Dennoch würde die Konfiguration mit den nach außen zeigenden Pfeilspitzen (die Außenkante des Gebäudes) nur ein Drittel der Länge der Linie mit den nach innen zeigenden Pfeilspitzen (die Innenkante) aufweisen. Im Sinne der Größen-Distanz-Skalierung wird bei der Beurteilung der Länge im dreidimensionalen Raum die Entfernung vom Wahrnehmenden mitberücksichtigt: Da die Außenkante viel näher ist

Abbildung 54: Pieter Jansz. Saenredam, Interieur van St. Laurenskerk te Alkmaar, 1661 (aus Mausfeld, 2012).

als die Innenkante, wird sie dementsprechend als viel kürzer wahrgenommen, als sie es objektiv ist. Gregory vermutet also, dass die beiden an sich zweidimensionalen Linien der Müller-Lyerschen Täuschung immer auch als dreidimensionale Konfigurationen interpretiert werden. Im dreidimensionalen Raum ist eine auf der Netzhaut gleich lange (nähere) Außenkante eines Objekts aber tatsächlich kürzer als die (entferntere) Innenkante desselben Objekts, wie man z. B. bei der Betrachtung einer Schachtel sieht. Wenn man gleichzeitig eine Innen- und eine Außenkante ein und derselben Konfiguration betrachtet, sieht man, dass die Außenkante näher ist.

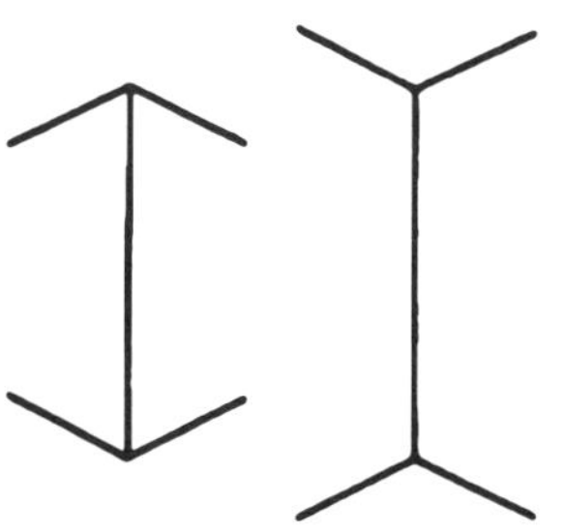

Abbildung 55: Die Interpretation nach Gregory (1966) der Müller-Lyerschen Täuschung (rechts aus Oehler, 1987).

Weitere optische Täuschungen, die im Einklang mit dieser Erklärung von Gregory stehen, sind die Ponzo-Täuschung oder die Täuschung beim Zimmer von Ames (s. Abb. 56 und 57).

Abbildung 56: Die Ponzo-Täuschung (aus Goldstein, 2010). Die beiden gleich großen Meerschweinchen werden als unterschiedlich groß wahrgenommen, da angenommen wird, dass sie sich in unterschiedlicher Entfernung vom Betrachter befinden (im Falle von zweidimensionalen Abbildungen ist das nicht möglich, weil sich alle Punkte der zweidimensionalen Abbildung gleich weit weg vom Betrachter befinden, wodurch das geschilderte Dilemma nach Gregory entsteht).

Die Ponzo-Täuschung veranschaulicht, dass es sich bei manchen optischen Täuschungen eher um trickreiche Täuschungsversuche als um Fehler in der Wahrnehmung handelt. Würde man in der Realität ein Riesenmeerschwein und ein normales Meerschweinchen wie in Abbildung 56 fotografieren, erhielte man genau so ein Bild wie in Abbildung 56. Richtigerweise würde jeder Betrachter des Fotos sagen, dass das im oberen Bildbereich befindliche Meerschweinchen größer ist. Oder man trickst den Be-

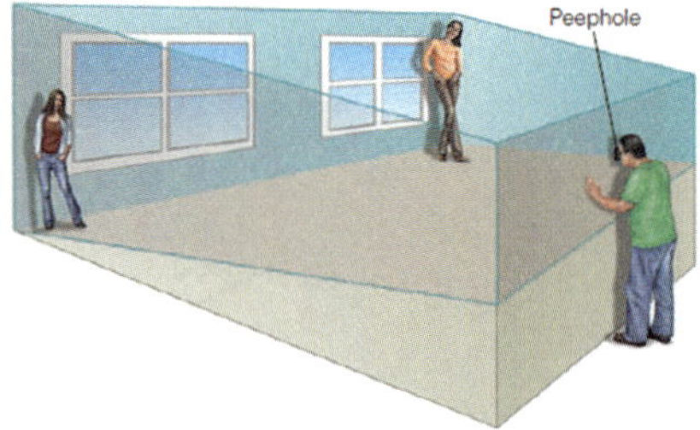

Abbildung 57: Das Zimmer von Ames (aus Goldstein, 2010).

obachter aus und kopiert das Bild von einem normalen Meerschweinchen in den oberen Teil der Abbildung und fragt dann scheinheilig, welches Meerschweinchen denn größer wäre. Dann müsste man aber fairerweise dazusagen, dass es um die Größenschätzung aus zweidimensionaler Perspektive gehe und man versuchen solle, von der dreidimensionalen Perspektive zu abstrahieren.

Beim Zimmer von Ames entsteht der Eindruck, dass sich eine sehr kleine und eine sehr große Person in dem Raum befinden, selbst wenn diese in der Realität gleich groß sind. Tatsächlich ist das Zimmer trapezförmig verzerrt, sodass die linke Ecke viel weiter vom monokularen Beobachter entfernt ist als die rechte. Die Decke steigt von rechts nach links an und die Texturen am Boden und die Bilder an der Wand sind ebenfalls verzerrt und an die Täuschung angepasst.

Die Täuschung beim Zimmer von Ames kann durch zwei Mechanismen erklärt werden. Erstens kommt es zu einer falschen Größen-Distanz-Skalierung wie von Gregory angenommen. Da die wahrgenommene Distanz der beiden Frauen vom Beobachter gleich scheint und das retinale Abbild (der Sehwinkel) der links stehenden Frau kleiner ist, nimmt der Betrachter sie letztlich auch als kleiner wahr. Nach der zweiten Erklärung füllt die rechts stehende Frau den gesamten Abstand zwischen Boden und Decke aus, daher wird sie als größer wahrgenommen (Sedgwick, 2001).

Die Erklärung von Gregory weist eine hohe Plausibilität auf, allerdings spricht dagegen, dass die Müller-Lyersche Täuschung auch bei fehlender Tiefeninformation auftritt (Abb. 58) sowie bei räumlichen Darstellungen, bei denen sich die Zwischenräume zwischen den Winkeln nicht in unterschiedlicher Tiefe befinden (Abb. 59).

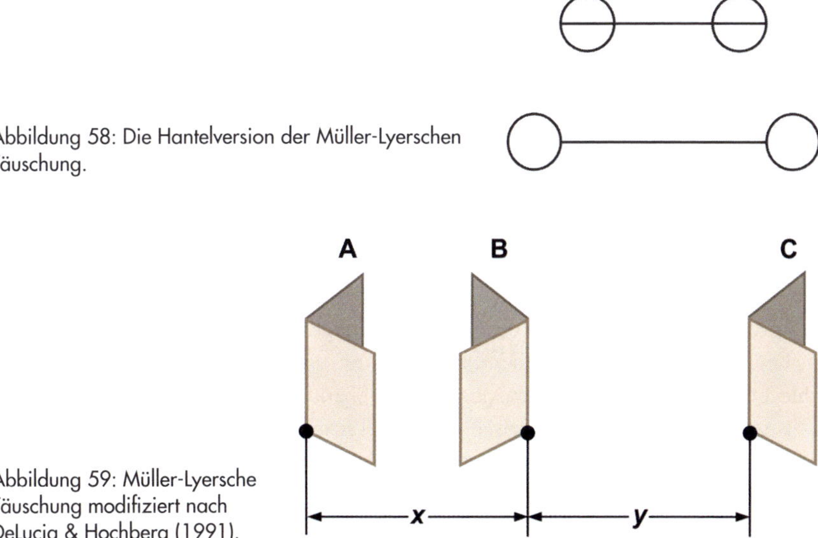

Abbildung 58: Die Hantelversion der Müller-Lyerschen Täuschung.

Abbildung 59: Müller-Lyersche Täuschung modifiziert nach DeLucia & Hochberg (1991).

Ähnlich wie Gregory will auch Gibson (1966) im Fall der Müller-Lyerschen Täuschung nicht von einem Fehler in der menschlichen Wahrnehmung sprechen. Während Gregory unbewusst davon ausgeht, dass Beurteiler die Linie mit den nach innen zeigenden Pfeilspitzen als weiter entfernt und daher größer annehmen, hat sich aus Sicht von Gibson der Informationsgehalt der „Länge der Linie" durch die alternativen Pfeilspitzen verändert. Gibson mit seiner Theorie der „direkten Wahrnehmung" stimmt hier mit der phänomenologischen Position überein:

> Die beiden Strecken der Müller-Lyerschen Täuschung [...] sind weder gleich noch ungleich lang; denn zwingend ist diese Alternative nur in der Welt der Objektivität. Das Gesichtsfeld ist ein einzigartiges Milieu, in dem widersprüchliche Begriffe sich kreuzen, da Gegenstände in ihm – die Müller-Lyerschen Geraden z. B. – nicht auf den Boden des Seins gesetzt sind, auf dem ein Vergleich erst möglich wird, sondern jeder in seinem Zusammenhang begegnet, als gehörten sie nicht zu derselben Welt. [...] Wir müssen uns entschließen, die Unbestimmtheit als positives Phänomen anzuerkennen. (Merleau-Ponty, 1945/1966, S. 24)

Merleau-Ponty (1945/1966) kritisiert die objektivistische Sicht der Wissenschaft, wonach die beiden Linien nur entweder gleich oder ungleich sein könnten:

> [Die Wissenschaft] arbeitet mit einer Vorstellung von Empfindungen, als seien sie Dinge, wo die Erfahrung uns schon Bedeutungszusammenhänge zeigt; sie unterwirft die phänomenale Welt Kategorien, die nur für die Welt der Wissenschaft Sinn haben. Sie fordert, zwei wahrgenommene Strecken, als zwei wirkliche Strecken, müßten gleich oder ungleich sein [...] ohne ein Auge dafür zu haben, dass es dem Wahrgenommenen wesentlich ist, Zweideutigkeiten, Schwankungen, Einflüsse des Zusammenhangs einzuschließen. In der optischen Täuschung von Müller-Lyer ist die eine der Linien der anderen nicht gleich, ohne ihr darum „ungleich" zu sein; sie ist vielmehr „anders". M. a. W., für die Wahrnehmung sind eine isolierte objektive Linie und dieselbe in einem Gestaltzusammenhang nicht „dasselbe". Identifizierbar ist die Strecke in diesen beiden Funktionen allein in einer analytischen Wahrnehmung, die nicht natürlich ist. (Merleau-Ponty, 1945/1966, S. 30)

Übertragen auf unsere Alltagserfahrungen könnte man beim Anblick einer Frau mit Stöckelschuhen fragen, ob die Frau mit oder ohne Stöckelschuhe als größer wahrgenommen wird (jeder weiß natürlich, dass Stöckelschuhe einen größer wirken lassen, die Frage ist, ob sich das Tragen der Schuhe auch auf die Schätzung der „wahren" Größe auswirkt). Die Größe ein und derselben Frau mit und ohne Stöckelschuhe lässt sich schlecht miteinander vergleichen, ohne das Maßband anzulegen.

Es gibt viele weitere geometrisch-optische Täuschungen, bei denen die „Doppelnatur" zweidimensionaler Abbildungen eine Rolle spielt. Einige Beispiele finden sich nachfolgend.

Bei der Sanderschen Täuschung (s. Abb. 60) wird die Diagonale A–B länger als die Diagonale B–C eingeschätzt.

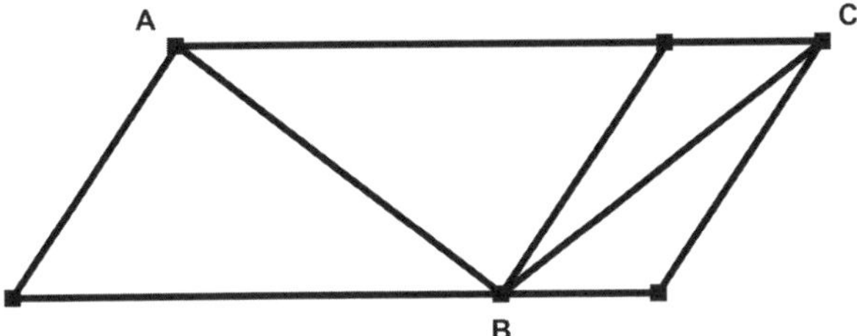

Abbildung 60: Die Sandersche Täuschung (aus Goldstein, 2010).

Bei der Tisch-Illusion von Roger Shepard (1981) haben wir den Eindruck, einen langen, schmalen und einen relativ kurzen, breiten Tisch vor uns zu haben. Tatsächlich sind die beiden Tischflächen deckungsgleich (s. Abb. 61).

Abbildung 61: Die Tisch-Illusion von Shepard (1981).

Bei der T-Täuschung (s. Abb. 62) wirkt die senkrechte Linie länger als die waagrechte Linie.

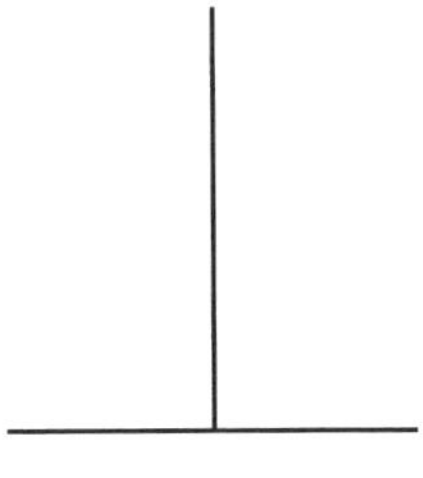

Abbildung 62: Die T-Täuschung (erstmals beschrieben von Adolf Eugen Fick).

Bei der Zöllnerschen Täuschung (s. Abb. 63) scheinen die Linien nicht parallel zu sein.

Abbildung 63:
Die Zöllnersche Täuschung.

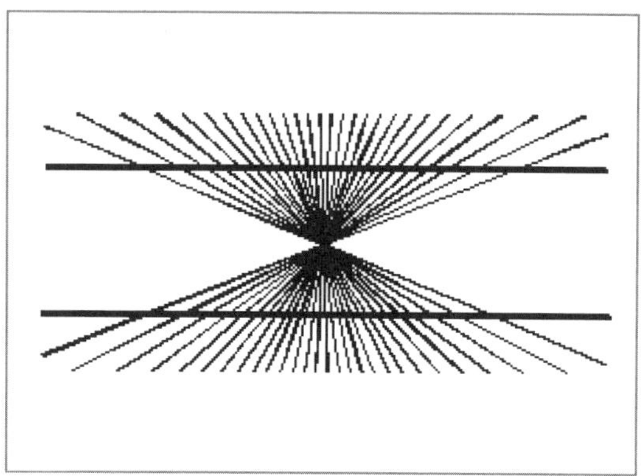

Abbildung 64:
Die Heringsche Täuschung.

Während bei der Heringschen Täuschung (s. Abb. 64) die beiden Linien scheinbar konkav verlaufen, wirkt der Linienverlauf bei der Wundt-Täuschung (s. Abb. 65) konvex.

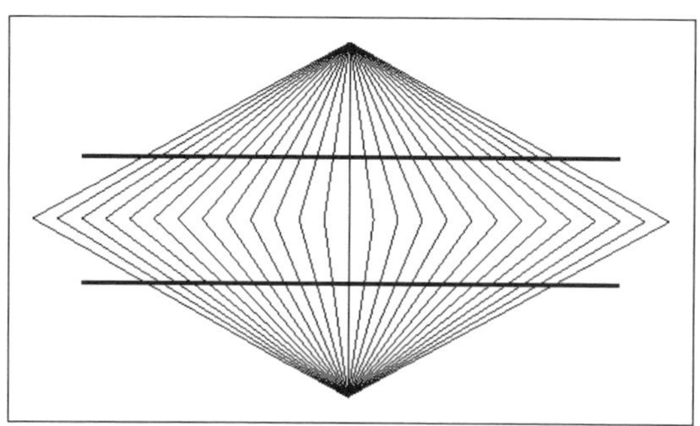

Abbildung 65: Die Wundt-Täuschung.

Der in der Mitte befindliche Kreis erscheint bei der Ehrenstein-Täuschung größer, wenn er von kleineren Kreisen umgeben ist (s. Abb. 66). Die Täuschung wurde mit dem Kontrasteffekt zu erklären versucht (s. Herkner, 1992). Wenn wir z. B. auf der Autobahn gerade 130 km/h gefahren sind, erscheinen uns 50 km/h in der Stadt auf einmal sehr langsam. Umgekehrt können uns 50 km/h recht schnell vorkommen, wenn man gerade im Stau gestanden ist.

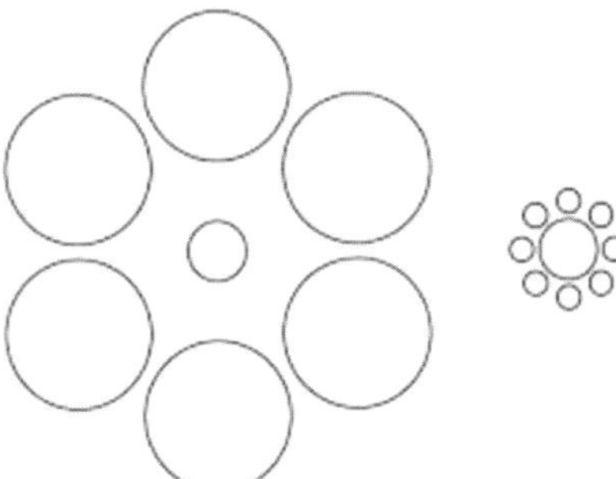

Abbildung 66: Die Ehrenstein-Täuschung.

Bei der Ehrenstein-Täuschung gibt es einige Diskussion darüber, ob die Täuschung bei der visuellen Wahrnehmung stärker ist als bei Handlungen. Von einigen Autoren (z. B. Goodale und Milner, 1992) wurde nämlich postuliert, dass es ein bewusstes und täuschungsanfälliges Wahrnehmungssystem gibt („vision for perception") und ein unbewusstes und wenig täuschungsanfälliges Handlungssystem („vision for action").

Das täuschungsanfällige Wahrnehmungssystem sollte sich bei der Schätzung der Größe des mittleren Kreises durch die Größe und Nähe der umgebenden Kreise täuschen lassen (je näher und kleiner im Verhältnis die umgebenden Kreise sind, desto stärker sollte die Täuschung ausfallen). Das unbewusste Handlungssystem (das auf sensumotorischen Erfahrungen beruht) sollte sich weniger täuschen lassen. Letztere Annahme kann man testen, indem man die Ehrenstein-Täuschung mit Plättchen und einer mit Sensoren ausgestatteten Apparatur prüft. Dabei wird die maximale Griffweite zwischen Daumen und Zeigefinger (als Indikator für die geschätzte Größe eines Plättchens, um dieses ergreifen zu können) bestimmt (s. Abb. 67). Es zeigt sich entgegen

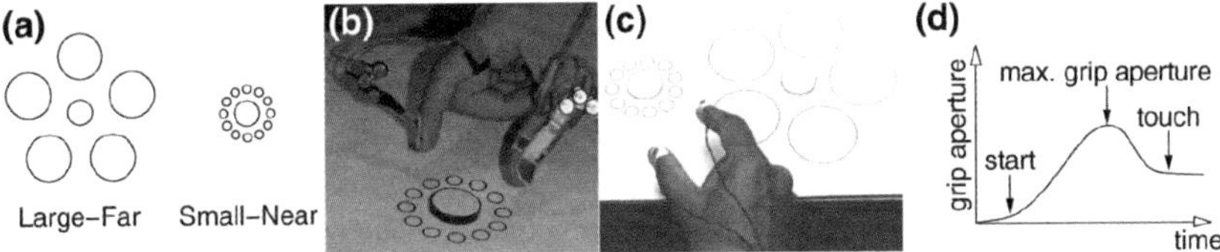

Abbildung 67: Sensomotorischer Test der Ehrenstein-Täuschung (aus Volker & Gegenfurtner, 2008).

den Annahmen von Goodale und Milner (1992), dass die Daten für eine Dissoziation zwischen Wahrnehmung und Handlung nicht ausreichend sind (Volker & Gegenfurtner, 2008).

Eine seit langem diskutierte Täuschung, die schon den Babyloniern bekannt war, ist die Mond-Täuschung. So wird der am Horizont stehende Mond, der objektiv die gleiche Größe besitzt wie der im Zenit stehende Mond, als deutlich (ca. 1,3 mal) größer wahrgenommen. Eine Erklärung besagt, dass sich beim tiefstehenden Mond viel mehr Gegenstände zwischen Beobachter und Mond befinden als beim am Firmament gesehenen Mond (Häuser, Bäume etc.). Durch diese größere Tiefeninformation wird die Entfernung höher eingeschätzt, infolgedessen der wahrgenommene Mond bei gleichem Netzhautbild größer erscheint. Eine andere Erklärung besagt, dass wir das Firmament als abgeflacht wahrnehmen, sodass wir den Eindruck haben, der Abstand zwischen Beobachter und Himmel, wenn der Mond im Zenit steht, sei kleiner, wodurch auch der Mond kleiner erscheint.

Eine interessante Variante der Wahrnehmungstäuschungen zeigt die Gummihand-Illusion. Bei diesem experimentellen Paradigma wird eine sichtbare Gummihand zum gleichen Zeitpunkt wie die versteckte eigene Hand berührt, indem z. B. mit einem Pinsel darübergestrichen wird (s. Abb. 68). Nach einigen Minuten tritt dabei bei den meisten Menschen das Gefühl auf, die Gummihand würde zum eigenen Körper gehören.

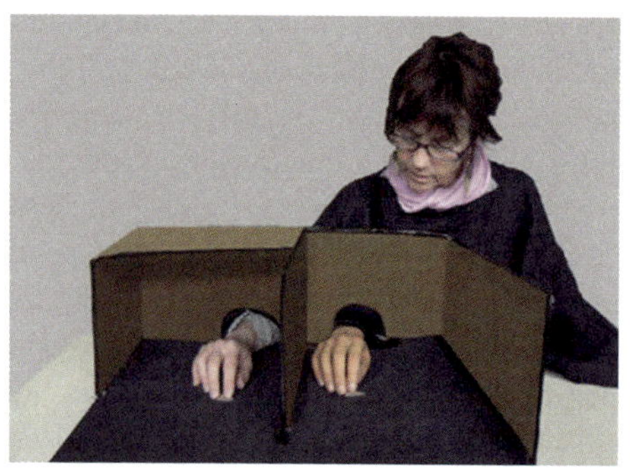

Abbildung 68: Versuchsaufbau der Gummihand-Illusion (aus Moguillansky et al., 2013).

In der Studie von Moguillansky, O'Regan und Petitmengin (2013) gab es drei Bedingungen: eine synchrone Bedingung, eine asynchrone Bedingung und eine Kontrollbedingung. Bei der synchronen Bedingung wurden die eigene Hand und die Gummihand gleichzeitig berührt, bei der asynchronen Bedingung zu verschiedenen Zeitpunkten und bei der Kontrollbedingung wurde nur die eigene Hand berührt, während die Vp die Gummihand betrachtete. Bei der synchronen Bedingung traten bei acht von zehn Vpn eine oder mehrere der folgenden Empfindungen auf: Sie hatten das Gefühl, die Gummihand zu besitzen und die reale Hand zu vergessen, die reale Hand wurde auch falsch verortet (Delokalisation) und es wurde berichtet, dass die Vpn die eigene Hand nicht mehr spürten. Der Gummihand wurden Eigenschaften der realen Hand und gleichzeitig der eigenen Hand Gummihand-Eigenschaften zugeschrieben. Insgesamt erlebte ein Großteil der Vpn in dieser Bedingung aktive und passive Komponenten des Fühlens, das heißt, die Vpn glaubten, mit der Gummihand die Unterlage zu spüren (aktive Komponente), und sie glaubten zu spüren, auf der Gummihand berührt zu werden (passive Komponente).

Bei der asynchronen Bedingung gaben sieben von zehn Vpn das Gefühl an, die Gummihand zu „besitzen", gleichzeitig wird aber die Gegenwart der eigenen Hand noch gespürt. Das aktive Fühlen der Unterlage mit der eigenen Hand ist nicht beeinträchtigt, das passive Fühlen der Berührungen wird von manchen Vpn aber der Gummihand zugeschrieben. Zudem kommt es oftmals zu einer Dissoziation: Was die Vpn bei der Gummihand sahen, fühlten sie bei der eigenen Hand.

Bei der Kontrollbedingung erlebten zwei von zehn Personen Phänomene ähnlich denen der synchronen Bedingung. Eine Person gab das Gefühl an, eine Prothese zu haben.

2.13 Wahrnehmungstäuschungen in der Zauberkunst

Während bei optischen Täuschungen die Wahrnehmung trotz Aufklärung nicht revidierbar ist, stellt sich dies bei Wahrnehmungstäuschungen in der Zauberkunst anders dar. Als Zuseher einer Zaubervorführung kann man ein- oder zweimal erfolgreich getäuscht werden, beim mehrmaligen Beobachten eines Effekts sieht man aber unter Umständen, wie der Trick funktioniert, und wird nicht mehr getäuscht. Zauberkünstler wissen um diesen Sachverhalt und deshalb gilt die Regel, einen Trick stets nur einmal vorzuführen.

Die Untersuchung der Mechanismen der Zauberkunst innerhalb der Psychologie fristete lange Zeit ein Schattendasein. Erst seit ein, zwei Jahrzehnten wird die Zauberkunst zunehmend von der psychologischen Forschung entdeckt und es beginnt sich eine Wissenschaft der Zauberkunst („science of magic", Kuhn, Amlani & Rensink, 2008) zu etablieren. Die Forschungsinitiativen gehen dabei meist von Psychologen aus, die selbst Hobbyzauberkünstler sind. Strittig ist dabei, ob die Zauberkunst mehr von der Psychologie profitieren kann oder die Psychologie von der Zauberkunst.

Unter Voraussetzung der Annahme, dass niemand tatsächlich zaubern kann (also z. B. einen Gegenstand zum Verschwinden bringen kann), stellt sich die Frage, wieso gut dargebotene Zauberkunst funktioniert. Zauberkunst basiert auf folgenden Faktoren (die Auflistung ist nicht notwendigerweise vollständig):

(1) beschränkte Kapazität der menschlichen Wahrnehmung,
(2) Gegenstände (Handlungen etc.) im Gesichtsfeld sind z. T. verdeckt (Abschattung),
(3) Wirkung von Gestaltprinzipien,
(4) nachträgliche Rechtfertigung eigener Handlungen,

(5) Annahme von Kooperation bei sprachlichen Äußerungen,
(6) Suggestibilität (der Mensch als soziales Wesen ist anfällig für Suggestionen) sowie
(7) geteilte Aufmerksamkeit (Ablenkung).

2.13.1 Beschränkte Wahrnehmungskapazität

Die Kapazität der menschlichen Wahrnehmung ist beschränkt. So können wir kleine Bewegungen nicht wahrnehmen, wenn sie von größeren Bewegungen überlagert werden. Ein Beispiel dafür stellt der sogenannte Paddle-Move dar, bei dem ein Gegenstand (wie eine Kelle, ein Stift oder ein Messer) scheinbar von beiden Seiten hergezeigt wird, in Wirklichkeit ist jedes Mal dieselbe Seite zu sehen. Beim Herzeigen der Rückseite wird der Gegenstand um seine Achse gedreht, sodass wiederum dieselbe Seite als (scheinbare) Rückseite präsentiert wird (s. Abb. 69).

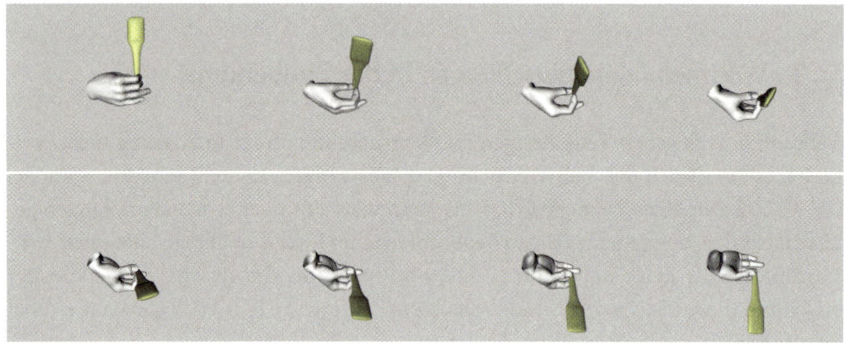

Abbildung 69: Der Paddle-Move (aus Hergovich et al., 2011).

Es findet also gleichzeitig eine Kipp- und eine Rotationsbewegung statt, mit dem Ziel, dass die Rotationsbewegung nicht wahrnehmbar ist (s. Abb. 70).

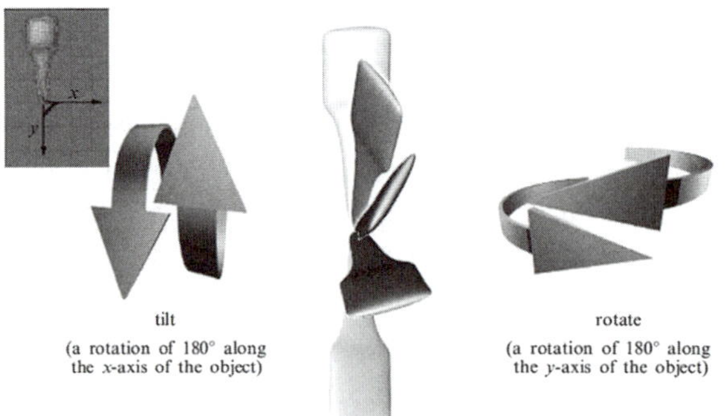

Abbildung 70: Kipp- und Rotationsbewegung (aus Hergovich et al., 2011).

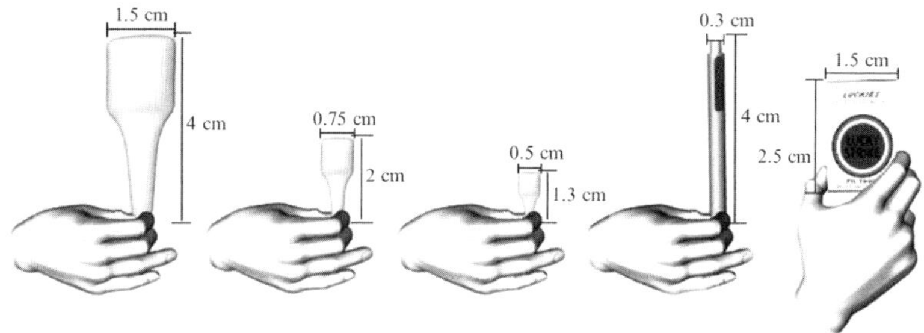

Abbildung 71: Ausgangsmaterialien zur Untersuchung des Paddle-Moves (aus Hergovich et al., 2011).

In der Studie von Hergovich, Gröbl und Carbon (2011) wurde der Paddle-Move am Computer mit verschiedenen Gegenständen simuliert (s. Abb. 71). Als Maß der Effektivität des Tricks wurde erhoben, ob der Beobachtende die Rotation des Gegenstandes um seine Achse registriert hatte. Es zeigte sich, dass der Trick umso effektiver gelang, je kleiner der verwendete Gegenstand war und je schneller die Kippbewegung[10] erfolgte (s. Abb. 72 und 73).

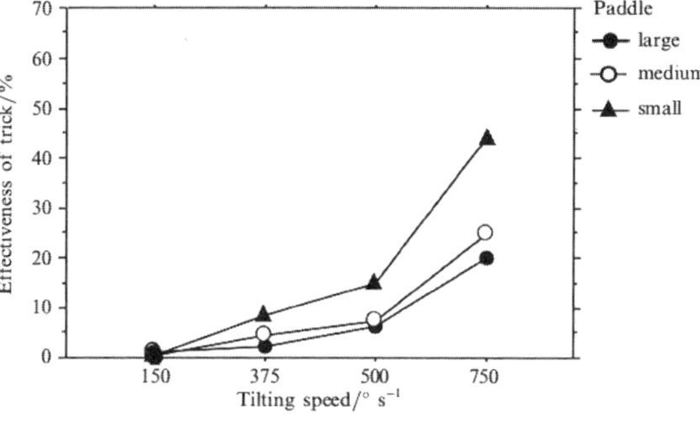

Abbildung 72: Effektivität eines Zaubertricks mit unterschiedlich großen Paddles (aus Hergovich et al., 2011).

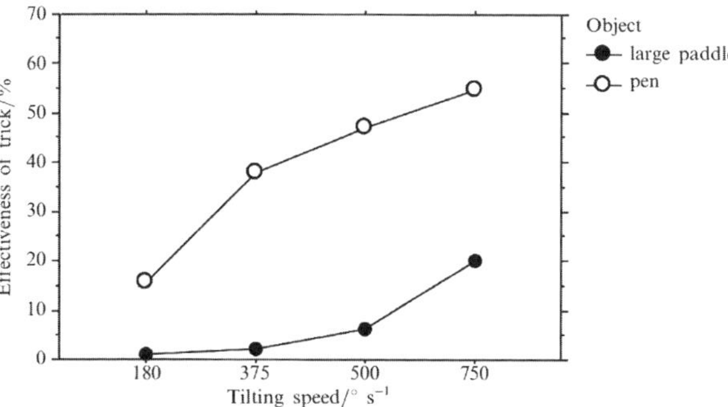

Abbildung 73: Effektivität eines Zaubertricks mit gleich hohen Gegenständen (aus Hergovich et al., 2011).

[10] Die Rotationsgeschwindigkeit ist abhängig von der Geschwindigkeit der Kippbewegung und erhöht sich ebenfalls, wenn sich die Kippgeschwindigkeit erhöht.

2.13.2 Abschattung

Einige Zauberkunststücke setzen an der Abschattung an, d. h. an der Tatsache, dass der Zuseher einen Gegenstand zwar als Ganzes zu erblicken meint (er hat den Eindruck, den ganzen Gegenstand betrachten zu können), aber eigentlich niemals den Gegenstand gleichzeitig von allen Seiten sehen kann. Betrachten wir einen Gegenstand vor uns, ist dessen Rückseite nicht sichtbar, weil sie von der Vorderseite verdeckt wird. Sie schattet sich ab, wie das Edmund Husserl ausgedrückt hat. Diese scheinbare Trivialität wird von der Zauberkunst ausgenutzt (s. Abb. 74).

Abbildung 74: Abschattung. Die Dose wird als schwebend wahrgenommen, weil die auf der Rückseite der Dose angebrachte Haltevorrichtung (ein auf dem Daumen befindlicher Saugnapf) verdeckt wird.

2.13.3 Gestaltprinzipien

Auch in der Zauberkunst kommen Prinzipien der Gestalttheorie zur Anwendung. In Abbildung 75 scheint der Zauberkünstler zwei etwa gleich lange Seile in der Hand zu

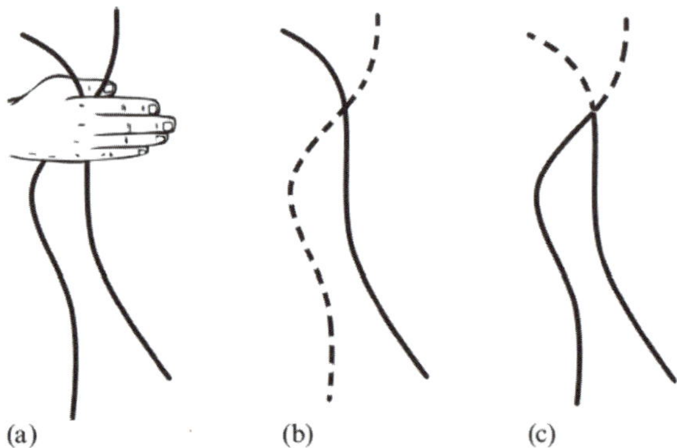

Abbildung 75: Die Anwendung des Prinzips des guten Verlaufs bei einem Seiltrick (aus Barnhart, 2010).

haben (b; hier wirkt das Prinzip des guten Verlaufs), nachdem er sie scheinbar in der Mitte zerschnitten hat. In Wirklichkeit hält er ein kurzes und ein langes Seil in der Hand (c). Auf dieser Basis ist es dann ein Leichtes, im späteren Verlauf des Kunststücks auf wundersame Weise aus dem zerschnittenen Seil wieder *ein* langes Seil zu zaubern (und das kurze Stück verschwinden zu lassen).

Abbildung 76 zeigt die bekannte Zig-Zag-Illusion, bei der der Zauberkünstler seine Assistentin scheinbar in der Mitte durchtrennt. Die Illusion ist viel wirkungsvoller, wenn die Silhouette der Assistentin zu sehen ist, weil dadurch der Eindruck entsteht, die Assistentin würde auch wie auf der Silhouette abgebildet in dem Kasten stehen.

(a)

(b)

Abbildung 76: Die Zig-Zag-Illusion mit (a) und ohne (b) eingezeichnete Silhouette (aus Barnhart, 2010).

2.13.4 Rechtfertigung eigener Handlungen bei nicht gegebener Freiheit

Jeder Mensch hat das Bedürfnis, in seinen Entscheidungen und Handlungen frei zu sein und nicht von anderen zu bestimmten Entscheidungen oder Handlungen gedrängt zu werden. Dieses Bedürfnis nach Erhaltung der persönlichen Freiheit kann bedroht werden, es entsteht Reaktanz. Unter Reaktanz wird ein Erregungs- und Motivationszustand verstanden, der darauf abzielt, bedrohte (oder verloren gegangene) Freiheit wiederherzustellen. Eine Möglichkeit, bedrohte Freiheit subjektiv beizubehalten, besteht darin, den Verlust der Freiheit einfach nicht wahrzunehmen. Dieses Prinzip kann sich auch die Zauberkunst zunutze machen, wie am Beispiel der forcierten Karte demonstriert werden soll:

Zauberkünstler führen gerne Kartentricks vor. Typischerweise zieht dabei ein Zuseher eine Karte aus dem gemischten Spiel und der Zauberkünstler findet heraus, um welche Karte es sich handelt, ohne das Spiel nochmals zu berühren. Für dieses Kunststück gibt es unzählige Methoden. Eine einfache besteht darin, dass der Zuseher nur annimmt, frei eine Karte aus dem Spiel wählen zu können, in Wirklichkeit wird ihm diese aber aufgezwungen (in der Fachsprache der Zauberkünstler sagt man dazu forcieren: man forciert eine Karte). Die simpelste Methode besteht darin, dass der Zuseher eine Karte aus dem Spiel zieht, das er vielleicht vorher noch selbst gemischt hat, in der Annahme, es handle sich um ein normales Kartenspiel, in Wirklichkeit sind alle Karten gleich.

Es gibt aber auch subtilere Methoden des Forcierens, wie etwa die verbale Force. Mit Hilfe dieser Methode kann dem Zuseher u. a. die Kartenfarbe aufgezwungen werden. Der Zauberkünstler hält beispielsweise in einer Hand einen imaginären Stapel roter Karten und in der anderen die imaginären schwarzen Karten. Der Zuseher darf sich für Rot oder Schwarz entscheiden. Wenn er sich z. B. für Rot entscheidet, wird der Trick fortgeführt, denn es ist von vornherein vom Zauberkünstler geplant, dass die roten Karten gewählt werden. Hätte er sich aber für Schwarz entschieden, würde ihm der Zauberkünstler erklären: „Gut, die schwarzen Karten sind für Sie, bleiben für mich die roten Karten, um weiter zu zaubern." Egal, wie sich der Zuseher entscheidet, der Zauberkünstler macht mit den roten Karten weiter. Da der Zuseher nicht weiß, welcher Ablauf geplant war, geht er davon aus, die freie Wahl gehabt zu haben, obwohl das tatsächlich nicht der Fall war. Und selbst wenn er insgeheim das Gefühl hatte, vom Zauberkünstler manipuliert worden zu sein, sorgt das Bedürfnis nach Erhalt der eigenen Freiheit dafür, dass er den Eindruck behält, ganz frei in seinen Entscheidungen gewesen zu sein.

2.13.5 Täuschung auf einer sprachlichen Ebene

Besonders interessierte Zuseher einer Zaubervorführung, die aktiv das Trickgeschehen verfolgen, helfen unbeabsichtigt mit, dass der Zaubertrick verblüffen kann. Die Täuschung des Zusehers findet dabei nicht nur mit Hilfe der Fingerfertigkeit des Vorführenden statt (im 19. Jahrhundert wurden die Zauberkünstler noch „prestidigitateurs", was so viel wie „flinke Finger" bedeutet, genannt), sondern vor allem auch auf einer sprachlichen Ebene.

Bei einer erfolgreichen Trickvorführung besteht keine gegenseitige Übereinstimmung zwischen Vorführendem und Zusehern über den Zweck der Kommunikation. Dies gilt auch für wesentliche Elemente einer Zaubershow, bei der die Zuseher zwar auf einer Metaebene wissen, dass sie jetzt „hinters Licht geführt werden", aber ihnen bleiben die Mechanismen der Tricktäuschung unklar. Für die folgenden Überlegungen liefert die Theorie des Philosophen Paul Grice (1989) den Begriffsrahmen.

Grice untersucht im Rahmen seiner pragmatischen Theorie der Alltagssprache verschiedene Formen von Implikationen der Konversation (innerhalb der Linguistik behandelt die Pragmatik die Interpretation von sprachlichen Äußerungen), das heißt, er analysiert Schlussfolgerungen, die aufgrund von kommunikativem Verhalten gezogen werden können. Nach Grice (1989) können sehr viele sprachliche Äußerungen nicht durch ein bloßes Dekodieren der Botschaft verstanden werden. So ist es sehr oft nicht möglich, die Intention des Sprechers allein auf Grundlage der semantischen Bedeutung eines Satzes zu erschließen. Oftmals müssen zusätzlich verschiedene andere – nicht in der Botschaft enthaltene – Faktoren berücksichtigt werden. Einen solchen Prozess nennt Grice Implikatur („implicature“).

Seine zentrale Idee lautet, dass jeder Mensch, der sich an einer verbalen Kommunikation beteiligt, versucht, bestimmte allgemeine Standards einzuhalten. Die Kenntnis dieser Kommunikationsstandards, der sprachliche Inhalt und die Berücksichtigung des Kontexts machen es möglich, die Intention des Sprechers zu erfassen. Die hier angeführten Standards subsumiert Grice unter dem Kooperationsprinzip, das er folgendermaßen beschreibt:

> We might then formulate a rough general principle which participants will be expected (ceteris paribus) to observe, namely: Make your conversational contribution such as is required, at the stage at which it occurs, by the accepted purpose or direction of the talk exchange in which you are engaged. One might label this the Cooperative Principle. (Grice, 1989, S. 26)

Innerhalb des Kooperationsprinzips unterscheidet Grice in Anlehnung an Kant vier Kategorien bzw. Maximen:

Die Quantitätsmaximen („category of quantity“):
a) Seien Sie so informativ wie erforderlich.
b) Seien Sie nicht informativer als erforderlich.
Die Qualitätsmaximen („category of quality“):
a) Sagen Sie nichts, von dem Sie glauben, dass es falsch ist.
b) Sagen Sie nichts, wofür Ihnen die nötige Evidenz fehlt.
Die Relevanzmaxime („category of relation“):
Seien Sie relevant (sagen Sie nur das, was für das Gespräch wesentlich ist).
Die Ausdrucksmaxime („category of manner“) bezieht sich nicht darauf, was gesagt wird, sondern vielmehr darauf, wie etwas gesagt wird. Im Prinzip besagt diese Maxime: Seien Sie verständlich. Darunter fallen Maximen wie
a) Vermeiden Sie Unklarheit im Ausdruck.
b) Vermeiden Sie Zweideutigkeiten.
c) Halten Sie sich kurz (vermeiden Sie unnötige Ausschweifungen).

Grice sieht Sprache als rationales und zweckgerichtetes Handeln an, das durchaus mit anderen rationalen Handlungen vergleichbar ist. So nimmt er an, dass das Kooperationsprinzip mit seinen Maximen nicht nur als Konversationsprinzip, sondern als generelles Prinzip betrachtet werden kann, das einer kooperativen Interaktion zwischen Menschen zugrunde liegt.

Entscheidend für das Verständnis der Griceschen Ideen ist der Zusammenhang zwischen dem allgemeinen Kooperationsprinzip und den vier Maximen. Nach Grice ist der normale Dialog gerade dadurch gekennzeichnet, dass das Kooperationsprinzip immer eingehalten wird, auch wenn einzelne Maximen verletzt werden. Gerade weil der Rezipient einer sprachlichen Information annimmt, dass der Sprecher das grundlegende Kooperationsprinzip einhält, kann aus der scheinbaren Verletzung einer der Maximen auf die eigentliche Botschaft geschlossen werden. In dem Fall spricht Grice von „conversational implicature". Dazu ein beispielhafter Dialog: „Peter: Möchtest Du etwas Kaffee? Mary: Kaffee würde mich wachhalten." Was meint Mary mit ihrer Antwort? Angenommen Peter weiß, dass Mary nicht wach bleiben will, dann kann er die Schlussfolgerung ziehen, dass Mary keinen Kaffee will. Verfügt Peter jedoch nicht über dieses Wissen, dann ist ihm nicht klar, ob Mary wirklich Kaffee will. Anscheinend verletzt sie mit ihrer zweideutigen Antwort die Relevanzmaxime (bzw. auch die Ausdrucksmaxime), weil deren expliziter Inhalt keine Antwort auf Peters Frage ist. Grice nimmt nun an, dass Peter mit gutem Recht davon ausgeht, dass Mary sehr wohl das allgemeine Kooperationsprinzip beachtet. In einem solchen Fall der scheinbaren Verletzung einer der Maximen wird vom Hörer der Botschaft verlangt, dass er eine zusätzliche Annahme trifft. Eine solche Annahme lautet, dass Mary nicht wach bleiben will. Peter kann diese Annahme treffen und zwar aufgrund der Äußerung, seiner Kenntnis von Mary und der generellen Annahme, dass sie das Relevanzprinzip nicht verletzen will. Gerade um die scheinbare Verletzung der Gesprächsmaxime zu eliminieren, muss Peter annehmen, dass Mary von ihm erwartet hat, genau so zu überlegen, wie er es getan hat. In dem Fall, dass eine Zusatzannahme wie „Mary will nicht wach bleiben" getroffen wird, kann die Konversationsimplikatur „Mary will keinen Kaffee" getroffen werden. Natürlich würde Mary das allgemeine Kooperationsprinzip verletzen, wenn sie diese Äußerung jemand anderem gegenüber, der Mary nicht so gut kennt wie Peter, tätigte (z. B. in einem Kaffeehaus dem Kellner gegenüber).

Bei einer erfolgreichen Darbietung verletzt der Trickkünstler bewusst das Kooperationsprinzip, um die Zuseher über seine eigentliche Intention im Unklaren zu lassen. Im Gegensatz zu einer normalen Kommunikation werden bei einer Zaubervorführung eben nicht nur die einzelnen Kommunikationsprinzipien verletzt, sondern auch das grundlegende Kooperationsprinzip. Dadurch ist es für den Empfänger der Mitteilungen nicht mehr möglich, die Absichten des Sprechers herauszufinden.

Mit Ausnahme der Ausdrucksmaxime (deren Einhaltung für den Erfolg eines Kunststücks wesentlich ist) verstößt der Trickkünstler gegen nahezu alle Griceschen

Konversationsmaximen. Per definitionem wird insbesondere die Qualitätsmaxime bei einer Trickvorführung immer verletzt. Das heißt, selbst wenn der Trickkünstler zugibt, nur ein Kunststück (einen „Trick“) vorzuführen, muss er, um den Trick erfolgreich durchführen zu können (also ohne den Zuseher zu desillusionieren), zumindest in einer Phase der Vorführung gegen die Wahrheitsmaxime verstoßen.

Die Qualitätsmaxime betreffend werden (bei einer guten, d.h. erfolgreichen Vorführung) folgende vom Zuseher getroffene Annahmen vom Trickkünstler verletzt:

1. Die Annahme, dass der Trickkünstler in der Lage sei, aus dem „Nichts“ zu zaubern oder mit Gegenständen des Alltags, jedenfalls normalen (unpräparierten) Dingen. Obwohl heutzutage theoretisch jeder weiß, dass es Präparationen bei Zaubertricks gibt, ist das Ausmaß der Möglichkeiten bzw. die Vielfalt der sogenannten „Gimmicks“ nicht bekannt. Ein Beispiel dafür ist eine Metallklammer, die mehrere in die Faust gesteckte Münzen zusammenhält. Lässt der Zauberkünstler den Münzenstapel unbemerkt in seinen Schoß fallen, ist kein Geräusch zu hören und es ist für die Zuschauer ein Rätsel, wie mehrere Münzen lautlos verschwinden konnten.

Ein guter Trickkünstler versteht es, den Eindruck zu erwecken, er arbeite mit unpräparierten Gegenständen. Dieser Eindruck kann dadurch erzeugt werden, dass der Vorführende Gegenstände, mit denen gezaubert wird, von einem Zuseher ausborgt und im geeigneten Moment austauscht. Manchmal müssen geborgte Gegenstände auch zweimal oder noch öfters getauscht werden (beim Ausborgen und beim Zurückgeben). Mit Worten bestärkt der Vorführende den Zuseher in dessen Glauben, es werde tatsächlich mit den ausgeborgten Gegenständen „gezaubert“. Das Beispiel des „restaurierten Geldscheins“ soll das veranschaulichen. Der Magier borgt sich zunächst von einem Zuseher einen Geldschein aus und erklärt: „Das ist Ihr Geldschein. Um sicher zu gehen, dass nicht manipuliert werden kann, sage ich Ihnen noch die Seriennummer des Geldscheins. Bitte notieren Sie die Nummer …“ In der Folge wird der Geldschein verbrannt und dann auf wunderbare Weise restauriert. Die Seriennummer des restaurierten Geldscheins stimmt mit der notierten Nummer überein. Was der Zuseher nicht weiß, ist, dass er die Seriennummer des einzutauschenden Geldscheins notiert hat und nicht die Nummer des Scheins, der verbrannt wurde. Hat der Vorführende „geheime Helfer“ (sog. „Stooges“) im Publikum, muss nicht ausgetauscht werden. Diese Variante wird vor allem dann gewählt, wenn der auszuborgende Gegenstand eher ungewöhnlich oder selten ist.

Durch die – in der Regel mehrfache – Verletzung der Qualitätsmaxime kann die Annahme des Zusehers, dass mit unpräparierten Gegenständen gezaubert wird, erhärtet werden.

2. Eine weitere Verletzung der Qualitätsmaxime führt zu der fälschlichen Annahme, das Trickgeschehen finde dann statt oder wäre dann zu Ende, wenn der Vorführende dies auch signalisiert (verbal oder nonverbal mitteilt). Bekanntermaßen lässt die

Aufmerksamkeit nach dem dramaturgischen Höhepunkt einer Darbietung sehr rasch nach, die Zuseher applaudieren und lehnen sich entspannt zurück. Genauso verhält es sich bei einem Witz des Vorführenden. Erheiterte Zuseher sind zumindest für den Moment nicht in der Lage, das Geschehen konzentriert zu verfolgen. Da tricktechnische Manipulationen (wie eben z. B. ein Austausch) bei nachlassender Aufmerksamkeit (generell in entspannten Situationen) eher unbemerkt durchgeführt werden können, werden erfolgreiche Trickkünstler diesen Gesichtspunkt berücksichtigen: Sie synchronisieren die Vorführung verbal (und nonverbal) so, dass Manipulationen immer dann vorgenommen werden, wenn die Aufmerksamkeit der Zuseher relativ niedrig ist.

3. Verletzt wird weiters die Annahme, es passiere das, was man gerade wahrnimmt (in der Regel sieht oder hört). Magie bedeutet eben nicht nur, dass der Zauberer über große Geschicklichkeit verfügt, sondern vor allem, dass das, was man gerade zu sehen meint, nicht stattfindet oder zusätzlich noch etwas anderes passiert. Ein Beispiel dafür wäre der Trickkünstler, der zum Zuseher sagt: „Betrachten wir die oberste Spielkarte", und in Wirklichkeit die beiden obersten Karten als eine vorzeigt (der Zuseher sieht damit die Bildseite der zweiten Karte von oben). Wird dann die echte oberste Karte vom Zuseher irgendwo ins Spiel gesteckt, ist es für den Zauberkünstler ein Leichtes, sie wieder nach oben zu zaubern (oder aus dem Spiel zu finden), da sie ja schon oben liegt (der Zuseher hat ja die ehedem zweite Karte im Kopf, wenn er an die „erste" denkt).

4. Auch die Annahme, dass der Vorführende seine Handlungen oder die Handlungen seiner Zuseher im Nachhinein wahrhaftig kommentiere, wird bei einer erfolgreichen Zaubervorführung in der Regel verletzt. Wenn ein Zauberkünstler während der Vorführung eines Kartenkunststücks (zum Zuschauer gewandt) die Situation so rekapituliert: „Sie haben das Kartenspiel selbst gemischt, Sie haben eine Karte frei gewählt und sie selbst in das Spiel zurückgemischt. Ich habe das Spiel die ganze Zeit über nicht berührt", dann soll den Zusehern suggeriert werden, dass das, was jetzt geschehen wird, nämlich dass der Magier die Karte auf wundersame Weise identifiziert, unmöglich sei. Der Zuseher soll auf ein Wunder vorbereitet werden. Tatsächlich werden die wenigsten Zuseher eine etwaige Diskrepanz zwischen den Worten des Zauberers und dem, was wirklich passiert ist, bemerken. Wenn entgegen der Aussage des Vorführenden am Anfang nicht der Zuseher das Spiel gemischt hat, sondern der Zauberkünstler und der Zuseher vielleicht nur das Spiel abgehoben hat, dann handelt es sich um eine derartige relativ kleine Diskrepanz, die genau den Unterschied zwischen einem Wunder und einem gewöhnlichen Trick ausmacht. Für den Zuseher erscheint es irrelevant, ob der Zauberer oder ein Zuseher zu Beginn gemischt hat oder der Zuseher das Spiel nur abgehoben hat. Dem Trickkünstler bietet es aber die Gelegenheit, das Spiel falsch zu mischen und so die gemerkte Legeordnung des Spiels beizubehalten oder ein ausgeborgtes Spiel so vorzubereiten, dass er die später gewählte Karte lokalisieren kann.

Neben der Qualitätsmaxime missachtet der Trickkünstler auch die Quantitätsmaxime und die Relevanzmaxime ganz bewusst. Die Quantitätsmaxime verletzt er, indem er nicht darauf hinweist, dass bestimmte verwendete Gegenstände präpariert sind, und indem er über tricktechnische Manipulationen nichts mitteilt (logischerweise erwähnt er nicht einmal deren Existenz). Die Relevanzmaxime schließlich wird dadurch verletzt, dass die Aufmerksamkeit gezielt auf bestimmte Handlungen oder Gegenstände gelenkt wird, die für den weiteren Verlauf des Kunststücks unwesentlich sind.

2.13.6 Suggestibilität

Menschen als soziale Wesen sind nicht nur ablenkbar, sie sind auch beeinflussbar. Dies kann ein Magier auch im Rahmen einer Zaubervorführung ausnutzen. Wiseman, Greening und Smith (2003) haben gezeigt, dass Phänomene auch suggeriert werden können. Dabei simulierten sie in zwei Experimenten eine Séance. Ziel der Untersuchung war herauszufinden, ob durch bloße Suggestion die Wahrnehmung psychokinetischer Phänomene erklärt werden kann. Die Experimente wurden im Rahmen von zwei Tagungen zu paranormalen Phänomenen durchgeführt und dauerten jeweils ca. 15 Minuten. Am ersten Experiment nahmen insgesamt 152 Personen teil. Ungefähr 25 Personen beteiligten sich an jeweils einer Séance. Die Séance wurde in einem großen Raum ohne Fenster mit lichtundurchlässiger Tür durchgeführt. Am Beginn jeder Sitzung war der Raum schwach beleuchtet. Nach der Einführung durch den Experimentator sollten alle Teilnehmer ihren Namen, Adresse sowie die *Psi*-Gläubigkeit[11] auf einem Fragebogen angeben. Danach wurden sie instruiert, ihre Sessel im Kreis um einen kleinen Tisch aufzustellen. Auf dem Tisch lagen eine Handglocke, eine Rassel und ein Ball. Der Tisch und die auf ihm befindlichen Gegenstände waren jeweils mit der gleichen Menge an Leuchtfarbe behandelt worden, um im Dunkeln gesehen zu werden. Der Experimentator stellte einen Mitarbeiter als physikalisches Medium vor und verließ den Raum. Das Medium erklärte, nicht behaupten zu wollen, über irgendwelche Kräfte zu verfügen. Seine Aufgabe wäre lediglich, die Gruppe durch die Séance zu begleiten. Hierauf wurde das Licht komplett gelöscht und die Teilnehmer wurden gebeten, einander an den Händen zu fassen. Um sicher zu gehen, dass sich nur die Objekte bewegten, von denen der Versuchsleiter wollte, dass sie sich bewegten, wurde jede Séance unter Infrarotbeleuchtung auf Video aufgezeichnet. Während der Séance richtete das Medium die Aufmerksamkeit der Teilnehmer auf die Rassel. Nach einigen Minuten rollte sie über den Tisch und fiel zu Boden. Hierauf hob sich der Ball ca. einen halben Meter in die Luft und fiel ebenfalls zu Boden. Diese Effekte wurden durch einen versteckten Helfer bewerkstelligt, der die Objekte mit einem langen Stab bewegte (diese

[11] Es handelt sich dabei um den Glauben an paranormale Phänomene (s. auch Kap. 2.15).

Technik wurde auch in der großen Ära des Spiritismus von betrügerischen Medien verwendet). Jetzt befand sich nur mehr die Handglocke auf dem Tisch. Das Medium bat die Teilnehmer, mittels mentaler Kraft die Handglocke zu bewegen. Die Handglocke bewegte sich nicht und das Medium suggerierte auch keine Bewegung. Schließlich sollte der Tisch mental bewegt werden. Obwohl der Tisch stehen blieb, suggerierte das Medium, dass er schwebe: „Sehr gut, der Tisch hebt jetzt ab, das ist gut“ etc.

Zwei Wochen nach der Séance erhielten die Teilnehmer einen Fragebogen zum Geschehen. 110 Personen (72,3 %) schickten ihn beantwortet zurück. Die Ergebnisse zeigten (Tab. 5), dass die Suggestion des Mediums sehr gut funktioniert hatte. Ca. 31 % der Teilnehmer, die geantwortet hatten, gaben an, dass sich der Tisch während der Séance bewegt habe, obwohl das nachweislich (die Sitzungen wurden ja aufgezeichnet) nicht der Fall war. *Psi*-Gläubige meinten signifikant häufiger als *Psi*-Ungläubige, dass sich der Tisch bewegt habe.

Tabelle 5: Angaben zu der Aussage „Während der Séance hat sich der Tisch bewegt“ in Abhängigkeit von der *Psi*-Gläubigkeit (aus Wiseman et al., 2003).

	***Psi*-Gläubige**	**Unsicher**	***Psi*-Ungläubige**	**Gesamt**
Ja	13 (36,1 %)	8 (22,8 %)	13 (33,3 %)	34 (30,91 %)
Unsicher	12 (33,3 %)	16 (45,7 %)	6 (15,4 %)	34 (30,91 %)
Nein	11 (30,6 %)	11 (31,5 %)	20 (51,3 %)	42 (38,18 %)

Im Vergleich dazu gaben nur 10 % (erstaunlich genug) an, sie hätten wahrgenommen, dass sich die Handglocke bewegt habe (Tab. 6). Hier gab es keine Unterschiede zwischen *Psi*-Gläubigen und *Psi*-Ungläubigen.

Tabelle 6: Angaben zu der Aussage „Während der Séance hat sich die Handglocke bewegt“ in Abhängigkeit von der *Psi*-Gläubigkeit (aus Wiseman et al., 2003).

	***Psi*-Gläubige**	**Unsicher**	***Psi*-Ungläubige**	**Gesamt**
Ja	2 (5,56 %)	3 (8,57 %)	6 (15,38 %)	11 (10 %)
Unsicher	5 (13,89 %)	3 (8,57 %)	5 (12,82 %)	13 (11,82 %)
Nein	29 (80,56 %)	29 (82,86 %)	28 (71,79 %)	86 (78,18 %)

2.13.7 Geteilte Aufmerksamkeit (Ablenkung)

Der Faktor Ablenkung (misdirection) spielt in der Zauberkunst traditionell eine besonders große Rolle. Auf einer theoretischen Ebene ist die Unterscheidung zwischen exogen und endogen gesteuerter Aufmerksamkeit wichtig. Exogene Hinweisreize sind z. B. Lichtreize oder auch Bewegungen, die peripher wahrgenommen werden (wie das Winken einer Person). Auf exogene Hinweisreize verlagern wir unsere Aufmerksamkeit unwillkürlich. Die Aufmerksamkeit könnte aber auch aus endogenen Gründen verlagert werden, wenn wir uns entschlossen haben, in eine bestimmte Richtung zu blicken, weil wir dort z. B. die Ankunft des Busses erwarten. Eine weitere Unterscheidung betrifft die offene und die verdeckte Aufmerksamkeit. Die offene Aufmerksamkeit ist von außen anhand von Blicken oder Kopfbewegungen bemerkbar. Die verdeckte Aufmerksamkeit ist nur indirekt über eine schnellere Reaktionszeit (wenn z. B. Reize dort dargeboten werden, wo die verdeckte Aufmerksamkeit hingerichtet ist) oder über die Untersuchung von Mikrosakkaden der Augen feststellbar. Prinzipiell bereitet die verdeckte Aufmerksamkeit die offene Aufmerksamkeit vor.

Michael Posner (1980) fragte sich, wie wir unsere Aufmerksamkeit verteilen und wie sie an bestimmte Orte, an denen Ereignisse stattfinden, gelenkt wird. Diese Frage ist für die Zauberkunst sehr wichtig, weil der Zauberkünstler die Aufmerksamkeit seiner Zuseher manchmal ablenken muss, um einen Trick bewerkstelligen zu können und z. B. etwas hervorzuzaubern. Im Paradigma von Posner, Snyder und Davidson (1980) wird die Lenkung der Aufmerksamkeit durch exogene und endogene Hinweisreize untersucht. Die Vpn mussten ein Kreuz in der Mitte fixieren und sollten durch Tastendruck möglichst schnell reagieren, wenn ein Zielreiz (z. B. ein rotes Quadrat, s. Abb. 77) zu

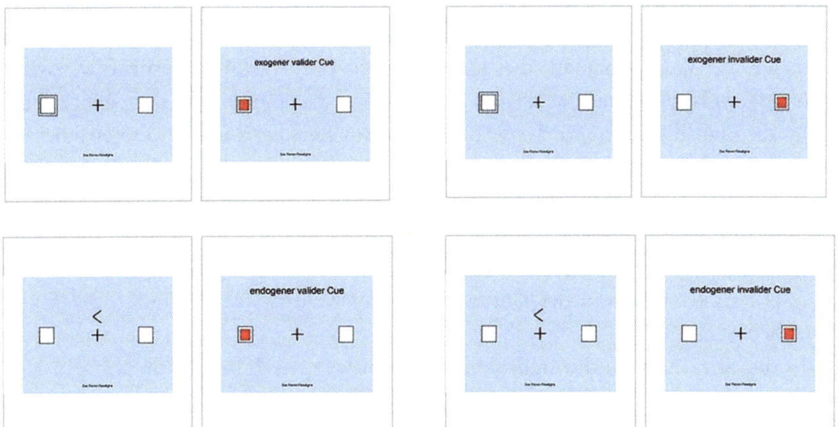

Abbildung 77: Das ortsabhängige Paradigma der Aufmerksamkeit von Posner et al. (1980).

sehen war. Ein exogener Hinweisreiz wurde z. B. gegeben, indem das Feld links vom Fixationskreuz einen Rahmen erhielt. Die Aufmerksamkeit verlagerte sich dann automatisch auf diese Seite. Wenn danach tatsächlich an dieser Stelle der Zielreiz (das rote Quadrat) auftauchte, handelte es sich bei dem Rahmen um einen validen exogenen Hinweisreiz, ansonsten um einen invaliden. Als endogener Hinweisreiz erschien ein Pfeil, der in Richtung des danach auftretenden Zielreizes zeigte (valider Hinweisreiz) oder nicht (invalider Hinweisreiz).

Die Ergebnisse zeigten bei endogenen Hinweisreizen einen klaren Reaktionszeitvorteil für valide Hinweisreize. Die Vpn konnten also ihre Aufmerksamkeit schneller an den Ort verlagern, an dem der Zielreiz erschien, nachdem sie einen validen endogenen Hinweisreiz erhalten hatten. Bei den exogenen Hinweisreizen gibt es diesen Vorteil auch, aber nur wenn zwischen der Vorgabe des Hinweisreizes und der Vorgabe des Zielreizes kein zu großer zeitlicher Abstand lag (< 200 Millisekunden). Wurde der Zielreiz aber erst nach einem Intervall von über 200 Millisekunden an der Stelle dargeboten, an der auch der exogene Zielreiz dargeboten wurde, gab es keinen Reaktionszeitgewinn gegenüber invaliden Hinweisreizen, weil die Vpn ihre Aufmerksamkeit in der Zwischenzeit wieder zurück zum Fixationskreuz verlagert hatten.

Studien zur Ablenkung (misdirection) beim Zaubern

Es existieren einige Studien zur Wirkung der gezielten Lenkung der Aufmerksamkeit in der Zauberkunst. In der Studie von Barnhart und Goldinger (2014) ließ der Zauberkünstler eine Münze von einer Seite der Matte auf die andere wandern, während er (als Ablenkung) nach einem Becher auf der gegenüberliegenden Seite griff und ihn als leer herzeigte (s. Abb. 78).

Vpn, die sich nicht ablenken ließen und während der Präsentation des leeren Bechers auf die Matte schauten (dies konnte mittels Eye-Tracking überprüft werden, s. Abb. 79), wurden seltener getäuscht und nahmen die Wanderung der Münze öfters wahr als Vpn, die während der Präsentation des Bechers auch auf diesen blickten. Barnhart und Goldinger (2014) sprechen in dem Zusammenhang von *Inattentional Blindness*, auch wenn nicht erwiesen ist, dass sich die Täuschung tatsächlich durch *Inattentional Blindness* erklären lässt. Die Autoren konnten mit ihrem Experiment auch belegen, dass sowohl die offene (anhand der Augenbewegungen) als auch die verdeckte Aufmerksamkeit (anhand der Untersuchung der Mikrosakkaden) durch die Ablenkung beeinflusst wird.

In der Studie von Kuhn und Land (2006) wurde der Einfluss von sozialen Hinweisreizen auf den Effekt eines Tricks untersucht. Beispielsweise kann der Blick des Zauberkünstlers einen endogenen Hinweisreiz für den Zuseher darstellen, den Blick ebenfalls dorthin zu richten, wo ihn der Zauberkünstler hinwendet. Der Vorführende

Abbildung 78: Ablauf des Experiments von Barnhart und Goldinger (2014). Während der Becher mit der rechten Hand hergezeigt wird, wird die Münze in voller Sicht mittels eines Fadens von der linken Hand auf die andere Seite gezogen.

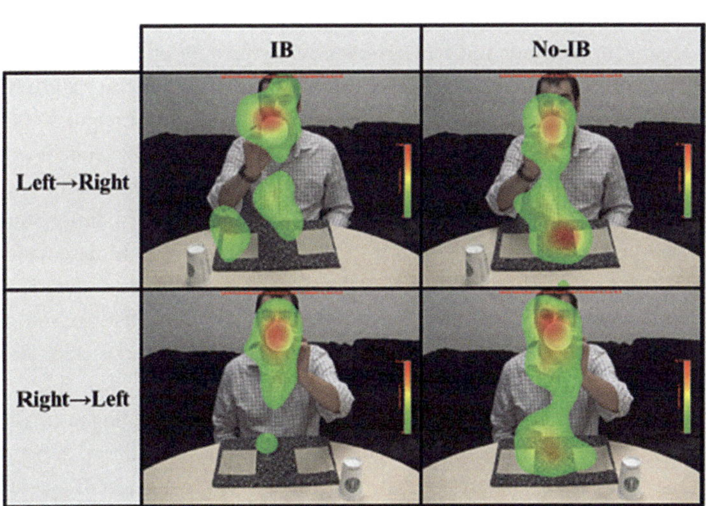

Abbildung 79: Unterschiede in der Verlagerung der Aufmerksamkeit bei getäuschten Vpn (links, Inattentional Blindness) und nicht getäuschten Vpn (rechts, No-Inattentional Blindness) (aus Barnhart & Goldinger, 2014).

(Gustav Kuhn) warf einen Ball in die Höhe und verfolgte auch mit den Augen den Flug des Balles. Beim zweiten Hochwerfen verbarg er den Ball heimlich in den Händen (er palmierte ihn, wie es die Zauberkünstler nennen) und entweder verfolgte er den imaginären Flug des Balles (Bedingung: soziale Hinweisreize) oder nicht (s. Abb. 80). Beim Vorhandensein von sozialen Hinweisreizen wurden 68 % der Vpn getäuscht (sie gaben an, gesehen zu haben, wie der Ball nach oben verschwand), in der Bedingung ohne soziale Hinweisreize (der Vorführende verfolgte mit seinen Blicken nicht den imaginären Flug des Balles) wurden nur 32 % der Vpn getäuscht.

Abbildung 80: Versuchsdurchführung bei Kuhn und Land (2006).

Bei den mittels Eye-Tracking gemessenen Augenbewegungen zeigten sich jedoch keine Unterschiede zwischen den Bedingungen, was darauf hindeutet, dass hier eher die verdeckte Aufmerksamkeit beeinflusst wird. Allerdings ist darauf hinzuweisen, dass die Augenbewegungen auch nur indirekte Hinweisreize für eine offene Verlagerung der Aufmerksamkeit sind; so können die Augen auf ein Geschehen gerichtet sein, ohne dass die bewusste Aufmerksamkeit dort ist, umgekehrt können auch Ereignisse (z.B. Manipulationen bei Zaubertricks) wahrgenommen werden, auf die nicht geblickt wird.

Während Kuhn und Land (2006) die Wirksamkeit von sozialen Hinweisreizen zeigen konnten, war das in der Studie von Cui et al. (2011) nicht der Fall. In dieser Studie demonstrierte der professionelle Zauberkünstler Mac King mehrmals hintereinander entweder eine falsche oder richtige Münzübergabe von der einen in die andere Hand (s. Abb. 81). Bei der falschen Münzübergabe wird die Münze nur scheinbar von der rechten in die linke Hand geworfen, in Wirklichkeit behält der Zauberkünstler sie in seiner rechten Hand.

Die Vorführung der Übergabe erfolgte unter verschiedenen Bedingungen (s. Abb. 82). Je nach Bedingung war das Gesicht der Vorführenden zu sehen oder nicht zu sehen und es musste ein Punkt fixiert werden oder die Blickrichtung war freigestellt. Die Abdeckung des Gesichts (als sozialer Hinweisreiz) hatte aber keinen Einfluss auf den Prozentsatz, mit dem die falschen Münzwürfe identifiziert werden konnten. Kritisch kann zu dieser Studie angemerkt werden, dass eine falsche Münzübergabe an sich

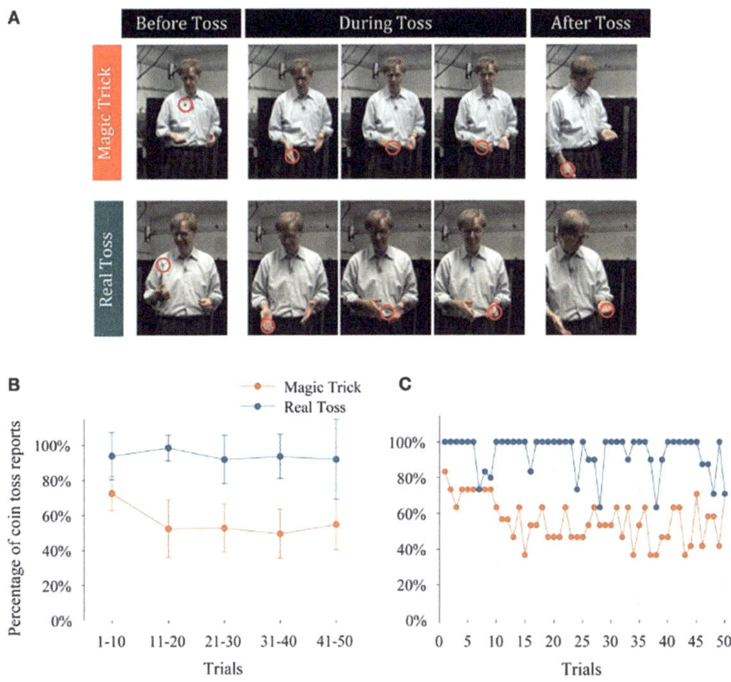

Abbildung 81: Falsche oder richtige Münzübergabe vorgeführt vom Zauberkünstler Mac King (aus Cui et al., 2011).

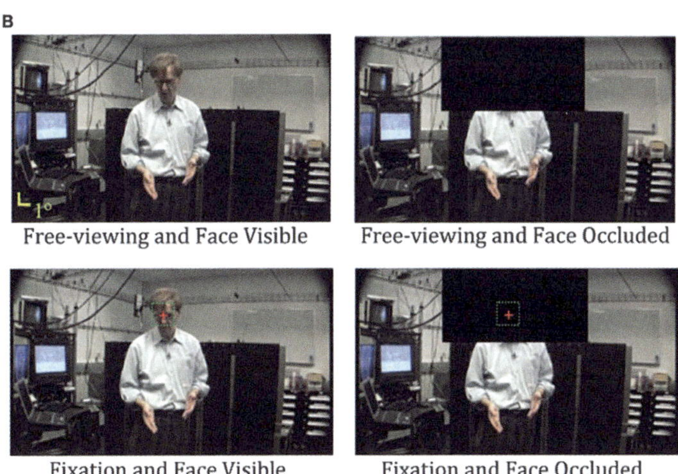

Abbildung 82: Bedingungen der Studie von Cui et al. (2011).

umso wirkungsvoller ist, je eher die Zuseher ihre Aufmerksamkeit tatsächlich nur auf die Hände richten. Wenn der Zauberkünstler – wie Mac King – während der falschen Übergabe den Blick zum Publikum richtet, wäre zu erwarten, dass die Zuseher es möglicherweise weniger bemerken, wenn die Münze falsch übergeben wird. Allerdings ist die resultierende Verblüffung, und auf die kommt es in der Zaubervorführung letztlich an, vermutlich auch geringer, weil der Zuseher im entscheidenden Moment ja nicht hingesehen hat.

In der erwähnten Studie von Kuhn und Land (2006) wurde die Aufmerksamkeit gezielt gelenkt, aber es handelt sich dabei eigentlich nicht um Ablenkung. In den Studien von Kuhn und Tatler (2005) bzw. Kuhn und Findlay (2010) wurde die Aufmerksamkeit jedoch gezielt durch exogene (Schnippen der Finger bzw. theatralisches Öffnen der Hand) und endogene Hinweisreize (der Blick ist auf die ablenkende Hand gerichtet) gelenkt, sodass die Zuseher das offene Verschwinden einer Zigarette bzw. eines Feuerzeugs (s. f) in Abb. 83) nicht bemerken sollten.

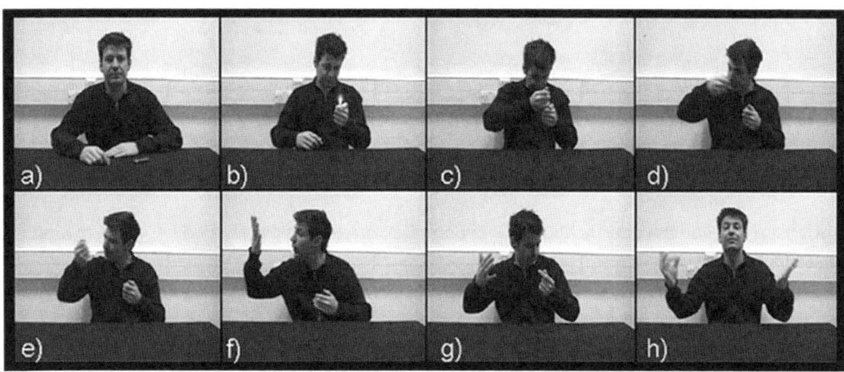

Abbildung 83: Ablauf der Studie von Kuhn und Findlay (2010). Das Feuerzeug wird bei c) scheinbar mit der rechten Hand ergriffen und während es scheinbar aus der rechten Hand verschwunden ist, lässt es der Zauberkünstler bei f) in offener Sicht fallen.

Ausgehend von diesem Effekt wurde in Nachfolgestudien (Kuhn, Tatler & Cole, 2009) das Zusammenspiel von sozialen (endogenen) und nichtsozialen (exogenen) Hinweisreizen weiter untersucht. Es stellte sich heraus, dass in der Ablenkungsbedingung (links in Abb. 84) diejenigen Vpn, die den Trick durchschauten (das Fallenlassen des Feuerzeugs bemerkten), zum Zeitpunkt des Fallenlassens des Feuerzeugs auch ihre Aufmerksamkeit auf diesen Bereich gerichtet hatten. In der Nichtablenkungsbedingung (rechts in Abb. 84) gibt es keine Übereinstimmung zwischen offener und verdeckter Aufmerksamkeit. Viele Vpn, die den Trick bemerkten, hatten ihre offene Aufmerksamkeit zum Zeitpunkt des Verschwindens des Feuerzeugs überhaupt nicht auf das Feuerzeug gerichtet, sondern auf den exogenen Hinweisreiz „ablenkende Hand". Das spricht dafür, dass hier dem endogenen Hinweisreiz (Blick ist nicht ablenkend, sondern auf das Feuerzeug, das fallengelassen wird, gerichtet) eine größere Bedeutung als dem exogenen Hinweisreiz zugeschrieben wird.

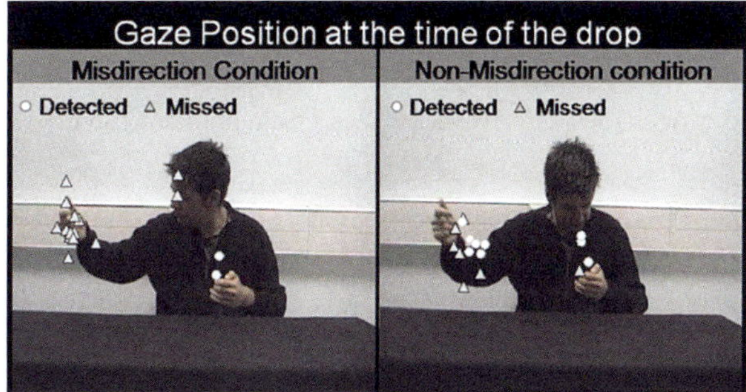

Abbildung 84: Übereinstimmung (links) und Dissoziation (rechts) von offener und verdeckter Aufmerksamkeit in der Studie von Kuhn et al. (2009).

In der Studie von Hergovich und Oberfichtner (2016) sollten zwei Fragen beantwortet werden: (1) Sind endogene oder exogene Hinweisreize wirksamer, um vom Trickgeschehen abzulenken? und (2) Welche Form der Ablenkung ist im Hinblick auf die Verblüffung am wirksamsten? Es geht ja wie gesagt nicht nur darum, dass ein Trick nicht durchschaut wird, sondern auch darum, dass er die Zuseher verblüfft.

Den Vpn wurden Videos gezeigt, bei denen der Vorführende zwei Becher hinstellt, wobei sich unter einem ein kleiner blauer Ball befindet. Nach dem Vertauschen der Becher ist unter dem anderen Becher ebenfalls ein kleiner (roter) Ball erschienen. Nach abermaligem Vertauschen erscheint noch ein zweiter, größerer grüner Ball unter einem der beiden Becher (s. Abb. 85).

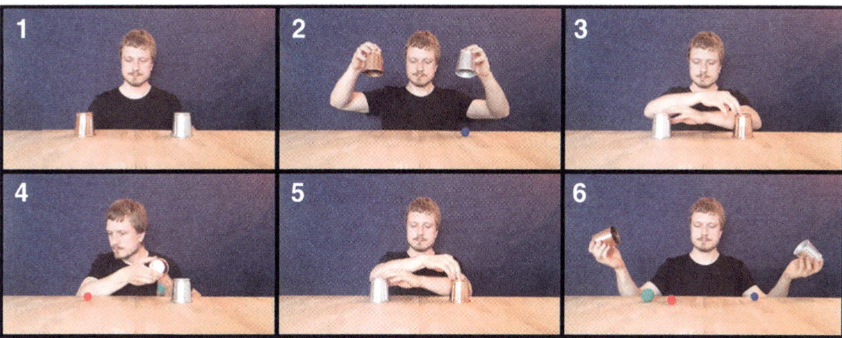

Abbildung 85: Der Ablauf der Demonstration bei Hergovich und Oberfichtner (2016). Bei Bild 4 wird der grüne Ball in den Becher gegeben, während der erschienene rote Ball betrachtet wird.

Es gab mehrere Versuchsbedingungen (s. Abb. 86), die sich in der Art der Ablenkung vom Trickgeschehen (der grüne Ball wird heimlich in den Becher gegeben) unterschieden. In der Bedingung „Augenkontakt“ wurde währenddessen der Blick auf den Zuseher gerichtet (endogener Hinweisreiz), in der Bedingung „Ball“ erscheint der rote Ball (exogener Hinweisreiz), in der Bedingung „Seitwärtsblick“ (endogen) wird der Blick auf einen Punkt am Tisch seitwärts gerichtet und in der Bedingung „Ball und Blick“ (Kombination endogen und exogen) wird der Blick auf den erscheinenden roten Ball gerichtet.

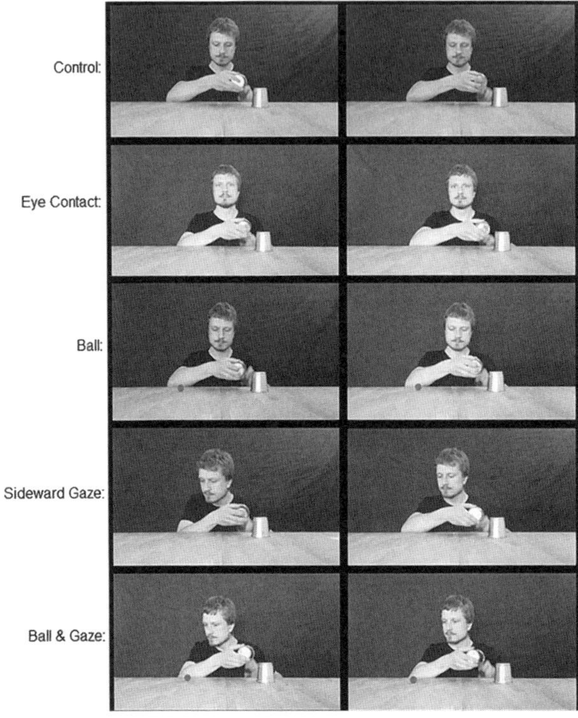

Abbildung 86: Bedingungen der Studie von Hergovich und Oberfichtner (2016).

Wie die Daten in Tabelle 7 aufzeigen, war die Kombination von exogenen und endogenen Hinweisreizen (hier gibt es offensichtlich auch einen Grund, auf die Seite zu blicken, die Ablenkung ist motiviert!) am effektivsten. Zwei Drittel der Vpn bemerkten nicht, wie der Ball in den Becher gegeben wurde (die Technik des Hineingebens war absichtlich nicht perfekt, um analysieren zu können, welche Bedingungen am effektivsten sind).

Tabelle 7: Prozentsatz der Vpn, die das Hineingeben des grünen Balles nicht bemerkten.

Bedingung	**KG**		**Augen-kontakt**		**Roter Ball**		**Seit-licher Blick**		**Ball und Blick**	
	n	%	*n*	%	*N*	%	*n*	%	*N*	%
Erste Prä-sentation	1	4.2	13	54.2	13	54.2	9	37.5	16	66.7
Zweite Prä-sentation	0	0	1	4.2	4	16.7	3	12.5	7	29.2

Für die Eye-Tracking-Analyse wurden drei Bereiche der Aufmerksamkeit definiert (s. Abb. 87).

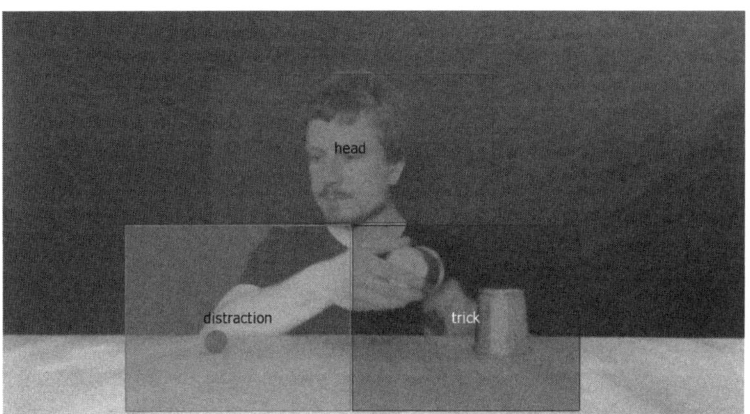

Abbildung 87: Die definierten Bereiche der Aufmerksamkeit bei Hergovich und Oberfichtner (2016).

Es stellte sich heraus, dass die getäuschten Vpn ihre Aufmerksamkeit signifikant eher auf den Kopf- oder Ablenkungsbereich richteten (Abb. 88).

In der Bedingung „Ball und Blick" waren die Vpn auch am meisten verblüfft (s. Abb. 89).

Zusammenfassend ist Ablenkung dann am wirkungsvollsten, wenn sie motiviert ist (d. h. ein Grund für die Ablenkung vorhanden ist) und wenn endogene und exogene Hinweisreize synchronisiert sind.

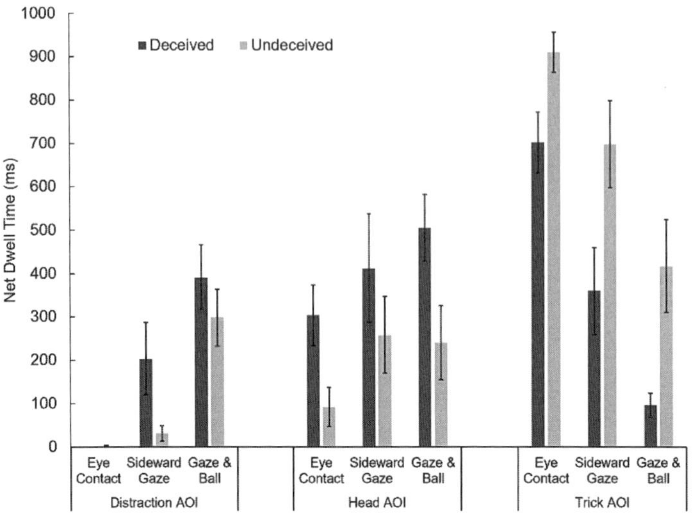

Abbildung 88: Unterschiede im Blickverhalten je nach Bedingung bei Hergovich und Oberfichtner (2016).

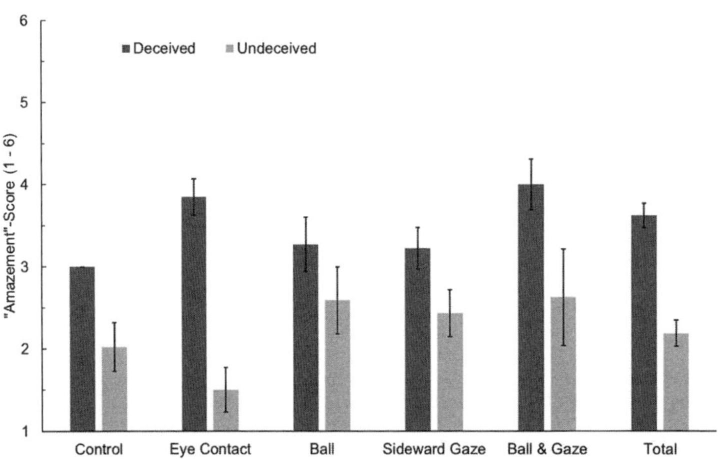

Abbildung 89: Unterschiede in der Verblüffung in der Studie von Hergovich und Oberfichtner (2016).

2.14 Subliminale Wahrnehmung

Gibt es eine Wahrnehmung ohne Bewusstsein? Shiffrin und Schneider (1977) unterscheiden grundlegend zwischen kontrollierter und automatischer Informationsverarbeitung. Kontrollierte Prozesse verlangen ein gewisses Ausmaß an Aufmerksamkeit und Anstrengung, sie benötigen mehr Zeit und können bewusst gesteuert werden. Automatische Prozesse hingegen laufen schnell ab, sie verlangen wenig Aufmerksamkeit und Anstrengung und sie werden nicht bewusst kontrolliert.

2.14.1 Semantisches Priming

Besondere Bedeutung in diesem Zusammenhang hat das Priming-Paradigma erlangt. Unter Priming (oder Bahnung) versteht man die Aktivierung eines Gedächtnisinhalts durch entsprechende Hinweisreize. Wenn man z. B. das Wort „grün“ hört, denken die meisten Menschen sogleich an „Wiese“ oder „Wald“. Soll man nun entscheiden, ob ein am Bildschirm vorgegebenes Wort ein „Substantiv“ oder ein „Adjektiv“ ist und dabei eine entsprechende Taste drücken, erfolgt bei einem Wort wie „Wiese“ die Antwort schneller (die Reaktionszeit ist kürzer), wenn zuvor das Wort „grün“ präsentiert wurde. Es handelt sich hierbei um das sogenannte semantische Priming. Theoretisch wurde angenommen, dass Begriffe im Gedächtnis in einem sogenannten assoziativen semantischen Netzwerk gespeichert werden, wobei inhaltlich nahestehende Begriffe in Gedächtnisknoten gespeichert werden, die nahe beieinanderliegen. Im Zusammenhang der kognitiven Psychologie (einem Teilgebiet der Allgemeinen Psychologie, das sich v. a. mit Sprache, Denken und Lernen beschäftigt) spricht man hier vom Ansatz der sich ausbreitenden Aktivierung („spreading activation account“). Nach dem „spreading activation account“ handelt es sich beim Priming um einen passiven und automatischen Prozess: „[…] priming occurs passively and automatically – as long as the prime word is perceived, it triggers a cascade of semantic associations, leading to faster processing of related words“ (Doyen et al., 2012, S. 17).

In den letzten Jahrzehnten wurde mittels des Priming-Paradigmas untersucht, wie sich Priming auf unsere Einstellungen, auf Stereotype und auch auf Verhaltensweisen auswirkt. Von Beginn an haben die verhaltensbezogenen Auswirkungen des Priming dabei die größte Faszination ausgeübt. Die Eröffnung der Möglichkeit, das Verhalten von Menschen über den Zugang zu ihrer unbewussten, automatischen Informationsverarbeitung steuern zu können, hat v. a. auch die Konsumenten- und Marketingforschung begeistert. Im Internet finden sich diesbezügliche Videos, wie von Derren Brown, die aber als Fake-Videos zu bezeichnen sind. Priming funktioniert jedenfalls nicht so, wie es in diesen Videos dargestellt wird. Es genügt nicht, einen nebensächlichen Blick auf ein im Verlauf einer Taxifahrt wahrgenommenes Sujet zu werfen, um dieses dann unbewusst weiterzuverarbeiten und dann z. B. in eine Marketing-Strategie einzuarbeiten.

Bereits 1957 hatte James Vicary behauptet, dass ihm eine Umsatzsteigerung von Coca Cola und Popcorn gelungen wäre, indem er Kinobesuchern ganz kurz auf der Leinwand Botschaften („Drink Coke“) eingeblendet hat (dargestellt in Vance Packards Bestseller „Die geheimen Verführer“, Packard, 1976). Später hat er allerdings zugegeben, dass das eine Falschmeldung war.

Theoretisch steht hinter der Möglichkeit einer solchen Beeinflussung der Carpenter-Effekt. Der englische Naturwissenschaftler William Benjamin Carpenter hatte schon 1852 postuliert, dass das Sehen einer Bewegung ebenso wie das Denken an eine Bewegung die motorische Tendenz auslöst, diese Bewegung auch tatsächlich auszuführen. Dies lässt sich anhand des Pendelversuchs demonstrieren. Dabei sollen Vpn ein Pendel senkrecht halten, ohne dass es in Schwingung versetzt wird. Den Vpn gelingt dies in der Regel nicht, das Denken an die Bewegung löst letztlich Schwingbewegungen aus. Man spricht hier auch von sogenannten „ironischen“ Prozessen. An sich sollte es vermieden werden, das Pendel in Bewegung zu versetzen, aber genau das, was man vermeiden will, passiert dann (ähnlich wie man unweigerlich an einen rosa Elefanten denkt, wenn man die Instruktion erhält, nicht an diesen zu denken, s. Wegner, Ansfield & Pilloff, 1998).

Priming erhöht allgemein die Verfügbarkeit von Begriffen oder Konzepten. Dadurch kann es zu einer veränderten Personenbeurteilung kommen, wie Higgins, Rholes und Jones (1977) gezeigt haben. Ihre Vpn nahmen an zwei unabhängigen Tests teil. Im ersten Test sollten sie sich u. a. eine Liste von Worten einprägen. Die eine Gruppe der Vpn sollte sich Wörter wie „unternehmungslustig“, „selbstbewusst“, „unabhängig“, „ausdauernd“ einprägen, die zweite Gruppe Wörter wie „waghalsig“, „eingebildet“, „unnahbar“, „dickköpfig“. Danach bekamen alle Vpn in einem zweiten Test folgende Personenbeschreibung eines Mannes namens Donald vorgelegt:

> Donald verwandte viel Zeit auf die Suche nach dem, was er gerne den Kick nannte. Er hatte bereits den Mount McKinley bestiegen, war in einem Kajak über die Stromschnellen des Colorado hinuntergejagt, hatte in einem Demolition Derby ein Auto zertrümmert sowie ein Boot mit Raketenantrieb gesteuert – obwohl er sich mit Booten nicht besonders gut auskannte. Schon mehrmals hatte er Verletzungen und sogar den Tod riskiert. Jetzt suchte er nach einem neuen Kick. Er überlegte, ob er es vielleicht mit Fallschirmspringen versuchen oder in einem Segelboot den Atlantik überqueren sollte. Aus Donalds Verhalten war klar zu erschließen, dass er sich völlig seiner Fähigkeit bewusst war, vieles gut zu erledigen. Außer über seine Arbeit hatte Donald eher wenig Kontakt zu anderen Menschen. Er fand, er brauchte andere nicht wirklich. Hatte Donald erst einmal beschlossen, etwas zu unternehmen, so war es so gut wie getan, egal wie lang es dauern oder wie schwierig es sich gestalten sollte. Er überlegte es sich nur selten noch einmal anders, selbst wenn das durchaus besser gewesen wäre.

Die Personenbeschreibung ist bewusst so zweideutig formuliert, dass sie sowohl zu einer positiven (Donald wird als abenteuerlustig eingeschätzt) als auch zu einer negativen (Donald wird als unnötig risikobereit eingeschätzt) Beurteilung führen könnte.

Die Vpn sollten die Personenbeschreibung lesen und danach Donald beurteilen. Es zeigte sich, dass die vorangegangene Priming-Prozedur einen großen Einfluss auf die Beurteilung von Donald hatte (s. Abb. 90).

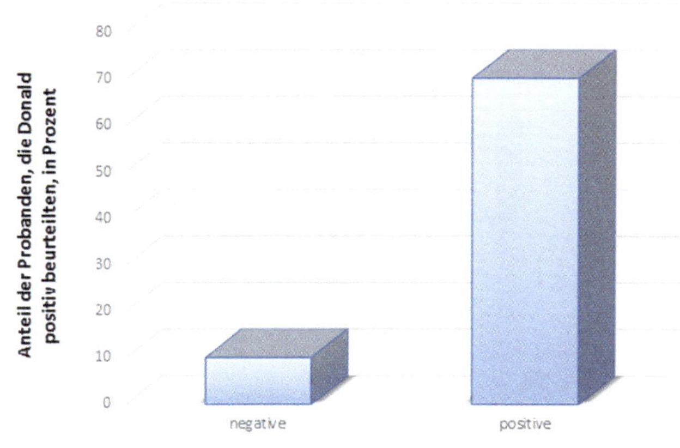

Abbildung 90: Ergebnis des Versuchs von Higgins et al. (1977) (modifiziert nach Aronson, Wilson & Akert, 2008).

Vpn, die sich zuvor konnotativ positive Worte (wie selbstbewusst) merken sollten, beurteilten Donald weit positiver als Vpn, die zuvor konnotativ negative Worte (wie dickköpfig) lernen sollten. Offenbar hatten die Vpn Donald vor dem Hintergrund der gerade verfügbaren Konzepte mehr oder weniger positiv beurteilt.

Die Verfügbarkeit von Begriffen scheint auch eine verblüffende Auswirkung auf unser Verhalten zu haben. Die 34 Vpn (Psychologiestudenten) in Experiment 1 von Bargh, Chen und Burrows (1996) sollten 30 Satzbildungsaufgaben lösen. Dabei mussten sie aus jeweils fünf Wörtern einen Satz mit vier Wörtern bilden. Es gab drei Bedingungen: neutral, höflich und unhöflich. Bei der Bedingung „unhöflich" enthielt die Hälfte der Aufgaben Worte, die mit Unhöflichkeit assoziiert sind. Die Aufgabe lautete z. B: „Sie sie belästigen sehen üblicherweise" (aus vier der fünf Worte musste ein Satz gebildet werden). Nach dieser Aufgabe sollten sie zum Versuchsleiter in einen Nebenraum gehen, um dort den weiteren Fragebogen zu bekommen. Dieser war aber in ein Gespräch vertieft und es wurde gemessen, wie lange die Teilnehmer des Experiments warteten, bevor sie den Versuchsleiter unterbrachen, um ihren Fragebogen zu bekommen. Die maximal festgesetzte Wartezeit betrug zehn Minuten, danach wurde den Teilnehmern noch eine kurze (irrelevante) Aufgabe vorgegeben und schließlich wurden sie über den Sinn des Experiments aufgeklärt.

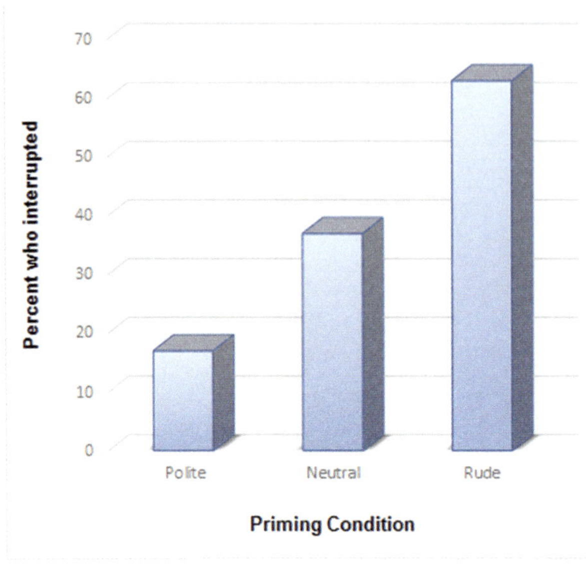

Abbildung 91: Ergebnisse des Experiments 1 von Bargh et al. (modifiziert nach Bargh et al., 1996).

Die Versuchsauswertung ergab, dass die Vpn der Bedingung „unhöflich" den Versuchsleiter signifikant schneller (im Schnitt nach 326 Sekunden) unterbrachen als die Vpn der Bedingung „neutral" (M = 519 Sekunden) oder „höflich" (M = 558 Sekunden). Allerdings warteten 21 von 34 Vpn die gesamte Zeit von zehn Minuten ab, ohne den Versuchsleiter zu unterbrechen. Innerhalb der drei Gruppen ist der Prozentsatz derjenigen, die den Versuchsleiter unterbrochen haben, in der Gruppe der Bedingung „unhöflich" am größten (s. Abb. 91, allerdings basiert die Grafik nur auf 11 Vpn, die nicht bis zum Ende gewartet haben! Das heißt, in der Bedingung „unhöflich" gab es sieben Personen, die vorzeitig unterbrochen haben, in der Bedingung „höflich" waren es nur zwei Personen).

In Experiment 2 wandten Bargh et al. (1996) dieselbe Methode an, nur wurden die 30 Vpn (wiederum Psychologiestudenten) dieses Mal auf das Konzept „alt" geprimt. Einer Versuchsgruppe wurden bei der Hälfte der Satzbildungsaufgaben Worte wie „alt", „verwirrt", „einsam", „verbittert", „vergesslich" vorgelegt, die andere Hälfte erhielt neutrale Wörter. Die gemessene abhängige Variable war die Zeit, die die Vp nach dem Experiment brauchte, um den knapp zehn Meter (9,75 m) langen Gang zum Aufzug zurückzulegen.

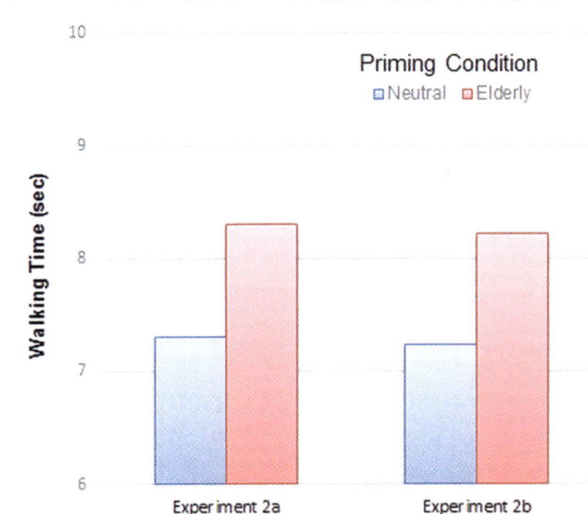

Abbildung 92: Ergebnisse des Experiments 2 von Bargh et al. (modifiziert nach Bargh et al., 1996).

Das Experiment erbrachte das Ergebnis, dass die Vpn der Bedingung „alt" signifikant langsamer den Gang entlanggingen als die Vpn der neutralen Bedingung (s. Abb. 92). Vor allem dieses Experiment von Bargh et al. wurde sehr beachtet und in den nächsten Jahren oft zitiert. In einer Studie von Dijksterhuis et al. (1998) sollten sich die Vpn entweder ein Supermodel (Claudia Schiffer) oder einen Professor (Albert Einstein) vorstellen. Diejenigen, die mit dem Supermodel geprimt wurden, schnitten bei einem Wissenstest schlechter ab. Auch dieser Studie wurde große Aufmerksamkeit zuteil.

In den letzten Jahren wurde allerdings Kritik an dem aufsehenerregenden Priming-Paradigma laut. Die meisten Experimente, die einen Einfluss des Primings auf das Verhalten (Bargh et al., 1996) nachgewiesen hatten, erwiesen sich als nicht oder nur sehr eingeschränkt replizierbar. So konnten Doyen et al. (2012) die Bargh-Studie zum Priming des Alters mittels Zeitmessung durch Lichtschranken nicht replizieren. Einzig unter der Bedingung, dass die Versuchsleitung selbst über die Versuchsbedingungen Bescheid weiß, konnten die Ergebnisse repliziert werden (offenbar überträgt in dem Fall der Versuchsleiter seine Erwartungen im Sinne einer selbsterfüllenden Prophezeiung auf die Probanden). Auch die Studie von Dijksterhuis zum Priming intelligenten Verhaltens konnte nicht repliziert werden (Shanks et al., 2013).

Zudem wurden innerhalb relativ kurzer Zeit einige spektakuläre Betrugsfälle aufgedeckt. Der prominenteste Betrüger ist sicherlich Diederik Stapel, ehemaliger Dekan der Universität in Tilburg, der selbst auf dem Gebiet des Priming geforscht hat und einer der Koautoren der erwähnten Studie von Dijksterhuis ist. Stapel, der von der Universität entlassen wurde, hat selbst gestanden, Daten erfunden zu haben. Ein Professor für Marketingpsychologie, Dirk Smeesters, wurde ebenfalls wegen der Fälschung von Daten entlassen. Jens Förster musste auf die hochdotierte Alexander-Humboldt-Stiftungsprofessur verzichten, nachdem sich gegenüber Ergebnissen seiner Studien Manipulationsvorwürfe erhärteten.

Die Betrugsfälle und die Schwierigkeiten bei der Replikation vieler aufsehenerregender Resultate haben zu einer „Krise“ innerhalb der Psychologie geführt, die in vielen Medien wie „Die Zeit“ oder „Spiegel“ außerhalb des Fachpublikums diskutiert wurde. Es ist Aufgabe der nächsten Jahre, gründlich zu untersuchen, welche Resultate tatsächlich einer Replikation standhalten. Zudem müssen strengere Standards bei der Publikation eingeführt werden. Dazu gehört beispielsweise die Teilnahme am Open-Science-Framework, wodurch die Transparenz des Forschungsprozesses erhöht werden soll, indem Studien bereits vor der Durchführung registriert werden und Daten frei verfügbar sind.

2.14.2 Implizites affektives (evaluatives) Priming

Eine moderne praktische Anwendung des Priming-Paradigmas stellt der sogenannte Implizite Assoziationstest dar (Greenwald, McGhee & Schwartz, 1998). Bereits Fazio (Fazio et al., 1982) hatte zeigen können, dass zugänglichere Einstellungen zu einer rascheren Reaktionszeit führen. Wenn man z. B. eine Frage wie „Sind Sie für oder gegen die Todesstrafe?“ so schnell wie möglich mit Ja oder Nein beantworten soll, dann kann aus der Reaktionszeit die Zugänglichkeit der Einstellung gemessen werden. Die Zugänglichkeit der Einstellung hängt sowohl von der Häufigkeit ab, mit der über das Thema nachgedacht wurde, als auch vom letzten Zeitpunkt des Nachdenkens. Leicht abrufbare Einstellungen sind starke Einstellungen, schwerer abrufbare Einstellungen schwache Einstellungen. Fazio et al. (1986) konnten auch zeigen, dass eine Person schneller eine andere (positiv oder negativ) bewertet, wenn ihr zuvor ein Wort präsentiert wird, dass die gleiche Valenz (Wertigkeit) wie die zu bewertende Person hat.

Der Implizite Assoziationstest nützt dieses Ergebnis. Das Prinzip soll anhand einer Studie von Florack (2000) erläutert werden. Die 51 Vpn dieses Experiments erhielten die Instruktion (Phase 1), dass sie bei Erscheinen eines unangenehmen Wortes die linke Taste drücken sollten und bei Erscheinen eines angenehmen Wortes die rechte Taste. Danach wurden am Bildschirm zufällig positive oder negative Adjektive vorgegeben. Falsche Antworten mussten die Vpn korrigieren (wenn z. B. ein Wort wie „böse“

als positiv kategorisiert wurde). In Phase 2 sollten sie zwischen türkischen und deutschen Vornamen unterscheiden. Bei einem türkischen Vornamen sollten sie die linke Taste drücken und bei einem deutschen Vornamen die rechte Taste. In Phase 3 wurde entweder ein Vorname oder ein Adjektiv vorgegeben. Bei deutschen Vornamen und positiven Adjektiven sollte dieselbe Taste gedrückt werden (ebenso wie bei türkischen und negativen Adjektiven). Es handelte sich also um eine stereotypkonsistente Bedingung (da sie im Einklang mit der Annahme von negativen impliziten Einstellungen gegenüber Türken steht). In Phase 4 wurden erneut nur Vornamen (deutsch oder türkisch) am Bildschirm vorgegeben, aber jetzt sollten die Vpn die linke Taste für deutsche Vornamen und die rechte Taste für türkische Vornamen drücken. In Phase 5 wurden wie in Phase 3 deutsche und türkische Vornamen präsentiert, allerdings sollten die Vpn jetzt auf dieselbe Taste drücken (rechts), wenn ein türkischer Vorname und ein positives Adjektiv vorgegeben wurden (stereotypinkonsistente Bedingung). Die Ergebnisse zeigten eindeutig, dass die Vpn schneller reagierten, wenn dieselbe motorische Reaktion bei türkischen Vornamen und negativen Adjektiven erforderlich war sowie bei deutschen Vornamen und positiven Adjektiven. Musste hingegen bei türkischen Vornamen dieselbe Taste gedrückt werden wie bei positiven Adjektiven und bei deutschen Vornamen wie bei negativen Adjektiven, kam es zu langsameren Reaktionen. Die solcherart impliziten Einstellungen stehen nicht unbedingt in Zusammenhang mit explizit erfragten Einstellungen („Wie beurteilen Sie Türken?“). Bewusst sind möglicherweise keine Vorurteile gegenüber Türken vorhanden oder messbar, weil sozial erwünscht geantwortet wird (im Einklang mit vorhandenen Normen wie der gesellschaftlich geforderten Akzeptanz anderer Kulturen). Die Methode kann also implizit vorhandene negative Einstellungen erfassen.

2.14.3 Subliminales Priming

Beim bisher dargestellten semantischen und affektiven (evaluativen) Priming ist nicht ganz klar, ob das Bewusstsein nicht doch eine stärkere Rolle spielt als vermutet – schließlich haben die Vpn die Priming-Reize bewusst wahrgenommen. Eine alternative Methode, Priming zu evozieren, ist das sogenannte subliminale Priming, bei dem die Priming-Reize unter der bewussten Wahrnehmungsschwelle für eine ganz kurze Dauer (ca. zehn Millisekunden lang) auf einem Bildschirm (früher auf besonderen Geräten, sogenannten Tachistoskopen) dargeboten werden.

Bargh, Chen und Burrows (1996) stellten ihren Vpn die Aufgabe zu entscheiden, ob jeweils eine gerade oder eine ungerade Anzahl an Kreisen am Bildschirm dargeboten wird. Subliminal (zwischen 13 und 26 ms lang) wurden dabei entweder weiße (kaukasische) oder schwarze (afroamerikanische) Gesichter am Bildschirm dargeboten, gefolgt von einem Maskierungsreiz (ein Muster). Nur zwei der 41 Vpn konnten sich danach an die Vorgabe von Bildern erinnern. Nach dem 130. Versuchsdurchgang erschien am Bildschirm eine Fehlermeldung des Computers „F11 error: failure saving data". Danach wurde den Probanden mitgeteilt, dass sie das Experiment wiederholen müssten. Die Reaktionen der Vpn wurden dabei gefilmt und vom Versuchsleiter, der den Vpn zusätzlich persönlich erklärte, dass sie nochmals von vorne beginnen müssten, bewertet. Die Ergebnisse zeigen, dass weiße Vpn, die subliminal Gesichter von Schwarzen gesehen hatten, signifikant feindseliger reagierten als weiße Vpn, die Gesichter von Weißen gesehen hatten (s. Abb. 93).

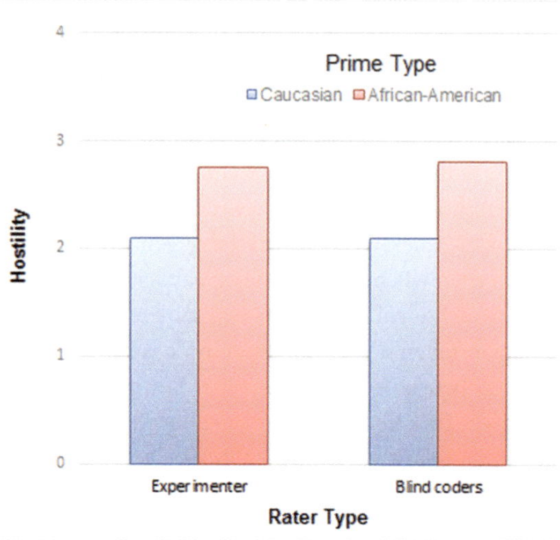

Abbildung 93: Ergebnisse des Experiments 3 von Bargh (modifiziert nach Bargh et al., 1996).

Aus den beschriebenen Studien und deren Bewertung kann folgendes Fazit zum Thema Priming gezogen werden:

(1) Priming ist nicht Priming. Die Wirkung von evaluativem Priming ist gut belegt, z. T. trifft das auch auf die Aktivierung semantischer Konzepte zu.
(2) Vor allem die Auswirkungen semantischen Primings auf das Verhalten sind fraglich und wenn vorhanden, dann sehr kurz andauernd.
(3) Theoretisch ist fraglich, ob es subliminales Priming tatsächlich gibt (es gibt keinen überzeugenden Test, der Bewusstsein ausschließt, s. Doyen et al., 2012), da selbst bei ganz kurzer Darbietung nicht ausgeschlossen ist, dass die Inhalte bewusst wahrgenommen, aber sofort wieder vergessen wurden. Wie groß der Einfluss von automatischen oder unbewussten Prozessen auf das menschliche Verhalten tatsächlich ist, wird vermutlich noch lange Zeit in der Psychologie kontrovers diskutiert werden.

2.15 Außersinnliche Wahrnehmung

Außersinnliche Wahrnehmung (oder „extrasensory perception") ist ein Begriff aus der Parapsychologie. Der Begriff „Parapsychologie" geht auf den Vorschlag des Berliner Psychologen und Philosophen Max Dessoir (1867–1947) zurück, die „aus dem normalen Verlauf des Seelenlebens heraustretenden Erscheinungen *parapsychische*, die von ihnen handelnde Wissenschaft *Parapsychologie*" zu nennen (s. Hergovich, 2005). Basisgegenstand der heutigen Parapsychologie bildet eine Gruppe „anomal" anmutender Erlebnis- und Verhaltensweisen, die auch unter dem Begriff „*Psi*-Phänomene" subsumiert werden (Bauer, 1999). *Psi*, der dreiundzwanzigste Buchstabe des griechischen Alphabets, wurde 1943 von Thouless und Wiesner als Sammelbezeichnung aller paranormalen Phänomene eingeführt (Gruber, 1998).

Innerhalb der *Psi*-Phänomene gibt es zwei Phänomengruppen: Zum einen sind das die „*Psi*-Kognitionen" oder „außersinnlichen Wahrnehmungen" (ASW bzw. im Englischen ESP für „extrasensory perception"). Dazu gehören Telepathie (Informationsübertragung ohne Beteiligung bekannter Informationskanäle, wobei unter Parapsychologen keine Einigkeit darüber besteht, ob ein Sender und ein Empfänger vorhanden sein müssen oder ob ein aktiver Empfänger alleine genügt), Hellsehen (Erfassung objektiver Sachverhalte, die niemandem bekannt sind) und Präkognition (Erfassung zukünftiger Ereignisse, die rational nicht erfassbar bzw. auch nicht z. B. durch logische Überlegungen ableitbar sind).

Den zweiten Bereich der *Psi*-Phänomene bildet die „*Psi*-Aktion" oder Psychokinese (PK), worunter die direkte Beeinflussung physikalischer oder biologischer Systeme in Abhängigkeit von der Intention des Beobachters ohne Ausnutzung bekannter naturwissenschaftlicher Wechselwirkungen verstanden wird. Die Psychokinese lässt sich darüber hinaus noch in Mikro- und Makro-PK differenzieren. Mikro-PK bezieht sich auf schwache psychokinetische Effekte, die nur statistisch oder mit besonders sensitiven Messinstrumenten nachweisbar sind, während Makro-PK (z. B. das mentale Verbiegen von Metall) mit „bloßem Auge" wahrgenommen werden kann.

Im 20. Jahrhundert haben Wissenschaftler begonnen, diese anekdotisch schon seit Menschengedenken bekannten Phänomene experimentell zu erfassen. 1924 gründete Joseph Banks Rhine (1895–1980) in Durham/North Carolina das erste parapsychologische Forschungslabor der Welt. Die „Rhinesche Revolution" (Beloff, 1993) beinhaltete drei Ziele: *Erstens* wollte sie die experimentelle Methode als „Königsweg" in die Parapsychologie einführen, um dadurch sehr schnell einen Wissensfortschritt zu erzielen. *Zweitens* war mit diesen Bemühungen die Hoffnung auf akademische und wissenschaftliche Anerkennung verbunden. Ein *drittes* Ziel bestand darin, zu zeigen, dass paranormale Fähigkeiten nicht auf einzelne, besonders sensitive Personen beschränkt, sondern weitverbreitet sind und möglicherweise sogar jeder Mensch derartige Fähigkeiten besitzt. Rückblickend gesehen wurde keines dieser Ziele erreicht:

> There is still no consensus as to the most promising path to pursue and the crucial problem, how to generate reliable phenomena, though there has been progress, remains as yet unsolved; parapsychology still lacks scientific recognition and a firm base in academia; and it is still a matter of dispute whether psi ability is distributed widely in the population or is an idiosyncrasy of the freakish few. (Beloff, 1993, S. 127 f.)

Rhine verwendete v. a. die sogenannten ESP-Karten oder Zener-Karten (von seinem Mitarbeiter Zener entworfen, s. Abb. 94 und 95), um außersinnliche Wahrnehmung zu testen.

Abbildung 94: ESP-Karten.

Die grundlegende Versuchsanordnung wurde folgendermaßen beschrieben:

> An der einen Seite des Tisches saß die Versuchsperson männlichen oder weiblichen Geschlechts, die auf ihr abnormes Vermögen hin geprüft werden sollte. Ich saß ihr gegenüber mit dem Kartenspiel, einem Bleistift und einem Stück Papier; vor mir lagen die Karten, gemischt und abgehoben; weder ich noch die Versuchsperson kannten die Reihenfolge der Karten […]. Die Versuchsperson versuchte das Zeichen auf der obersten Karte des Spieles anzugeben, welche natürlich mit der Figur nach unten lag. Gelegentlich sah sie sich die Karte von oben an, gelegentlich saß sie mit geschlossenen Augen da oder blickte aus dem Fenster. Bisweilen, aber nicht oft, durfte sie auch die Karte berühren […]. (Rhine, 1938, S. 60)

Rhine berichtete, dass seine Vpn bei den ersten 800 Versuchen ein hochsignifikantes Resultat mit einem Mittelwert von 6,5 Treffern pro 25 Karten erzielt hatten.

Die Ergebnisse Rhines wurden sowohl innerhalb als auch außerhalb der parapsychologischen Szene äußerst kritisch aufgenommen. Von Nicht-Parapsychologen wurde auf eine Reihe von Mängeln in den Untersuchungen hingewiesen (Kennedy, 1939), von den Parapsychologen selbst wurde mit Erstaunen registriert, dass die Ergebnisse Rhines und seiner Mitarbeiter in anderen Labors nicht repliziert werden konnten: „If the American claims are genuine we should be forced to assume the psychic faculty is extremely rare in England compared to America“ (Soal, 1948, zit. nach Girden, 1962, S. 382).

Abbildung 95: Rhine bei der Durchführung eines psychologischen Experiments (aus Skeptiker 1/2005).

Die Hauptkritikpunkte bezogen sich auf

1. unzureichende Vorkehrungen gegenüber Betrug (z. T. wurden die Vpn bei den Experimenten alleingelassen oder sie hatten Möglichkeiten, das Stimulusmaterial zu manipulieren),
2. die Tatsache, dass nicht alle sensorischen Hinweisreize eliminiert wurden (die Vpn könnten den Gesichtsausdruck bzw. die Körpersprache des Experimentators interpretiert haben, beim wiederholten Gebrauch wiesen die Rückseiten der Karten charakteristische Merkmale wie Fingerabdrücke auf), und
3. methodische Mängel (Fehler bei der Registrierung der Daten, die Zufälligkeit der Stimulusserien war nicht gegeben, fehlerhafte statistische Analysen).

In den folgenden Jahrzehnten wurde eine Reihe von Experimentalserien durchgeführt, über deren Erfolg zwischen Parapsychologen und Skeptikern keine Einigkeit erzielt werden konnte. Die Kontroverse besteht nach diesem Muster bis in die Gegenwart fort.

Nach dem zweiten Weltkrieg wurden neue Paradigmata zur Überprüfung von außersinnlicher Wahrnehmung entwickelt. Zwei davon seien an dieser Stelle vorgestellt:

Die *Ganzfeld-Methode* erlangte in den 1970er-Jahren Popularität. Der Begriff „Ganzfeld" geht auf den Gestaltpsychologen Wolfgang Metzger (Metzger, 1930) zurück und bezeichnet die phänomenale Erlebnisqualität bei Konfrontation mit einem unstrukturierten Gesichtsfeld ohne visuelle Konturen (einer völlig weißen Fläche, dem klaren Himmel). Dabei werden Personen desorientiert, sie berichten von einem „Meer von Licht" und es tritt erhöhte Alpha-Aktivität im EEG auf. Bei der Ganzfeld-Methode, wie sie in der Parapsychologie angewandt wurde, befindet sich der Empfänger im Zustand sensorischer Deprivation und versucht, Eindrücke von einem ihm unbekannten Zielobjekt zu bekommen. Die Augen sind mit halbierten Tischtennisbällen bedeckt, die wiederum von einer roten Lichtquelle angestrahlt werden. Über Kopfhörer wird „weißes Rauschen" eingespielt, um Geräusche von außen zu reduzieren (s. Abb. 96). Während der Ganzfeld-Stimulation versucht ein Sender via Telepathie ein als Ziel (Target) fungierendes zufällig ausgewähltes Bild oder auch eine ganze Sequenz von Bildern zu übertragen. Der Empfänger beschreibt die Bilder und Empfindungen, die er erfährt. Die ganze Prozedur dauert normalerweise etwa 30 Minuten. Im Anschluss daran werden dem Empfänger in der Regel vier zufällig geordnete Bilder gezeigt: drei falsche Bilder und das zu übertragende Ziel. Der Empfänger wählt eines der Targets. Handelt es sich um das richtige Target, hat er einen Treffer erzielt. Die zufällig zu erwartende Trefferquote läge also bei 25 %.

Über den Erfolg der ersten Ganzfeld-Studien bestand keine Einigkeit zwischen Skeptikern und Parapsychologen (Hyman, 1985; Honorton, 1985). Die berichteten Effekte waren zwar signifikant, jedoch konnten methodische Mängel nicht ausgeschlossen werden. Nun passierte etwas in der Geschichte der Parapsychologie Einmaliges. Ein Skeptiker (Ray Hyman) und ein Parapsychologe (Charles Honorton) verfassten eine gemeinsame Erklärung, aus der zwar hervorging, dass sie über den Erfolg der Ganzfeld-Experimente unterschiedlicher Ansicht waren, jedoch Einigkeit darin bekundeten, dass aufgrund der Datenlage noch kein endgültiges Urteil gefällt werden könne: „We agree that the final verdict awaits the outcome of future experiments conducted by a broader range of investigators and according to more stringent standards" (Hyman & Honorton, 1986, S. 351). Darüber hinaus einigten sie sich auf gemeinsame Richtlinien für zukünftige Ganzfeld-Experimente. Insbesondere wollte man in zukünftigen Experimenten das Problem der selektiven Berichterstattung und einige methodische Fehlerquellen in den Griff bekommen. Selektive Berichterstattung liegt dann vor, wenn erfolgreiche (signifikante) Resultate bevorzugt publiziert werden, sei es, weil signifikante Ergebnisse größere Chancen auf Veröffentlichung haben, sei es, weil Wissenschaftler – die sich dessen bewusst sind – von vornherein nur über signifikante Experimente berichten. Potenzielle methodische Fehlerquellen sind „undichte" Stellen im Experiment („sensory leakage"), aufgrund derer eine Informationsaufnahme durch die bekannten Sinnesorgane nicht ausgeschlossen werden kann. Zum Beispiel könnte der Versuchsleiter ganz unbeabsichtigt die Ähnlichkeitsratings der Vpn ein wenig in Richtung Treffer verfälschen, wenn er selbst die Identität des Zielobjekts kennt. Wenn der Empfänger diejenigen Zielobjekte (z. B. eine Serie von Bildern) zur Beurteilung erhält, die der Sender während der Prozedur verwendet hat, ist es möglich, dass der Empfänger anhand von Hinweisreizen (Fingerabdrücke, Flecke oder Temperaturunterschiede) das Zielobjekt von den anderen vorgelegten Objekten unterscheidet. Weitere methodische Fehler treten bei der Randomisierung der Zielobjekte auf. Wird ein Zielobjekt, das von den Vpn bevorzugt identifiziert wird, häufiger vorgegeben, kann eine höhere Trefferrate auf diesen „response bias" zurückgeführt werden. Legt man den Vpn z. B. vier Bilder vor, auf denen 1) ein Bügeleisen, 2) ein Wasserfall, 3) ein Aktenordner und 4) eine Packung Mehl abgebildet sind, und wählt das Bild „Wasserfall“ häufiger als alle anderen Objekte als Zielobjekt, dann erzielt man mit großer Wahrscheinlichkeit eine erhöhte Trefferquote, da sich viele Vpn in dieser Situation fließendes Wasser vorstellen. Bem und Honorton (1994) berichten von einem solchen Fehler, der ihnen in einer Versuchsreihe unterlief.

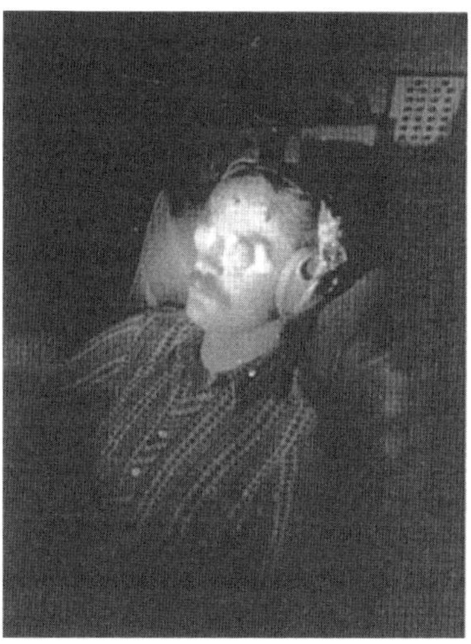

Abbildung 96: Der Empfänger eines Ganzfeld-Experiments (aus Skeptiker 1/2005).

Um die Gefahr solcher Fehler zu minimieren, konzipierte Charles Honorton mit anderen Parapsychologen die sogenannten Auto-Ganzfeld-Experimente (Bem & Honorton, 1994). Das Grunddesign war dasselbe wie bei den Ganzfeld-Experimenten. Allerdings lief nun die Auswahl des Zielobjekts und die Vorgabe der Objekte an den Empfänger computergesteuert ab: Der Computer wählte ein Zielobjekt aus und kontrollierte die Vorgabe an den Sender während der Ganzfeld-Prozedur. Danach randomisierte der Computer die Sequenz der vier Objekte, die dem Empfänger vorgelegt wurden. Die Ratings des Empfängers wurden auch über den Bildschirm erhoben. Erst wenn der Empfänger seine Urteile abgegeben hatte, kam der Sender in den Raum, in dem sich der Empfänger und der Versuchsleiter befanden, und teilte diesen die Identität des Zielobjekts mit.

Mit der Publikation des Artikels von Bem und Honorton (1994) im *Psychological Bulletin* schien es, als ob der Parapsychologie endlich der Durchbruch gelungen wäre und die Ganzfeld-Experimente tatsächlich die „via regia“ zum Nachweis von *Psi* darstellten. Bem und Honorton präsentierten darin eine Metaanalyse über zehn Auto-Ganzfeld-Studien. Die berichteten Effektgrößen waren eindrucksvoll und signifikant. So wurden in insgesamt 329 Sitzungen 106 Treffer erzielt, was einer Trefferrate von 32 % ($z = 2{,}89$, $p = 0{,}002$) gegenüber einer nach dem Zufall zu erwartenden Trefferrate von 25 % entspricht (würde man zufallsgeleitet bei jedem vierten Durchgang einen

Treffer erwarten, erzielten die Vpn hier jedes dritte Mal einen Treffer). Nach Bem und Honorton ergibt das eine beachtliche Effektgröße, die z.B. weit über der die Wahrscheinlichkeit eines Herzinfarkts vermindernden Wirkung des Aspirins liege. Einzelne Stichproben waren besonders erfolgreich. So konnte eine Stichprobe ($n = 20$) einer künstlerischen Schule (die Teilnehmer waren erwachsene Musik- und Schauspielschüler) eine Trefferrate von 50 % vorweisen, wobei die Trefferrate der acht Musikschüler mit 75 % absolut am höchsten lag. Sechs der acht Musikschüler konnten ihr Zielobjekt identifizieren. Künstlerische bzw. kreative Fähigkeiten sind nach Bem und Honorton (1994) eine Variable, die sich positiv auf die *Psi*-Leistung auswirkt.

Die Kritik von Hyman (1994) deckt allerdings einige Schwächen der Auto-Ganzfeld-Studien auf. So gibt es Hinweise dafür, dass die Randomisierung der Zielobjekte systematische Verzerrungen aufweist. Milton und Wiseman veröffentlichten 1999 abermals im Psychological Bulletin die Ergebnisse einer Metaanalyse über alle Ganzfeld-Experimente, die ab 1987 durchgeführt worden waren, insgesamt 30 Studien mit 1198 individuellen Sitzungen. Generell ließ sich keine signifikante Trefferquote feststellen. Natürlich wurde auch diese Studie – diesmal von parapsychologischer Seite – kritisiert (Storm & Ertel, 2001). Die Debatte, ob es mittels Ganzfeld-Experimenten gelungen ist, außersinnliche Wahrnehmung nachzuweisen, geht bis in die Gegenwart (Storm, Tressoldi & Di Risio, 2010; Hyman, 2010; Bierman, Spottiswoode & Bijl, 2016). Dabei geht es in der Diskussion durchwegs um Daten, die mittels Metaanalysen gewonnen wurden. Der Streit verlagert sich häufig auf eine methodische Ebene. So wird dann darüber debattiert, ob diese oder jene Studie in die Metaanalyse aufgenommen werden sollte oder nicht, und je nach Entscheidung ergibt sich ein für die Parapsychologie positives oder negatives Resultat.

Ein neueres Paradigma, das in- und außerhalb der Parapsychologie für großes Aufsehen sorgte, ist das des *retroaktiven Primings*, das durch Daryl Bems Artikel „Feeling the future: experimental evidence for anomalous retroactive influences on cognition and affect“, der 2011 in der renommierten Zeitschrift „Journal of Personality and Social Psychology“ erschien, bekannt wurde (Bem, 2011, s. Abb. 97).

Abbildung 97: Der bekannte Sozial- und Parapsychologe Daryl Bem.

Bem ging dabei vom Priming-Paradigma aus und drehte dieses einfach um. Von den evaluativen Priming-Experimenten her ist z. B. bekannt, dass es bei Konsistenz zwischen einem Wort und der Bewertung eines nachfolgenden Zielreizes zu einer schnelleren Reaktion kommt. Wenn Vpn z. B. am Bildschirm ein Wort wie „niedlich" lesen und danach ein Bild von einem Kaninchen dargeboten wird, dann bewerten sie das Kaninchenbild schneller positiv (konsistente Bedingung). Ist nach dem Wort „niedlich" ein Bild von einem Kampfhund am Bildschirm zu sehen (inkonsistente Bedingung), erfolgt die Bewertung mit einer langsameren Reaktionszeit. Bem untersuchte aber nicht proaktives Priming wie eben geschildert, sondern retroaktives Priming. Bei ihm erfolgte zuerst die Bewertung des Bildes und danach wurde ein positives oder negatives Wort vorgegeben. Die Annahme von Bem lautete, dass die Vpn es ahnten, wenn danach ein konsistentes Wort vorgegeben würde, und in Folge dessen schneller auf das vorgegebene Bild reagierten. Die Ergebnisse der Experimente 3 und 4 stützen diese Annahme. Bei 60,8 % der Vpn kam es zu retroaktivem Priming und bei 64,9 % zu klassischem Priming. Insgesamt führte Bem neun Experimente durch.

Der Artikel hat medial großes Aufsehen erregt. Googelt man die Begriffe „Bem" und „feeling the future", erscheinen rund 578.000 Einträge (15. 3. 17), etwas mehr als für „Uri Geller". Es lassen sich 132 Zitate seines Artikels im *Social Sciences Citations Index* (einer bekannten Datenbank für sozialwissenschaftliche Artikel) auffinden, allerdings stehen diese großteils in einem kritischen Kontext.

Vor allem aus methodischen Gründen muss Bems Arbeit sehr kritisch betrachtet werden. So gibt es Hinweise, dass er nach signifikanten Ergebnissen „gefischt" hat, indem er nicht von vornherein deklarierte, welche Ergebnisse er für plausibel hielt, sondern ausprobierte, ob sich z. B. zwischen Geschlechtern signifikante Unterschiede finden lassen oder nur für ein Geschlecht etc. Diese Methode entspricht dem nachträglichen Aufmalen der Zielscheibe, nachdem man wahllos seine Wurfpfeile geworfen hat.

Wagenmakers et al. (2011) weisen noch auf einen weiteren Punkt hin: Selbst wenn die Wahrscheinlichkeit für Resultate, wie sie Bem ermittelt hat, sehr hoch ist, wenn *Psi* existiert, so bedeutet das umgekehrt noch nicht, dass die Wahrscheinlichkeit von *Psi* sehr hoch ist, wenn Bems Ergebnisse vorliegen. So ist die Wahrscheinlichkeit, tot zu sein, wenn man gehängt wurde, sehr hoch, aber umgekehrt wurde nicht jeder Tote gehängt.

Bems Ergebnisse konnten in der Folge nicht repliziert werden (s. Schooler, 2011). Während Bem sich erwartet hatte, dass seine Studie der Parapsychologie die aus seiner Sicht längst verdiente Anerkennung bringen würde, mehrten sich die Stimmen innerhalb der Psychologie, dass etwas mit der psychologischen Methodik prinzipiell nicht in Ordnung sein könne, wenn derart dem gesunden Menschenverstand widersprechende Ergebnisse in einer angesehenen Fachzeitschrift veröffentlicht werden konnten. Bems Resultate führten letztlich dazu, dass die Methodik und Replikationsproblematik in der Psychologie insgesamt stärker beachtet wurde. Überraschenderweise war dadurch gerade das Paradigma, das sich Bem ausgesucht hatte, nämlich das Priming-Paradigma, selbst ins Kreuzfeuer der Kritik geraten (s. Kap. 2.14 zum Subliminalen Priming).

Aus wissenschaftlicher Sicht ist der Nachweis paranormaler Phänomene nicht gelungen, dies kann auch aus prinzipiellen Gründen nie gelingen,[12] trotzdem glauben viele Menschen an die Existenz paranormaler Phänomene oder halten diese für zumindest vorstellbar (s. Tab. 8). Außergewöhnliche Erfahrungen sind auch relativ weit verbreitet (s. Tab. 9).

Tabelle 8: Vorstellbarkeit paranormaler Phänomene in Abhängigkeit vom Alter (N = 1496) (nach Schmied-Knittel & Schetsche, 2003).

Vorstellbarkeit	18–30 Jahre (N = 256)	31–45 Jahre (N = 451)	46–50 Jahre (N = 501)	> 66 Jahre (N = 287)
ASW bei Tod und Krisen**	75,8	77,3	71,0	67,9
ASW bei Tieren	59,8	57,8	57,9	54,9
Präkognition**	59,8	58,7	53,2	47,7
Telepathie	48,8	51,7	48,8	44,9
UFO**	43,0	28,9	17,4	14,6
Psychokinese*	16,8	16,8	17,8	11,1

Anmerkung: ASW = Außersinnliche Wahrnehmung; * = $p < 0{,}05$; ** = $p < 0{,}01$

Tabelle 9: Verbreitung außergewöhnlicher Erfahrungen (Schmied-Knittel & Schetsche, 2003).

Außergewöhnliche Erfahrungen	N	%
Déjà-vu	747	49,5
Wahrtraum	554	36,7
Verblüffende Koinzidenz	551	36,5
ASW bei Tod und Krisen	283	18,7
Erscheinungen von Verstorbenen oder sonstigen Wesen	238	15,8
ASW bei Tieren	231	15,3
Spuk	183	12,1
UFO	36	2,4
Restkategorie	115	7,6

Auf einer phänomenologischen Ebene stehen *Psi*-Phänomene offenkundig im Widerspruch zu bekannten Naturgesetzen. „Naturgesetze“ in Form der Grundannahmen der Physik (z. B. dem zweiten Hauptsatz der Thermodynamik) werden durch derartige Phänomene anscheinend in Frage gestellt und das ruft Emotionen wie Erstaunen oder

[12] Psi-Phänomene sind so definiert, dass sie nicht naturwissenschaftlich nachgewiesen werden können. Ein positives naturwissenschaftlich gesichertes Ergebnis wäre per Definitionem kein Psi-Phänomen mehr. Erfolgreiche Parapsychologen untergraben also ihren eigenen Gegenstandsbereich.

Verblüffung hervor. *Psi*-Phänomene stellen aber nicht nur eine potenzielle Herausforderung für die Naturwissenschaften bzw. den Naturalismus dar, sondern beschäftigen Menschen auch in ihrem Alltagsleben (s. Castro, Burrows & Wooffitt, 2014). So werden besonders eindrucksvolle paranormale Begebenheiten in Zusammenhang mit Unfällen und Todesfällen berichtet, z. B. in Form von Träumen, Vorahnungen oder starken Emotionen zum Zeitpunkt des Unglücks einer nahestehenden Person. Für die Betroffenen ist die Anomalie eines solchen Koinzidenz-Phänomens evident. Eine Psychologiestudentin gibt auf die Frage nach einem paranormalen Erlebnis Folgendes an: „Vor zwei Jahren im Sommer: plötzliches und sehr intensives Gefühl, dass ich meinen Opa besuchen sollte – am nächsten Tag ist er ganz überraschend mit 64 Jahren an einem Herzinfarkt gestorben."

Welchen Aspekt eines solchen als „übernatürlich" erlebten Phänomens kann der Naturalist in Zweifel ziehen? Der Erlebnis- und Bedeutungsaspekt ist prinzipiell nicht anzuzweifeln. Was hätte es denn für einen Sinn zu sagen: „Du hast dich geirrt, du hattest dieses starke Gefühl am Tag vor dem überraschenden Tod deines Großvaters überhaupt nicht." Oder: „Du hattest dieses Gefühl zwar, aber du vergisst, wie oft du es hattest, ohne dass etwas passiert ist." Selbst wenn alle derartigen Berichte mit Gedächtnistäuschungen oder verzerrter Wahrnehmung in Verbindung stehen, kann die *erlebte* Bedeutung eines solchen Erlebnisses aus naturwissenschaftlicher Perspektive keinesfalls kritisiert werden, weil das Erleben (*als* Erleben) und die Bedeutung in der naturwissenschaftlichen Forschung keinen Platz haben und der Hinweis auf verzerrte Wahrnehmung oder Gedächtnistäuschungen an der erlebten Bedeutung nichts ändern kann, höchstens an der retrospektiven Beurteilung des Erlebnisses.

Aus naturwissenschaftlicher Perspektive gibt es keinen Unterschied zwischen bedeutungsvollen und bedeutungslosen Ereignissen. Wenn man z. B. eine Million Euro im Lotto gewonnen hat, sein Studium abgeschlossen hat oder Vater geworden ist, erachtet man dies persönlich (aus der jemeinigen Perspektive, nach Heidegger, 1927/2006) als ein unbeschreibliches Glück. Von außen betrachtet (aus der Perspektive der dritten Person, der Perspektive des unbeteiligten Beobachters) ist das kein besonderes oder ungewöhnliches Ereignis, sondern völlig im Einklang mit den Gesetzen der Wahrscheinlichkeitsrechnung.[13]

Aus der Perspektive der ersten Person haben wir paranormale Erlebnisse (und sei es nur, dass wir das Gefühl haben, es sei wie verhext, weil wir einen verlorenen Gegenstand nicht finden können). Paranormale Phänomene existieren damit auf einer phänomenologischen Ebene in unserer Lebenswelt, nicht aber auf einer naturwissenschaftlichen Ebene (weder auf quantenphysikalischer noch auf neurophysiologischer oder physikalischer Ebene, s. Hergovich, 2016).

13 Als Menschen sind wir natürlich immer zur Du-Perspektive in der Lage und können uns bei einem solchen Ereignis mitfreuen, aber auch das ist nicht die wissenschaftliche Perspektive der dritten Person.

2.16 Akustische Wahrnehmung

Hören gehört neben dem Sehen zu den sogenannten Fernsinnen. Durch das Hören erhalten wir jedoch Informationen, die wir über das Sehen nicht aufnehmen können. Wir können durch Rufe vor einer drohenden Gefahr gewarnt werden, die wir nicht sehen (weil z.B. die Sicht auf die Gefahrenquelle verdeckt ist oder auch weil es sich um eine unsichtbare, d.h. prinzipiell nicht sichtbare Gefahr handelt – man denke an die Freisetzung von radioaktiver Strahlung). Wir können uns durch Geräusche aus tiefem Schlaf wecken lassen. Das Hören hat also Signal- und Warnfunktion, es hilft der Orientierung im Raum, sowie der Ortung von Gegenständen (am Geräusch von heruntergefallenen Gegenständen können wir oft erkennen, wo sie gelandet sind) und Personen und ist v.a. ganz entscheidend für die soziale Kommunikation, da es uns in die Lage versetzt, uns mittels Sprache zu verständigen. Hören ermöglicht aber auch die Erfahrung des Ungegenständlichen, die Erfahrung der Befindlichkeit (Pöltner, 1993b), wenn wir an das Hören von Musik denken, das uns emotionale Erlebnisse unterschiedlichster Art vermitteln kann.

2.16.1 Was hören wir?

Unser Hörorgan ist empfänglich für Luftdruckveränderungen, für Schall. Das bedeutet aber nicht, dass unsere Ohren hören oder dass wir nur Schallwellen wahrnehmen können (s. die entsprechenden Überlegungen zum Sehen)[14]. Würden wir das Hören physikalistisch auf die Rezeption von Schallwellen reduzieren, so wäre es nur konsequent, dass wir uns Menschen selbst nur als Ansammlungen von Atomen verstünden, die durch verschiedenste physikalische Kräfte zusammengehalten werden. Eine solche Auffassung widerspricht aber grundsätzlich dem menschlichen Selbstverständnis. Der Wissenschaftler, der zur akustischen Wahrnehmung forscht, versteht sich eben nicht als Atomhaufen. Es ist hier insbesondere darauf hinzuweisen, dass, auch wenn die Rezeption von Schallwellen dem Hören notwendig zugrunde liegt, dieses dennoch nicht darauf reduziert oder damit identifiziert werden kann. Es besteht ein Unterschied zwischen dem Lauschen eines Vogelrufes, dem Hören eines Gesprächs oder auch dem Hören von Stille und der physikalisch/physiologisch nachvollziehbaren Rezeption von Schallwellen (s. Wendel, 1997).

Wir hören also, indem Luftdruckveränderungen unsere Ohren erreichen. Physikalisch kann zwischen der Frequenz (der Tonhöhe) und der Amplitude (der Lautstärke) von Schallwellen differenziert werden (s. Abb. 98). Ein Ton ist eine Sinusschwingung, die aus einer einzigen Frequenz besteht. Klänge setzen sich aus einem Grundton

[14] „Wir hören, nicht das Ohr. Wir hören allerdings durch das Ohr, aber nicht mit dem Ohr, wenn ‚mit' hier sagt, das Ohr als Sinnesorgan sei das, was uns das Gehörte ermittelt" (Heidegger, 1957, S. 87).

und mehreren Obertönen zusammen (wobei die Obertöne ganzzahlige Vielfache des Grundtones sind). Das Amplitudenverhältnis der Partialtöne bestimmt die Klangfarbe. Mittels Fourier-Analyse können Klänge in die einzelnen Partialtöne zerlegt werden. Auf der x-Achse werden die Frequenzen, auf der y-Achse die Amplituden aufgetragen.

Aus phänomenologischer Sicht bezeichnet die Klangfarbe den Unterschied in der Wahrnehmung von Tönen gleicher Höhe und Lautstärke (z. B. vom Klang einer Blockflöte und einer Klarinette), wobei außer dem Klangspektrum (der Art und Anzahl der Partialtöne) v. a. der zeitliche Verlauf von Tönen wesentlich deren Klangfarbe bestimmt (Herkner, 1992).

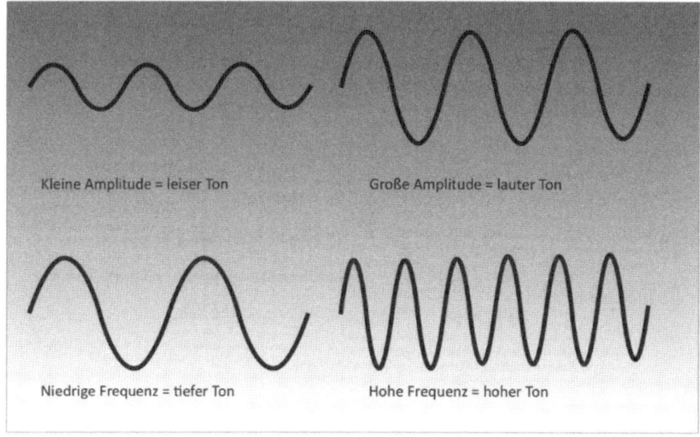

Abbildung 98: Amplitude und Frequenz von Tönen.

2.16.2 Physiologie des Hörens

Schallwellen erreichen die Ohrmuschel (äußeres Ohr) und versetzen das Trommelfell in Schwingung (s. Abb. 99). Über das Trommelfell gelangt der Schall in das Mittelohr, wird dort über Hammer, Ambos und Steigbügel über das ovale Fenster in das Innenohr zur Cochlea (Hörschnecke, ein schneckenförmiger mehrspuriger Tunnel) transportiert. Die Schnecke ist mit Flüssigkeit gefüllt, die durch den Schall in Schwingung versetzt wird. Diese Schwingung pflanzt sich fort und wird über das membranbespannte runde Fenster am Ausgang zum Mittelohr wieder neutralisiert. Entlang der Cochlea von der Basis bis zur Spitze ist die Basilarmembran aufgespannt, auf der sich Haarzellen befinden, die eigentlichen Sinnesrezeptoren der akustischen Wahrnehmung. Bei Bewegung der Basilarmembran bewegen sich die Haarzellen mit, sodass ihre empfindlichen Enden (die Stereocilien) auf die sogenannte Tektorialmembran stoßen und dadurch verbogen werden. Dabei setzt sich ein biochemischer Prozess in Gang, der zur Umwandlung von mechanischen Schwingungen in elektrische Reize führt (Spering & Schmidt, 2012). Über den Hörnerv werden die elektrischen Signale des Innenohrs zum Gehirn weitergeleitet.

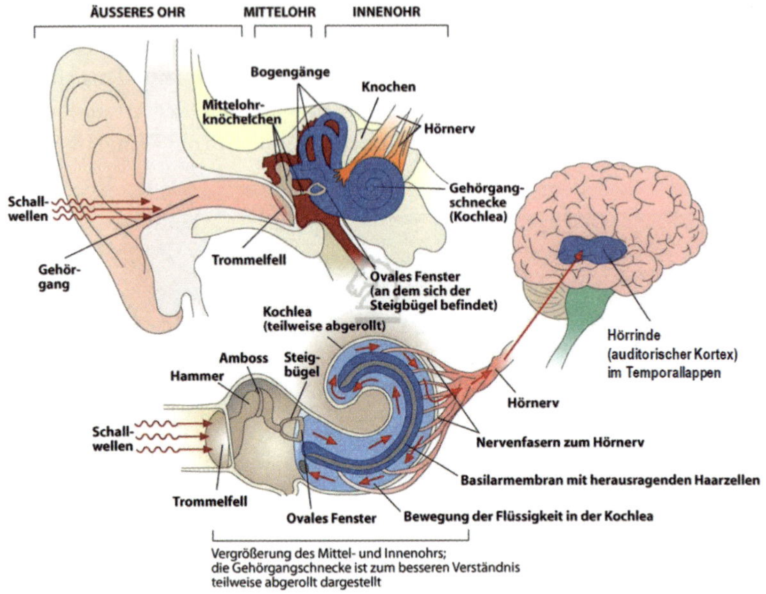

Abbildung 99: Physiologie des Hörens (aus Hagendorf et al., 2011).

Die Ausbreitungsgeschwindigkeit von Schall in der Luft ist viel langsamer als die von Licht. Während Licht sich mit einer Geschwindigkeit von ca. 300.000 Kilometern in der Sekunde ausbreitet, sind es beim Schall nur 300 Meter pro Sekunde (ca. 1200 km/h). Das liegt daran, dass der Schall die Luft als Medium der Übertragung benötigt, während sich das Licht frei im Raum ausbreitet (allerdings in Wasser oder Glas langsamer als in der Luft).

Die Stärke einer Schallwelle (deren Amplitude) wird als Schalldruck bezeichnet. Wie jeder Druck lässt sich auch der Schalldruck in der Formel Kraft/Fläche darstellen: 1 Pascal = 1 Newton/m^2. Meistens wird der Schalldruck als Schalldruckpegel in Relation zu einem Referenzschalldruck p_0 angegeben, wobei p_0 = 0,00002 Pa (bzw. 2×10^{-5} Pa). Bei diesem Referenzschalldruck handelt es sich um einen gerade noch hörbaren Ton. Der Schalldruckpegel wird in Dezibel angegeben.

$$\textit{Schalldruckpegel} = 20 \log \frac{p}{p_0}\ dB$$

Nimmt der Schalldruck um den Faktor 10 zu, erhöht sich der Schalldruckpegel um 20 dB (= 20 × log 10/1), nimmt er um den Faktor 1000 zu, erhöht sich der Schalldruckpegel um 60 dB (= 20 x log 1000/1). Die logarithmische Dezibelskala hat den Vorteil, einen sehr großen Zahlenbereich auf eine überschaubare Zahlenspanne zu bringen (der Schalldruck eines Düsenflugzeuges ist zehnmillionenfach so hoch wie der eines gerade wahrnehmbaren Tones, dies entspricht einer Erhöhung des Schalldruckpegels von 0 auf 140 Dezibel).

Tabelle 10: Erhöhung des Schalldruckpegels durch Zunahme des Schalldrucks.

Zunahme des Schalldrucks	Schalldruckpegel (SPL)	dB
1	Bezugsschalldruck	0
1,41	mittlere Hörschwelle bei 1000 Hz	3
10	ländliche Ruhe	20
100	leises Gespräch	40
1000	normales Gespräch	60
10000	lauter Straßenlärm	80
100000	lauter Industrielärm	100
1000000	Schuss, Donner	120
10000000	Düsentriebwerk	140

Bei 130 dB liegt die Schmerzgrenze, 100 dB beträgt laut EU-Norm die maximale Lautstärke von MP3-Playern.

Während der Schalldruck eine physikalische Größe ist, bezeichnet die Lautheit eine psychologische Größe, die nicht mit physikalischen Geräten gemessen werden kann. Es gibt aber Wege zu untersuchen, wie Töne unterschiedlichen Schalldruckpegels empfunden werden. Dabei zeigt sich, dass neben dem Schalldruck bei der Empfindung der Lautheit auch die Frequenz der Töne eine Rolle spielt. Der Lautstärkepegel Phon gibt an, welchen Schalldruckpegel ein Sinuston mit einer Frequenz von 1000 Hertz besitzt. Die Isophone (Kurven gleicher Lautstärke) geben an, welches Schallereignis unterschiedlicher Frequenz als gleich laut wie dieser Standardreiz empfunden wird (s. Abb. 100).

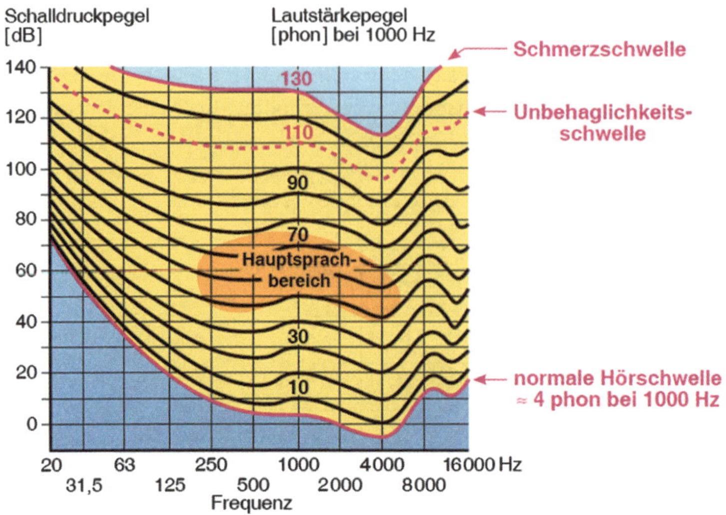

Abbildung 100: Kurven gleich empfundener Lautheit (Isophone). Der gelbe Bereich stellt den hörbaren Bereich dar. Bei 1000 Hz stimmen der Schalldruckpegel in Dezibel und der Lautstärkepegel in Phon überein (aus Schmidt & Schaible, 2006).

2.16.3 Lärm

> „Der eigene Hund macht keinen Lärm, er bellt nur."
> „Es gibt viele Arten von Lärm, aber nur eine Stille."
> (Kurt Tucholsky)

Wie obige Zitate verdeutlichen, kann potenziell jede Art Schall im hörbaren Bereich als Lärm betrachtet werden. Wenn man glaubt, Lärm wäre ausschließlich ein Problem der modernen Zeit, so irrt man: „Hammerschläge, Hundegebell und Kindergeschrei sind entsetzlich; aber der rechte Gedankenmörder ist allein der Peitschenknall" (Schopenhauer, 1996, S. 735). Geändert haben sich freilich die technischen Möglichkeiten, Lärm zu erzeugen. Nach Konrad Paul Liessmann ist mit Lärm immer auch ein Herrschaftsanspruch verbunden, der von einem Mangel an Rücksichtnahme („Jetzt komme ich") zeugt. In einer modernen Gesellschaft ist Lärm zudem ein Mittel, um technische und industrielle „Errungenschaften" in der Gesellschaft lautstark durchzusetzen. Und selbst dort, wo eigentlich keine Notwendigkeit besteht, Lärm zu machen, räumt unsere Gesellschaft Lärmerzeugern unverständlich große Rechte ein:

> Wer je erlebt hat, wie die morgendliche Stille in einem hochalpinen Tal über Kilometer hinweg vom triumphierenden Aufheulen eines einzigen Motorrades durchschnitten wird, weiß, wovon die Rede ist. [...] Selbst durch einen Helm und Kopfhörer geschützt, werden alle anderen, Passanten, Radfahrer, Anrainer, Tier und Mensch, dem Lärmterror ausgesetzt: Jetzt komme ich, und ich darf lärmen, weil ich nichts anderes tue, als das eigentliche Kultobjekt unserer Mobilitätskultur zu betätigen: den Verbrennungsmotor. (Liessmann, 2012, 158 f.)

Bei geistigen Tätigkeiten wird ein niedriger Schallpegel als störender empfunden als bei körperlichen. Darauf haben Philosophen seit jeher hingewiesen: „Der Lärm aber ist die impertinenteste aller Unterbrechungen, da er sogar die eigenen Gedanken unterbricht, ja zerbricht“ (Schopenhauer, 1996, S. 754). Besonders störend ist Lärm dann, wenn man ihn an diesem Ort nicht erwartet oder wenn man eigentlich Ruhe sucht.

Dementsprechend gibt es für verschiedene Arbeitsplätze unterschiedliche Normen zum Lärm. Generell gilt Lärm als gehörgefährdend, dessen Schalldruckpegel 80 dB beträgt und über eine Expositionsdauer von acht Stunden anhält (nach der gesetzlichen Verordnung für Lärm und Vibrationen, VOLV). Bei höherem Schalldruckpegel kann auch eine kürzere Exposition zu Hörschäden führen (der Lärm einer Kreissäge mit einem Schalldruckpegel von 100 dB und einer Exposition von nur 15 Minuten ist äquivalent zu einem 80 dB-Pegel über acht Stunden Dauer, bei einer Benzinmotorsäge von 105 dB ist das Lärmäquivalent schon nach nur vier Minuten erreicht). Bei über 140 dB besteht die Gefahr, ein Knalltrauma mit dauerhaften Schädigungen des Innen- und Mittelohrs zu erleiden.

Lärm ist also nicht nur äußerst störend, sondern auch gesundheitsgefährdend. Zahlreiche Studien belegen, dass dauerhafter Lärm (selbst bei einer Belastung von einem äquivalenten Dauerschallpegel[15] in der Größenordnung von 55–60 dB) negative Gesundheitsauswirkungen nach sich zieht. So ist in der Nähe von großen Flughäfen wie dem von Frankfurt am Main nicht nur die empfundene Lebensqualität niedriger, sondern der Fluglärm wirkt sich auch auf die Schlafqualität, den erlebten Stress sowie das Risiko von Herz-Kreislauf-Erkrankungen aus (Schreckenberg et al., 2010), wobei die Belastung mit der Höhe des Lärms ansteigt. Weitere Faktoren, die sich auf die Belastung auswirken, sind die individuelle Geräuschsensibilität (s. Schreckenberg, Griefahn & Meis, 2010) und Coping-Faktoren (inwieweit der betroffene Mensch glaubt, den Lärm bewältigen zu können, bzw. sich Strategien zum besseren Umgang mit dem Lärm zurechtlegen kann).

[15] Der äquivalente Dauerschallpegel wird als konstanter Schallpegel, der bei dauerhafter Einwirkung dem ununterbrochenen Lärm oder Lärm mit schwankendem Schallpegel energieäquivalent ist, definiert.

3 Emotionen

Das Wort Emotion stammt von „emovere", was so viel wie „herausbewegen", „in Bewegung setzen" bedeutet. Emotionen bewegen uns, setzen etwas in uns in Gang. Bestimmte Ereignisse (wie der Abschluss eines Lebensabschnitts, Geburt oder Tod) verursachen besonders starke Emotionen, sie bewegen uns besonders, aber man kann nicht alleine aufgrund der Kenntnis eines Ereignisses auf die Emotionen schließen, die diejenigen erleben, denen das Ereignis widerfährt. Entscheidend ist immer die subjektive (vom jeweiligen Individuum gegebene) Bedeutung, die dem Ereignis beigemessen wird.

Emotionen werden auch als Oberbegriff von *Affekten* (kurz andauernden Gefühlen) und *Stimmungen* (länger andauernden Gefühlen, die oft im Hintergrund vorhanden sind) verwendet.

Die nachfolgend angeführten Definitionen zeigen, welche unterschiedlichen Zugänge zu Emotionen gewählt werden:

> „Emotionen berühren uns, erregen uns und sie bewegen uns in eine bestimmte Richtung." (Rothermund & Eder, 2011, S. 165)

> „Als Emotionen werden […] gerichtete, d. h. spezifisch auf Objekte, Personen oder Situationsaspekte bezogene Gefühle bzw. affektive Episoden genannt, die sich unter (jeweils in einem Kulturraum auf eine bestimmte Weise etablierte) Kategorien wie Furcht, Freude, Trauer, Ärger, Stolz, Scham, Eifersucht, Neid und dergleichen gruppieren lassen." (Slaby, 2016, S. 185)

> „Eine Emotion wird üblicherweise dadurch verursacht, dass eine Person – bewusst oder unbewusst – ein Ereignis als bedeutsam für ein wichtiges Anliegen (ein Ziel) bewertet." (Oatley & Jenkins, 1996, zit. nach Ulich & Mayring, 2003, S. 53)

> „Das theoretische Konstrukt ‚Emotion' wird in zunehmendem Maße definiert als ein multikomponentieller Prozess, der sich primär durch Anpassungsreaktionen auf Ereignisse oder Objekte auszeichnet, die ein Organismus als wichtig für sein Wohlbefinden einschätzt." (Zentner & Scherer, 2000, zit. nach Ulich & Mayring, 2003, S. 53)

Bei den meisten Definitionen steht der Aspekt der Bedeutsamkeit von Ereignissen im Vordergrund. Etwas (sei es ein Ereignis, eine Person oder ein Objekt) ist wichtig für uns und das führt zu entsprechenden Gefühlen, die positiv oder negativ sein können. Immer aber fühlen sie sich in bestimmter Weise an, sie sind also nicht nur positiv oder negativ, sondern weisen auch eine bestimmte phänomenale Qualität auf.

Kleinginna und Kleinginna (1981) haben aus ca. 100 verschiedenen Emotionsdefinitionen eine Arbeitsdefinition extrahiert, der gemäß Emotionen subjektive wie objektive Komponenten haben, die neuronal und hormonell vermittelt werden.

3.1 Kennzeichen von Emotionen

Rothermund und Eder (2011) unterscheiden folgende Kennzeichen von Emotionen:

(1) *Affektivität (Gefühlscharakter), phänomenale Qualität:* Wir empfinden Freude, Glück und Ärger in einer bestimmten Art und Weise.

(2) *Intentionalität:* Zumindest starke Emotionen (Affekte), sind auf etwas gerichtet, wir freuen uns *auf*, ärgern uns *über*.

(3) *Unwillkürlichkeit:* Emotionen werden automatisch ausgelöst, sie unterliegen nur sehr eingeschränkt unserer bewussten Kontrolle.

(4) *Begrenzte zeitliche Dauer:* Emotionen dauern nur eine beschränkte Zeit lang (das gilt in der Regel selbst für Stimmungen, auch wenn die länger anhalten können).

(5) *Kognitive Trägheit:* Gefühle bleiben oft wider besseren Wissens beharrlich vorhanden, trotz konträrer Evidenz. Sie klingen längere Zeit nach.

3.2 Komponenten von Emotionen

Die Komponentenmodelle der Emotionen sehen Emotionen als multidimensionales Konstrukt an, das Reaktionen auf verschiedenen Ebenen umfasst:

1. *Phänomenale Komponente:* Emotionen fühlen sich verschieden an. Die phänomenale Komponente ist meines Erachtens die wichtigste Komponente von Emotionen, ohne die nicht von Emotionen gesprochen werden könnte. Sicherlich lässt sich diese Komponente von außen am schlechtesten erfassen, weil

   > die Erfassung von Gefühlen auf Selbstberichte (Interviews, Ratings etc.) der Person beschränkt [ist], sodass sprachliche Gepflogenheiten und Beschränkungen auf verbalisierbare, bewusste Inhalte die Ergebnisse beeinflussen. Diese Probleme haben dazu geführt, dass einige Emotionsforscher eine Untersuchung der Gefühlskomponente als unwissenschaftlich oder als unwichtig einstufen, indem sie Gefühle lediglich als Epiphänomene einer emotionalen Verarbeitung sehen. (LeDoux, 2000, zit. nach Rothermund & Eder, 2011, S. 168)

   Die angedeutete Lösung, Gefühle nur als Epiphänomene von Emotionen anzusehen, ist die typische Reaktion aus einer szientistischen Perspektive heraus: Alles, was nicht erfolgreich naturalisiert werden kann (wie das Ich, der freie Wille oder eben die Gefühle) wird leichthin als illusionär, als nicht existent oder als Epiphänomen abqualifiziert. Der Preis dafür ist meist ein Bild vom Menschen, das unserem Selbstverständnis nicht gerecht wird und das letztlich nur durch einen performativen Widerspruch aufrechterhalten werden kann (man verhält sich wie ein Mensch, glaubt aber, keiner zu sein).

2. *Kognitive Komponente:* Emotionen sind von Gedanken begleitet. Zu den begleitenden Kognitionen zählen auch Bewertungen und Attributionen (Ursachenzuschrei-

bungen). Menschen bewerten andere Menschen und deren Handlungen und sie versuchen, Gründe für die Handlungen der Menschen herauszufinden.

3. *Physiologische Komponente:* Emotionen sind von einer Veränderung der Aktivität des autonomen Nervensystems begleitet. Emotionen haben einen Einfluss auf unsere Atmung, die Herzfrequenz, die Schweißabsonderung, die Verdauung, den Hautwiderstand und die Spannung der Muskulatur. Allerdings lassen sich Emotionen anhand der physiologischen Komponente alleine schlecht voneinander differenzieren. Gut funktioniert nur die Differenzierung zwischen positiven und negativen Gefühlen (Cacioppo et al., 2000).
   In vielen (v. a. populärwissenschaftlichen) Beiträgen ist die Rede davon, dass der Sitz der Gefühle im limbischen System im Gehirn liegt. Der Vorschlag stammt von Paul D. MacLean (1952), der Hippocampus, Fornix, Mammillarkörper, anteriore Thalamuskerne, Gyrus cinguli, Amygdala, das Septum und den präfrontalen (orbitofrontalen) Cortex als biologisches Substrat der Gefühle bezeichnete. Dieses Konzept hat sich mittlerweile aber als beschränkt brauchbar herausgestellt, da weder „die Funktion noch der histologische Aufbau der ‚limbischen' Zellgruppen […] eine besonders große Einheitlichkeit erkennen" lassen (Rothermund & Eder, 2011, S. 172).
4. *Behaviorale Komponente:* Welche Emotion erlebt wird, kann auch am Verhalten beobachtet werden. Die Bewegungen werden schneller oder langsamer, man zeigt spezielle Verhaltensweisen (z. B. Rauchen bei Nervosität oder einen Luftsprung bei Freude).

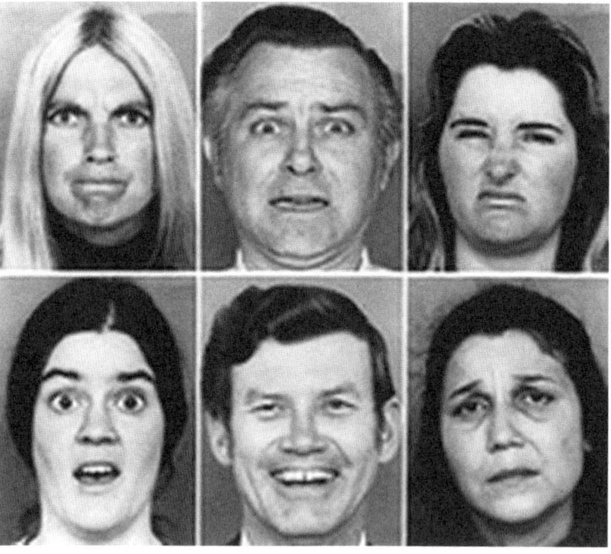

Abbildung 101: Die Basisemotionen nach Ekman, Sorenson & Friesen (1969).

5. *Ausdruckskomponente:* Mimik, Gestik, Stimme und Haltung verändern sich je nach Emotion. Kulturübergreifend lässt sich nachweisen, dass der Gesichtsausdruck bei Furcht, Ärger, Überraschung, Freude, Traurigkeit und Ekel universell erkannt wird (Ekman, Sorenson & Friesen, 1969, s. Abb. 101).

Allerdings gibt es zumindest unter bestimmten Bedingungen Unterschiede in der gezeigten Expressivität der Emotionen. In einer Studie von Ekman und Friesen (1972, zit. nach Matsumoto & Ekman, 1989) wurde amerikanischen und japanischen Vpn ein Film gezeigt, der negative Emotionen wie Angst und Ekel auslöst. Die Videoanalyse zeigte, dass bei allen Vpn ungeachtet des kulturellen Hintergrunds die gleichen Emotionen zu beobachten waren. In einer zweiten Bedingung wurde der Film in Anwesenheit einer zweiten Vp (ein älteres hochrangigeres Mitglied der Versuchsleitung) vorgeführt. Jetzt zeigten sich große Unterschiede in den Reaktionen von Amerikanern und Japanern. Während die amerikanischen Vpn weiterhin ihre negativen Reaktionen nach außen zeigten, verdeckten die japanischen Vpn ihre Reaktionen in Anwesenheit der Autoritätsperson mit einem Lächeln. Offenbar gehört es zur kulturellen Norm der eher kollektivistischen japanischen Kultur, bei Anwesenheit anderer Personen negative Gefühle nicht nach außen zu zeigen, da dadurch der soziale Frieden und Zusammenhalt gestört werden könnte.

Matsumoto und Juang (2007) weisen auf einen anderen wichtigen Unterschied zwischen kollektivistischen und individualistischen Kulturen hin. So sind kollektivistischer ausgerichtete Menschen in erster Linie bestrebt, den Frieden nach innen zu wahren, und zeigen daher gegenüber der Eigengruppe v. a. positive Emotionen, während gegenüber einer Fremdgruppe durchaus die Bereitschaft vorhanden ist, negative Emotionen deutlicher zum Ausdruck zu bringen. Kollektivistische Kulturen ziehen eine deutlichere Grenze zwischen Eigen- und Fremdkultur. Auf der anderen Seite zeigen Angehörige individualistischer Kulturen gegenüber der Eigengruppe durchaus negative Emotionen, in Bezug auf positive Emotionen werden keine Unterschiede zwischen Eigengruppe und Fremdgruppe gemacht.

3.3 Kategorisierung von Emotionen

Wie lassen sich Emotionen kategorisieren? Prinzipiell wird zwischen *dimensionalen* Ansätzen und *kategorialen* Ansätzen unterschieden. Die dimensionalen Ansätze basieren auf der Annahme einer begrenzten Anzahl grundlegender Dimensionen, mit denen das subjektive Emotionserleben beschrieben werden kann. Die kategorialen Ansätze gehen von einer bestimmten Anzahl universeller und evolutionär erworbener Basisemotionen aus, aus denen sich alle komplexeren Emotionen zusammensetzen. Ein erster dimensionaler Ansatz stammt von Wundt (1910), der aufgrund introspektiver Daten drei Grunddimensionen zur Charakterisierung aller Emotionen postulierte (s. Abb. 102): eine Lust- vs. Unlustdimension (ist die Emotion eher angenehm oder unangenehm?), eine Spannungs- vs. Lösungsdimension (erhöht oder erniedrigt die Emotion die Aufmerksamkeit?) und eine Erregungs- vs. Ruhedimension (aktiviert die Emotion zur Handlung oder nicht?). Nach Wundt sind die drei Dimensionen unabhängig voneinander, das heißt, die Emotionen unterscheiden sich darin, in welchem Ausmaß sie Lust, Erregung und Spannung (bzw. ihre Gegenpole) beinhalten.

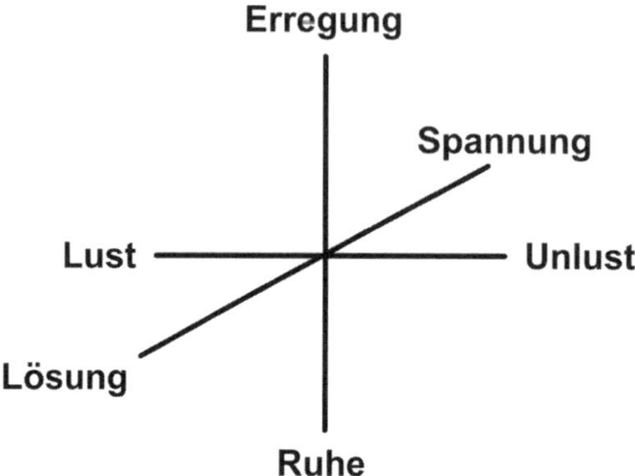

Abbildung 102: Die Grunddimensionen von Emotionen nach Wundt (modifiziert nach Wundt, 1910).

Mit Hilfe des linguistischen Ansatzes kann versucht werden, möglichst alle vorhandenen Emotionswörter auf grundlegende Dimensionen zu reduzieren, indem z. B. die Ähnlichkeit zwischen den Emotionen im Paarvergleich (jeweils zwei Emotionen werden miteinander verglichen, z. B. wird die Vp gefragt, wie ähnlich Angst und Wut sind) eingeschätzt wird. Die Datenreduktion auf wenige grundlegende Dimensionen erfolgt dann mit statistischen Verfahren wie der Faktorenanalyse.

Oder die Vpn schätzen die Emotionswörter auf grundlegenden Dimensionen ein (z. B. werden sie gefragt, wie sie die Emotion Freude auf der Dimension stark – schwach, aktiv – passiv, positiv – negativ etc. beurteilen). Danach wird ebenfalls mit statistischen Methoden die Ähnlichkeit zwischen den Antwortprofilen bestimmt, um auf grundlegende Dimensionen zu kommen.

Ein Problem linguistischer Ansätze besteht darin, dass bei vielen Wörtern nicht klar ist, ob es sich überhaupt um Emotionen handelt. Bei Angst oder Wut ist das eindeutig. Aber stellen Nervosität oder Schüchternheit noch Emotionen dar oder nicht vielmehr Persönlichkeitseigenschaften? (Allerdings kann man auch situativ bedingt nervös oder schüchtern sein, wenn man das normalerweise nicht ist.)

Die Theorie der *Basisemotionen* geht davon aus, dass es sich um evolutionäre Antworten auf grundlegende adaptive Herausforderungen (Nahrungsaufnahme, Fortpflanzung, Schutz vor Feinden) handelt. In der Literatur wird darüber diskutiert, welche Emotionen tatsächlich Basisemotionen sind (s. Tab. 11). Ekman (1999) nennt folgende Kriterien für das Vorliegen einer Basisemotion: a) universelles Ausdrucksverhalten (über Kulturen hinweg, homologe Ausdrucksformen sind auch bei Primaten feststellbar), b) angeborene Reaktionsmuster (auch bei Neugeborenen und von Geburt an blinden und tauben Kindern nachweisbar), c) adaptive Reaktionen auf spezifische Auslösebedingungen, d) automatische Bewertung und e) spezifische Gehirnsysteme für diskrete Basisemotionen. Nach der Theorie der Basisemotionen sind komplexere Emotionen (wie Scham) Mischungen mehrerer Basisemotionen.

Tabelle 11: Basisemotionen nach verschiedenen Autoren.

Quelle	Basisemotionen
Gray (1982)	Furcht, Freude, Ärger
Panksepp (1982)	Furcht, Erwartung, Ärger, Panik
Tomkins (1984)	Furcht, Freude, Ärger, Verzweiflung, Ekel, Überraschung, Interesse, Scham, Zufriedenheit
Plutchik (1980)	Furcht, Freude, Ärger, Traurigkeit, Ekel, Überraschung, Akzeptanz, Erwartung
Arnold (1960)	Furcht, Liebe, Ärger, Traurigkeit, Hass, Hoffnung, Begehren, Mut, Niedergeschlagenheit, Verzweiflung, Widerwille
Oatley & Johnson-Laird (1987)	Furcht, Glück, Ärger, Traurigkeit, Ekel
Ekman, Friesen & Ellsworth (1982)	Furcht, Freude, Ärger, Traurigkeit, Ekel, Überraschung
Izard (1977)	Furcht, Freude, Ärger, Traurigkeit, Ekel, Überraschung, Interesse, Verachtung, Scham, Schuld

Ekman und Friesen (1971) untersuchten Angehörige eines Stammes in Neuguinea, die Fore, die bis dahin keinen Kontakt mit westlichen Kulturen gehabt hatten. Den Vpn wurden dabei Geschichten mit eindeutigem emotionalen Inhalt vorgelesen, danach mussten sie aus drei Portraits dasjenige auswählen, dessen Gesichtsausdruck am besten zur in der Geschichte beschriebenen Emotion passt. Die Passung für die einzelnen Emotionen lag bei 92 % für Freude, bei 87 % für Ärger, bei 83 % für Ekel, bei 81 % für Trauer, bei 68 % für Überraschung und bei 64 % für Furcht. In einer Folgestudie sollten Mitglieder des gleichen Stammes verschiedene Emotionen mimen. Amerikanische Studenten konnten diese in fast allen Fällen korrekt identifizieren (s. Abb. 103).

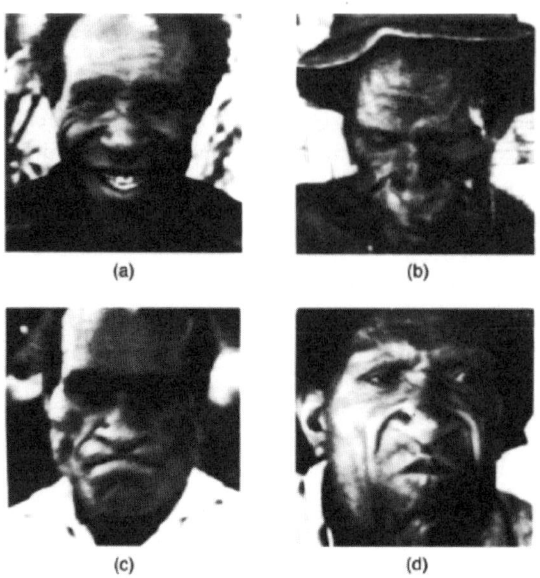

Abbildung 103: Basisemotionen (a) Freude, (b) Trauer, (c) Ärger und (d) Ekel bei Mitgliedern eines isolierten Stammes in Neuguinea (aus Ekman, 1980).

Ekman und Friesen haben ein „Facial Action Coding System" (Ekman & Friesen, 1978) entwickelt, mit Hilfe dessen Gesichtsausdrücke entschlüsselt werden können. Dabei werden 46 Bewegungseinheiten unterschieden (z. B. Hochheben der inneren Augenbraue, Zusammenziehen der Augenbrauen, Rümpfen der Nase, Anheben der oberen Lippe, Einziehen der Mundwinkel, Zusammenpressen der Lippen, Öffnen der Lippen, Blinzeln mit beiden Augen, Zwinkern mit einem Auge usw.).

Die Fähigkeit, Emotionen im Gesicht zu lesen, wird auch als Maß für die Empathiefähigkeit einer Person herangezogen. Baron-Cohen et al. (2001) haben dazu den „Reading the Mind in the Eyes Test" entwickelt. Die Aufgabe der Vpn besteht darin, zu einem abgebildeten Augenpaar die richtige Emotion zu finden (s. Abb. 104). Insgesamt gibt es 36 derartige Aufgaben. Autisten schneiden bei diesem Test deutlich schlechter ab als gesunde Vergleichspersonen. Zudem gibt es charakteristische Geschlechtsunterschiede, das heißt, die Leistung von Frauen ist im Allgemeinen deutlich höher als die von Männern. Für autistische Frauen hat der Test eine höhere Aussagekraft, da der Leistungsunterschied zwischen autistischen und gesunden Frauen viel größer ist als der zwischen autistischen und gesunden Männern (Baron-Cohen et al., 2015). Autistische Männer und Frauen unterscheiden sich in ihrer Leistung nicht voneinander (Baron-Cohen et al., 2015).

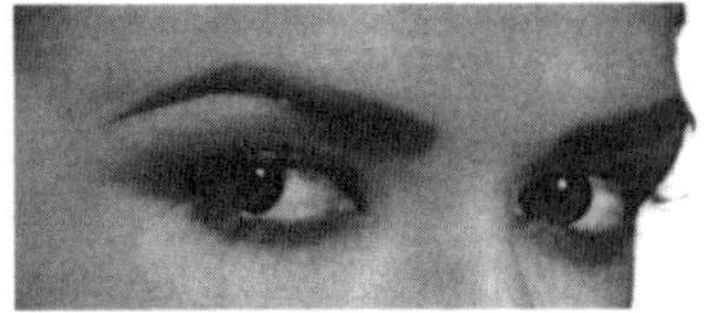

Abbildung 104: Ein Item des „Reading the Mind in the Eyes Test" (aus Baron-Cohen et al., 2001).

3.4 Funktionen von Emotionen

Warum haben wir überhaupt Emotionen? Wäre es nicht auch denkbar, ohne Emotionen durchs Leben zu gehen? Wenn wir derartige Fragen stellen, fragen wir danach, welche Funktion Emotionen haben. Emotionen haben zumindest drei grundlegende Funktionen:

1. *Handlungsleitende (motivationale) Funktion:* Emotionen motivieren zu Handlungen. Furcht motiviert eine Flucht- oder Vermeidungsreaktion, Freude eine Annäherungsreaktion.
   Plutchik (1980) nennt acht verschiedene Funktionen von Emotionen zur Bewältigung von Lebensaufgaben (s. Tab. 12). Kritisch lässt sich dagegen einwenden, dass wir uns z. B. nicht nur über einen potenziellen Partner freuen, sondern auch über ein gutes Buch, eine bestandene Prüfung oder einen schönen Tag. Das heißt, die Bedeutung von Emotionen lässt sich nicht auf einige wenige evolutionstheoretisch gut erklärbare Funktionen reduzieren.
2. *Informative Funktion:* Emotionen informieren uns über bedeutsame Ereignisse und Veränderungen in der Umwelt:
   a) Als Relevanzdetektoren lenken sie die Aufmerksamkeit auf Chancen und Risiken in der Umwelt.
   b) Als Überwachungssysteme melden sie Fortschritte und Rückschläge in der Zielverfolgung.
   c) Als Feedbacksysteme signalisieren sie Folgen von Entscheidungen und Handlungen.

Tabelle 12: Funktion der Emotionen aus evolutionärer Perspektive (nach Plutchik, 1980).

Emotion	Ereignis	Verhaltensimpuls	Funktion
Furcht	Bedrohung	Fliehen, Vermeiden	Schutz
Ärger	Hindernis, Blockade	Beißen, Schlagen	Zerstörung
Freude	potenzieller Partner	Werben, Paaren	Reproduktion
Traurigkeit	Verlust einer Bezugsperson	Ruf nach Hilfe	Wiedervereinigung
Akzeptanz	Gruppenmitglied	Umsorgen, Teilen	Affiliation
Ekel	ungenießbares Objekt	Ausspucken, Wegstoßen	Zurückweisung
Antizipation	neues Territorium	Untersuchen, Erkunden	Exploration
Überraschung	unerwartetes Objekt	Stoppen, Alarmieren	Orientierung

Bedeutsame Ereignisse sind zugleich auch emotionale Ereignisse. Aus diesem Grund werden sie wesentlich besser im Gedächtnis abgespeichert (konsolidiert). Wir können uns besser an Ereignisse wie unseren ersten Schultag oder den ersten Kuss erinnern, wir rufen uns diese Ereignisse auch tatsächlich häufiger in Erinnerung, wobei wir Details und nähere Begleitumstände dieser Ereignisse durchaus vergessen können (Levine & Edelstein, 2009).

Gefühle werden als Entscheidungshilfe benutzt, indem sie als „Bauchgefühle" unsere Entscheidungen mit beeinflussen. Sie dienen aber auch als Urteilsgrundlage. Das konnte in einer Studie von Schwarz und Clore (1983) demonstriert werden. Sie fragten ihre Vpn bei schönem und bei schlechtem Wetter nach ihrer allgemeinen Lebenszufriedenheit. In Abhängigkeit vom aktuellen Wetter wurde die Lebenszufriedenheit unterschiedlich eingeschätzt, bei schönem Wetter höher als bei schlechtem Wetter. Die aufgrund des Wetters momentan vorhandenen Gefühle dienten als Informationsgrundlage. Wurden die Vpn allerdings vor der Frage nach ihrer Lebenszufriedenheit nach dem aktuellen Wetter gefragt, zeigte sich kein Einfluss des Wetters auf die Lebenszufriedenheit. Offenbar war den Vpn dann bewusst, dass das aktuelle Wetter einen Einfluss auf die Lebenszufriedenheit haben könnte, wonach sie diesen Einfluss „herausrechneten".

3. *Sozial-kommunikative Funktion:* Emotionen regulieren zwischenmenschliche Beziehungen, indem sie den anderen kommunizieren, wie es uns geht und was wir eigentlich wollen. So können Kinder ihr Spielzeug in einer Konfliktsituation eher behalten, wenn sie ihre Emotion des Ärgers oder der Traurigkeit auch zeigen (Camras, 1977). Weiter hat das Lächeln eine wichtige Funktion im sozialen Kontext. Lächeln signalisiert bereits bei der Begrüßung Freundlichkeit und positive Absichten, es kann aber auch beschwichtigen oder eine Situation entspannen. Generell lächeln Frauen mehr als Männer, v. a. unter Beobachtung, wobei die Unterschiede verschwinden, wenn sich Männer und Frauen auf gleicher hierarchischer Ebene befinden (LaFrance, Hecht & Paluck, 2003).

3.5 Gefühlstheorien

3.5.1 Die Emotionstheorie von James

Die grundlegende Annahme des berühmten amerikanischen Psychologen William James (1842–1910, s. Abb. 105), die in den letzten Jahren einiges an Aktualität gewonnen hat, lautet, dass Gefühle verkörpert sind: „A purely disembodied emotion is a nonentity. [...] I say that for us, emotion dissociated from all bodily feeling is inconceivable" (James, 1884, S. 194).

Abbildung 105: William James (1842–1910).

James kommt auf Grundlage dieser Annahme zu der kontraintuitiven These, dass die körperlichen Veränderungen nicht Resultat einer Emotion sind, sondern unmittelbar auf die Wahrnehmung eines (Emotionen) auslösenden Reizes folgen:

> Our natural way of thinking about these standard emotions is that the mental perception of some fact excites the mental affection called the emotion, and that this latter state of mind gives rise to the bodily expression. My thesis on the contrary is that the bodily changes follow directly the PERCEPTION of the existing fact, and that our feeling of the same changes as they occur is the emotion. (James, 1884, S. 190)

Normalerweise gehen wir davon aus, dass wir zittern, weil wir uns fürchten, dass wir außer Atem sind und rot werden, weil wir uns ärgern, oder dass wir weinen, weil wir traurig sind. James glaubt, dass die Reihenfolge umgekehrt ist. Wir fürchten uns, weil wir zittern, wir ärgern uns, weil wir außer Atem sind, oder wir sind traurig, weil wir weinen:

> Common sense says, we lose our fortune, are sorry and weep; we meet a bear, are frightened and run; we are insulted by a rival, are angry and strike. The hypothesis here to be defended says that this order of sequence is incorrect, that the one mental state is not immediately induced by the other, that the bodily manifestations must first be interposed between, and that the more rational statement is that we feel sorry because we cry, angry because we strike, afraid because we tremble, and not that we cry, strike or tremble, because we are sorry, angry or fearful, as the case may be. Without the bodily states following on the perception, the latter would be purely cognitive in form, pale, colourless, destitute of emotional warmth. We might see the bear, and judge it best to run, receive the insult and deem it right to strike, but we would not actually feel afraid or angry. (James, 1884, S. 190)

Bei der Emotion handelt es sich für James (1884) also um die Empfindung der körperlichen Veränderungen, die einer Wahrnehmung folgen. Die physiologische Reaktion erfolgt unmittelbar auf die Wahrnehmung, ohne dass es zu einer kognitiven Bewertung kommen muss. Ein Jahr nach James stellte der dänische Physiologe Carl Lange (1887/2013) in seinem Buch „Über Gemütsbewegungen" eine ähnliche Theorie wie James vor. Die Theorie wird deshalb auch oft als James-Lange-Theorie bezeichnet.

Diese Theorie ist schon bei Zeitgenossen auf Kritik gestoßen. So wandte William Leonard Worcester (1893) ein, dass für die meisten emotionalen Reaktionen die Wahrnehmung nicht ausreichend wäre. Ein angeketteter oder im Käfig gehaltener Bär löst möglicherweise nur Gefühle der Neugier aus. Nur wenige Emotionen würden unmittelbar auf die Wahrnehmung folgen (wenn bspw. ein lauter Knall ertönt, kommt es unmittelbar zu einer Schreckreaktion): „It is not, then, the perception of the bear that excites the movements of fear. We do not run from the bear unless we suppose him capable of doing us bodily injury" (Worcester, 1893, S. 287).

1894 versuchte James, mit einer präzisierten Fassung seiner Theorie kritischen Einwänden zu begegnen (s. Tab. 13). So gestand er zu, dass es nicht auf die Wahrnehmung eines isolierten Elementes (wie eines Bären) ankäme, sondern auf die Gesamtsituation (implizit wird damit eingeräumt, dass die Bewertung doch eine gewisse Rolle spielt, der Prozess also nicht ohne Kognitionen abläuft). Er schränkte darüber hinaus die körperlichen Veränderungen auf viszerale (die Eingeweide betreffende) Veränderungen ein.

Tabelle 13: Ursprüngliche und revidierte Fassung der Theorie von James (1884/1894).

	1. Schritt	2. Schritt	3. Schritt
Alltagsverständnis	Wahrnehmung einer erregenden Tatsache	Emotion	körperliche Veränderungen
Ursprüngliche Fassung	Wahrnehmung einer erregenden Tatsache	emotionsspezifische körperliche Veränderungen	Empfindung der körperlichen Veränderungen = Emotion
Präzisierte Fassung	Wahrnehmung und Bewertung der Gesamtsituation	emotionsspezifische viszerale Veränderungen	Empfindung der viszeralen Veränderungen = Emotion

3.5.2 Kritik von Cannon an der Theorie von James

Der amerikanische Physiologe Walter Cannon (1871–1945) brachte in seinem Aufsatz von 1927 folgende Argumente gegen die James-Lange-Theorie vor:

1. Die vollständige Trennung der Eingeweide vom Zentralnervensystem führt zu keiner Veränderung emotionalen Verhaltens. Cannon bestätigte seine Annahme durch Tierexperimente. Allerdings ist insbesondere für den Menschen fraglich, ob nicht zumindest das emotionale Erleben beeinträchtigt ist (s. die unten erwähnte Untersuchung von Hohmann, 1966).
2. Dieselben viszeralen Veränderungen treten bei verschiedenen emotionalen und auch nichtemotionalen Zuständen auf, z. B. bei Wut und Frösteln. Daher kann das Erleben einer bestimmten Emotion nicht durch diese Veränderungen determiniert sein.
3. Die Eingeweide sind relativ unempfindliche Organe, sodass wir nur wenig differenziert ihre Zustände wahrnehmen können.
4. Viszerale Veränderungen erfolgen zu langsam, um als Ursache des Gefühlserlebnisses in Frage zu kommen.
5. Die künstliche Herbeiführung der von James postulierten spezifischen viszeralen Veränderungen führt nicht zum Auftreten dieser Emotionen.

Als alternative Theorie postulierte Cannon, dass bei der Wahrnehmung eines Reizes zentralnervöse Prozesse in Gang gesetzte werden. Diese Prozesse lösen parallel zueinander eine physiologische Erregung und das subjektive Gefühlserleben aus.

Im Anschluss an die Kritik von Cannon stellen sich zwei Fragen: erstens die Frage, ob periphere physiologische Reaktionen für das Erleben von Emotionen notwendig sind, und zweitens die Frage, ob die peripheren physiologischen Reaktionen genügend spezifisch sind, dass sie die Grundlage für die unterschiedlichsten Emotionen sein können.

In Bezug auf die erste Frage präsentierte George W. Hohmann (1966) Daten, wonach Querschnittgelähmte ein reduziertes Erleben von Ärger, Stress und sexueller Erregung haben. Spätere Studien kamen aber zu anderen Ergebnissen. Insgesamt ist die Frage, ob das emotionale Empfinden von Querschnittgelähmten eingeschränkt ist, umstritten.

Zur zweiten Frage lassen sich folgende Überlegungen anstellen: Wenn alle Emotionen mit den gleichen (unspezifischen) physiologischen Reaktionen einhergehen, könnten diese Veränderungen nicht die Unterschiede im Emotionserleben erklären. Tatsächlich gibt es aber eine gewisse Evidenz für emotionsspezifische periphere physiologische Reaktionen. Die Unterschiede in den physiologischen Reaktionen sind allerdings klein und uneinheitlich (Stemmler, 2000). Bislang ungeklärt ist, ob diese Spezifität notwendig oder hinreichend für das Erleben bestimmter Emotionen ist.

Gregorio Marañón (1924) hält die körperliche Erregung nicht für eine hinreichende Bedingung für das Erleben einer Emotion. In seiner Zwei-Komponenten-Theorie geht er von einer körperlichen und einer psychischen Komponente (einer Kognition) aus, die zusammen die Emotion ergeben. Zu diesen Überlegungen kam er, nachdem Vpn, die eine Adrenalininjektion erhalten hatten, meistens keine Emotionen berichteten, sondern einen unbestimmten oder „kalten" Erregungszustand, sogenannte „Als-ob-Gefühle". Nach der Adrenalininjektion gaben 70 % seiner Vpn an: „Ich fühle mich, als ob ich Angst hätte, dabei bin ich ganz ruhig."

3.5.3 Die Emotionstheorie von Schachter

Stanley Schachter (1964) knüpfte an die Vorgängertheorien von James und Marañón an. Die Kritikpunkte 2, 3 und 5 von Cannon wurden von ihm akzeptiert. Er schloss sich der Überzeugung von Cannon an, dass Empfindungen körperlicher Veränderungen nicht hinreichend sind für das emotionale Erleben und dass die Qualitätsunterschiede zwischen den Emotionen auch nicht durch die körperlichen Veränderungen erklärt werden können. Allerdings ging er nach wie vor davon aus, dass eine körperliche Erregung notwendig ist, um eine Emotion zu erleben.

Zwei Faktoren wurden von Schachter postuliert:

1. physiologische Erregung (Aktivierung), die die Intensität des Gefühls bestimmt, und
2. die Kognition (Attribution bzw. emotionsrelevante Bewertung) bestimmt die Qualität des Gefühls (welche Emotion tritt überhaupt auf).

Diejenige Gegebenheit, die zur Erregung führt, legt normalerweise (Schachter spricht vom alltäglichen Fall) gleichzeitig auch eine Kausalattribution auf sich selbst nahe, das heißt, sie wird als ursächlich verantwortlich gemacht für die Erregung. Der nicht alltägliche Fall liegt vor, wenn eine Person physiologisch erregt ist, aber keine unmittelbare Erklärung für die physische Erregung hat. In dem Fall sucht die Person nach einer plausiblen Erklärung. Je nachdem, welche Erklärungen herangezogen werden, entstehen in diesem nicht alltäglichen Fall unterschiedliche Emotionen (Wut, Angst, Liebe etc.).

Das klassische Experiment zur Überprüfung der Gültigkeit seiner Theorie zum nicht alltäglichen Fall der Emotionsentstehung stammt von Schachter und Singer (1962). Die Datenbank *Web of Science* weist mit aktuell ca. 2500 Zitationen eine breite Diskussion dieser Studie nach. Den 184 männlichen Vpn wurde mitgeteilt, dass das Experiment die Wirkung von Vitaminen auf die visuelle Wahrnehmung testen soll. Die Vpn bekamen ein Präparat namens „Suproxin" mittels Spritze verabreicht, in der VG handelte es sich hierbei um Adrenalin (Epinephrin), in der KG um eine Kochsalzlösung. Die VG wurde in drei Bedingungen unterteilt: Entweder wurden den Vpn die Wirkungen von Adrenalin korrekt als Nebenwirkungen von Suproxin erläutert oder sie wurden über falsche Nebenwirkungen informiert (die Möglichkeit des Auftretens von Taubheitsgefühlen) bzw. überhaupt nicht über Nebenwirkungen aufgeklärt. Zusätzlich gab es für alle Gruppen (drei VG und eine KG) zwei weitere Bedingungen: eine Euphorie- und eine Ärger-Bedingung (nur in der VG mit falschen Nebenwirkungen fiel die Ärger-Bedingung weg). Dies wurde folgendermaßen bewerkstelligt: Während die Vp auf das „eigentliche" Experiment wartete, befand sie sich zusammen mit einer anderen Vp (in Wahrheit einem Mitarbeiter des Versuchsleiters) in einem Warteraum. In der Euphorie-Bedingung verhielt sich der Mitarbeiter des Versuchsleiters (die vermeintlich andere Vp) fröhlich bzw. kindisch, begann mit Papierkugeln zu werfen u. Ä. In der Ärger-Bedingung machte die weitere Vp (der Mitarbeiter) ihrem Ärger über das Experiment Luft. (Sie musste einen Fragebogen ausfüllen, bei dem u. a. gefragt wurde, mit wie vielen Männern ihre Mutter außereheliche Beziehungen hatte. Darüber regte sich die „Vp" so auf, dass sie schließlich den Fragebogen zerriss.)

Schachter und Singer (1962) variierten in ihrem Experiment also drei Variablen: erstens die *physiologische Erregung* (durch Adrenalin bzw. Kochsalz), zweitens das *Erklärungsbedürfnis* der Vpn (durch richtige/falsche/keine Informationen zu den Nebenwirkungen) und drittens die *Kognition*, die ursächlich für die physiologische Erregung herangezogen werden konnte (durch die Euphorie-/Ärger-Bedingung).

Das Verhalten der Vpn wurde durch einen Einwegspiegel beobachtet. Zusätzlich beantworteten die Vpn zwei Fragen („Wie gut bzw. glücklich fühlen Sie sich momentan?" und „Wie gereizt/verärgert sind Sie?").

Schachter und Singer (1962) gingen davon aus, dass die falsch bzw. nicht über die Nebenwirkungen informierten Vpn die jeweilige Bedingung (Euphorie/Ärger) als Ursache für ihre Erregung heranziehen und die anderen Vpn die Erregung auf die Spritze zurückführen würden. Die KG (Kochsalzinjektion) sollte nach der Annahme von Schachter und Singer keine Erregung verspüren und daher auch nicht das Bedürfnis haben, eine Erklärung für die Erregung zu suchen.

Die Ergebnisse bestätigten nur zum Teil die theoretischen Vorhersagen. So war die Emotion bei den informierten Vpn in der Euphorie-Bedingung theoriekonform negativer als in der Bedingung mit falscher und keiner Information (s. Tab. 14). In der Ärger-Bedingung waren die Ergebnisse für den Verhaltensindex theoriekonform und signifikant. Allerdings wiesen Vpn der Placebo-Bedingung (Kochsalz) z. T. höhere Emotionswerte auf als die Vpn der VG, obwohl physiologisch keine Erregung vorhanden sein sollte (möglicherweise hat aber die Gabe der Spritze schon eine gewisse Erregung bewirkt).

Verschiedene Replikationsversuche dieses Experiments misslangen im Wesentlichen, die Wirkung von Adrenalin führt in der Regel auch in der euphorischen Bedingung zu negativen Emotionen (Maslach, 1979; Marshall & Zimbardo, 1979; Zimbardo, LaBerge & Butler, 1993). Adrenalin weist offenbar nicht die emotionale Plastizität auf, wie von Schachter angenommen, sondern wird in der Regel negativ interpretiert. Insgesamt ist die Theorie von Schachter zwar sehr populär (und findet sich in jedem Lehrbuch der Sozialpsychologie), aber fraglich.

Tabelle 14: Ergebnisse der Studie von Schachter und Singer (1962).

		Selbstberichtete Emotion	**Verhaltensindex**
Euphorie	informiert	0,98	12,72
	nicht informiert	1,78	18,28
	falsch informiert	1,90	22,56
	Placebo	1,61	16,00
Ärger	informiert	1,91	-0,18
	nicht informiert	1,39	2,28
	Placebo	1,63	0,79

Anmerkung: Bei der selbstberichteten Emotion stehen hohe Werte in beiden Bedingungen für eine (relativ) positive Emotion; beim Verhaltensindex lassen sich die Werte für die Euphorie-Bedingung nicht direkt mit denen der Ärger-Bedingung vergleichen, da sie unterschiedlich gebildet wurden (hohe Werte bei beiden Bedingungen stehen aber für Aktivität im Sinne der Bedingung, das heißt, bei der Euphorie-Bedingung stehen hohe Werte für Euphorie, bei der Ärger-Bedingung für Ärger).

3.5.4 Fehlattribution der Aktivierung

Dass Aktivierung tatsächlich auf falsche Ursachen zurückgeführt werden kann, zeigt die Studie von Dutton und Aron (1974). Die Vpn dieses Experiments (alle männlich) wurden, nachdem sie eine Brücke überquert hatten, von einer jungen Frau/einem jungen Mann angesprochen und gebeten, einen Fragebogen auszufüllen. Die Frau/der Mann teilte den Teilnehmern der Befragung anschließend ihre Telefonnummer mit, unter der sie/er kontaktiert werden könne, falls die Teilnehmer noch Fragen zur Studie hätten. Hatten die männlichen Vpn gerade eine wackelige Hängebrücke über eine Schlucht überquert, wurde die Frau wesentlich häufiger kontaktiert, als wenn sie über eine stabile Brücke gegangen waren (Tab. 15). Zudem projizierten sie in ein ihnen vorgelegtes Bild mehr sexuelle Inhalte hinein. Offenbar wurde die Erregung vom Gang über die Brücke von den männlichen Teilnehmern auf die Gegenwart der jungen Frau zurückgeführt, was folglich bewirkte, dass diese häufiger in Kontakt mit ihr treten wollten.

Tabelle 15: Ergebnisse des Experiments von Dutton und Aron (1974).

Interviewer	Anzahl der Vpn, die die Fragebögen ausfüllten	Anzahl der Vpn, die die Telefon-nummer akzeptierten	Anzahl der Vpn, die anriefen	Testscore (sexuelle Inhalte)
Weiblich				
Kontrollgruppe	22/33	16/22	2/16	1.41
Versuchsgruppe	23/33	18/23	9/18	2.47
Männlich				
Kontrollgruppe	22/42	6/22	1/6	.61
Versuchsgruppe	23/51	7/23	2/7	.80

Stuart Valins (1966) ging davon aus, dass nicht die Erregung als solche, sondern die Wahrnehmung des Aktivierungsgrades das erlebte Gefühl determiniert. Die Vpn von Valins (1966) sahen Dias von Playboymodels, wobei ihnen angeblich ihr eigener Herzschlag über Kopfhörer eingespielt wurde (der Herzschlag war aber nicht der eigene, sondern eine fremde Aufnahme und nach dem Versuchsplan einmal schneller, einmal langsamer), und sie sollten die dargebotenen Frauen hinsichtlich ihrer Attraktivität bewerten. In der Kontrollgruppe waren dieselben Geräusche zu hören, sie wurden aber als irrelevant bezeichnet. Im Ergebnis bewerteten Männer der VG diejenigen Frauen, bei denen ihr „wahrgenommener" Herzschlag beschleunigt war, als attraktiver.

Zillmann (1971) nimmt in seiner Theorie der Erregungsübertragung an, dass die physiologische Erregung nicht plötzlich aufhört, sondern langsam abklingt, sodass eine Resterregung in neue Situationen mitgenommen werden kann. Diese Restaktivierung kann vorhandene Gefühle (wie Ärger oder Angst) in neuen Situationen verstärken. Aufgrund der Resterregung reagiert man dann stärker, als es unter anderen Umständen der Fall wäre. In einer Studie von Cantor, Zillmann und Bryant (1975) mussten die Vpn körperlich anstrengende Übungen absolvieren und erotische Bilder ansehen. Die Vpn mussten ihre eigene sexuelle Erregtheit einschätzen, unmittelbar nach der körperlichen Anstrengung (Phase 1), eine Zeit danach (Phase 2) und lange danach (Phase 3). Wurden die Bilder unmittelbar nach der körperlichen Anstrengung dargeboten (Phase 1), hatten sie keine Auswirkung auf die sexuelle Erregung (die Vpn führten ihre Resterregung auf die Anstrengung zurück). In Phase 2 war noch immer eine körperliche Aktivierung vorhanden, obwohl die Vpn das Gefühl hatten, sich schon von der Anstrengung erholt zu haben. In dieser Phase war die berichtete sexuelle Erregtheit am höchsten, während in Phase 3 die körperliche Aktivierung schon abgeklungen war und keine Auswirkung mehr auf die sexuelle Erregtheit hatte.

3.5.5 Neuere Forschung zur Theorie von James

Die neuere Forschung bestätigt James (partiell). Nachfolgend sind einige Untersuchungen aufgelistet.

- Riskind (1984): In zusammengesunkener Körperhaltung werden mehr negative Lebensereignisse erinnert als in aufrechter Haltung.
- Strack, Martin und Stepper (1988): Die Kontraktion von Muskeln, die man für das Lächeln benötigt, indem man einen Stift zwischen den Zähnen hält, bewirkt, dass Vpn Cartoons lustiger finden (s. Abb. 106). Offenbar hatten die Vpn ihre eigenen Körperempfindungen herangezogen, um auf ihre Erheiterung zurückzuschließen. Eine Metaanalyse über 17 Replikationsstudien fand allerdings überhaupt keinen Effekt mehr (Wagenmakers et al., 2016; für eine Replik s. Strack, 2016). Die Studie fügte sich damit in eine Reihe prominenter psychologischer Studien ein, die im Zuge der sogenannten Replikationskrise (s. Kap. 2.14.1) in der Psychologie überprüft wurden und nicht repliziert werden konnten. Noah, Schul und Mayo (2018) fanden eine verblüffend einfache Erklärung für die misslungenen Replikationsbemühungen. Während die Vpn der Replikationsstudien während der Versuche alle von einer Videokamera gefilmt wurden und sich dessen auch bewusst waren, war das bei den Vpn im Originalexperiment nicht der Fall. Noah et al. (2018) vermuteten, dass die Vpn in Anwesenheit der Kamera (wenn sie sich beobachtet fühlen) weniger auf interne (körperliche) Hinweisreize für ihre empfundene Belustigung achten. Diese Annahme konnten sie experimentell bestätigen: Bei Abwesenheit der Kamera

tritt ein signifikanter Effekt auf, mit Kamera ist dies nicht der Fall. Die vermeintliche Verbesserung des Versuchsdesigns gegenüber dem Originalprotokoll führte hier dazu, dass der Effekt nicht repliziert werden konnte. Die Studie von Noah et al. (2018) macht uns darauf aufmerksam, wie scheinbare Kleinigkeiten über „Sein oder Nicht-Sein" eines psychologischen Effekts entscheiden können. Von daher ist die Erwartung, dass Effekte in psychologischen Studien stets zuverlässig reproduziert werden können, unrealistisch und zu hoch gesteckt: „It is therefore the task of empirical research to investigate conditions that cause changes in the phenomena's variability and strenght, not whether they are real or not" (Iso-Ahola, 2017, S. 14).

- Cacioppo, Priester & Berntson (1993): Chinesische Schriftzeichen werden bei einer Armbeugung positiver beurteilt als bei einer Armstreckung.
- Williams & Bargh (2008): Personen schätzen andere sympathischer ein, wenn sie eine heiße Tasse Kaffee in der Hand halten (vs. Eiskaffee). Lynott et al. (2014) konnten dieses Ergebnis mit mehr als 800 Vpn (!) allerdings nicht replizieren.

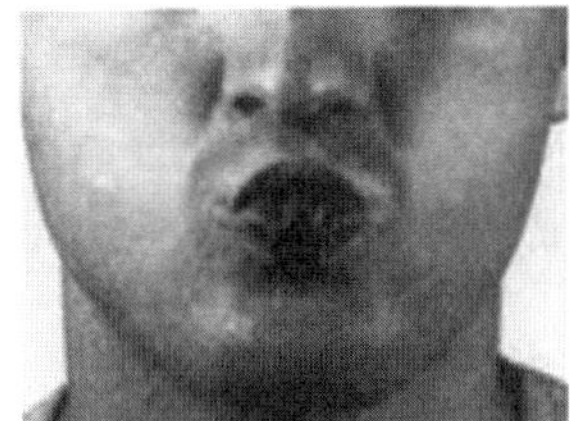
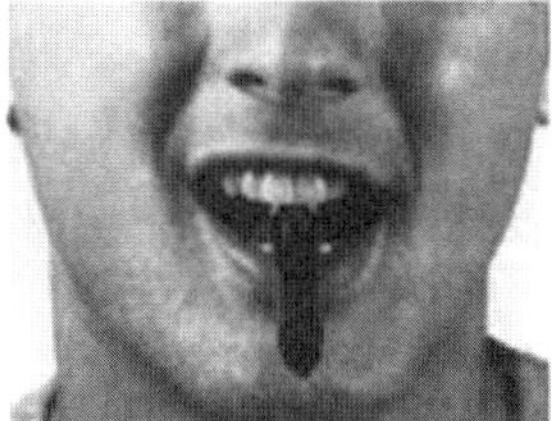

Abbildung 106: Bedingungen des Experiments von Strack et al. (1988). Wird der Stift zwischen den Zähnen wie im rechten Teil der Abbildung gehalten, finden die Vpn die Cartoons lustiger, als wenn er von den Lippen umschlossen wird.

Dementsprechend gibt es einige Neo-Jamesianische Theorien, z. B. von Laird und Lacasse (2014; für Kritik daran s. im selben Band Reisenzein & Stephan, 2014). Allerdings hinterlassen auch diese einige offene Fragen:

(1) Offenbar sind nicht alle körperlichen Veränderungen von Emotionen begleitet. Warum aber sollten Emotionen nur in dem Fühlen einer Teilmenge von körperlichen Veränderungen bestehen? Was würde diese Veränderungen von den anderen unterscheiden?

(2) Sind Emotionen gleichzusetzen mit dem Fühlen von körperlichen Veränderungen oder entdeckt man Emotionen durch das Fühlen von körperlichen Veränderungen (man entdeckt den Wind, indem man ihn spürt, aber der Wind ist kein Gefühl)? Sind körperliche Veränderungen notwendige/hinreichende Voraussetzungen für Emotionen oder nur Nebenprodukte von Emotionen (weil die kognitive Komponente die zentrale Komponente darstellt)?

3.5.6 Lerntheoretische Erklärungen für die Entstehung von Emotionen

Auch wenn die lerntheoretischen Erklärungen für das Entstehen von Emotionen heutzutage nur eine untergeordnete Rolle spielen, soll doch auf einen historisch interessanten Erklärungsversuch, der auf dem Prinzip der klassischen Konditionierung beruht, eingegangen werden.

Aus klassisch behavioristischer Sicht sind Kognitionen oder die phänomenale Qualität von Emotionen uninteressant bzw. nicht existent. Behavioristen interessieren sich für Reiz-Reaktions-Verbindungen, das heißt dafür, welche Reize welches Verhalten des Organismus bewirken. Dabei übertragen sie die von Pawlow für Tiere herausgefundenen Gesetzmäßigkeiten des klassischen Konditionierens auf den Menschen. Was im Inneren des Individuums dabei vor sich geht, interessiert Behavioristen nicht, und das nicht zuletzt deshalb, weil sie es nicht direkt beobachten bzw. objektivieren (naturalisieren, d. h. naturwissenschaftlich erfassen) können: „Psychology as the behaviorist views it is a purely objective experimental branch of natural science“ (Watson, 1913, S. 158). Sie betrachten das geistige Innenleben daher als Blackbox, als unbekanntes System zur Verarbeitung von Reizen. So schreibt der Begründer des Behaviorismus, John Watson (1878–1958):

> Der Leser wird keine Diskussion des Bewußtseins finden und auch nicht die Begriffe wie Empfindung, Wahrnehmung, Aufmerksamkeit, Vorstellung, Wille usw. Diese Worte haben einen guten Klang; aber ich habe festgestellt, daß ich auf sie verzichten kann [...]. Offengestanden weiß ich nicht, was sie bedeuten. Ich glaube auch nicht, daß irgend jemand sie in stets übereinstimmender Weise zu gebrauchen vermag. (Watson, 1919, zit. nach Kriz, Lück & Heidbrink, 1990, S. 153)

Der frühe Behaviorismus geht auch von einer extremen Formbarkeit des Menschen aus, das neugeborene Kind wird (fast) als Tabula rasa betrachtet, das durch Umweltreize in jedwede Richtung geformt werden kann:

> Give me a dozen healthy infants, well-formed, and my own specified world to bring them up in and I'll guarantee to take any one at random and train him to become any type of specialist I might select – doctor, lawyer, artist, merchant-chief and, yes, even beggar-man and thief, regardless of his talents, penchants, tendencies, abilities, vocations, and race of his ancestors. (Watson, 1930, S. 82)

Konsequenterweise nimmt Watson an, dass sich auch Emotionen beliebig konditionieren (antrainieren) lassen. Das versucht er auch in einem berühmt gewordenen Experiment nachzuweisen. Bei dem Experiment, das er zusammen mit seiner Assistentin Rosalie Rayner[16] durchführte, diente der elf Monate alte Albert (über seine wahre Identität

[16] Rosalie Rayner zuliebe ließ sich Watson scheiden, danach heiratete er sie. Der Scheidungsskandal führte dazu, dass er seine Professur aufgeben musste.

und sein späteres Schicksal gibt es bis in die Gegenwart Diskussionen) als Versuchsperson (das Experiment ging als Experiment mit dem „kleinen Albert" in die Geschichte ein; Watson & Rayner (1920); s. http://psychclassics.yorku.ca/Watson/emotion.htm). Watson konfrontierte den kleinen Buben mit verschiedenen Tieren, u. a. einer weißen Ratte, für die sich das Kind neugierig interessierte. Als Albert die Ratte berühren will, wird hinter ihm heftig auf eine Eisenstange geschlagen, um Albert zu erschrecken. Nach wenigen Wiederholungen dieses Vorgangs zeigt Albert starke Angst, er weint und will die Ratte nicht mehr berühren. Watson gelingt es, eine Generalisierung der Angst auf ähnliche Reize zu erreichen, wie Tierfelle oder einen Rauschebart. Es wurde nie versucht, Albert die Ängste wieder zu nehmen, angeblich weil die Mutter mit dem Kind übersiedelte.

Aus heutiger Sicht erschüttern die niedrigen ethischen Standards der damaligen Forschung. Watson selbst schrieb dann einen sehr populären Erziehungsratgeber und es wundert nicht, dass er darin empfahl, Kindern nicht zu viel Wärme und Liebe angedeihen zu lassen. Sein wohl ernstgemeinter utopischer Gesellschaftsentwurf kann einem heute noch einen Schauer über den Rücken laufen lassen: In Utopia gibt es in jeder Einheit drei Kinder pro Elternpaar.

> Sobald ein Kind geboren ist, wird es in eine Familie vermittelt, in der bereits zwei weitere Kinder leben. Das Kind verbleibt in dieser Familie genau vier Wochen und wird dann an eine andere Familie mit zwei Kindern weitergegeben. Diese Prozedur wird fortgesetzt, bis Kleinkind, Kind und Heranwachsender durch die Hände aller 260 Mütter gegangen sind [...]. Wir haben die vierwöchige Rotationsphase gewählt, weil in diesem kurzen Zeitraum nur eine geringe Chance besteht, daß irgendeine Familie das Kind unauslöschlich und in unzulässiger Weise konditionieren könnte. Fixierungen auf die Mutter können sich nicht entwickeln (bei der Mutter ebensowenig wie beim Kind). Für die Entstehung von Eifersucht bleibt keine Zeit. Eine Abhängigkeit von irgendeiner Person ist ausgeschlossen. Schüchternheit und Minderwertigkeit können sich nicht entwickeln, aus dem einfachen Grunde, weil es keinen Anreiz in der Umwelt zu ihrem Aufbau gibt. Utopia ist kein Boden, auf dem der ‚Besitz' einer Person durch eine andere gedeihen kann. So wird es Individualität (ein Mittel, durch das faule, quengelige und ständig klagende Kinder oder Erwachsene das Verhalten der anderen zu ihrem eigenen Vorteil kontrollieren können) nie geben. (Watson, 1928/1985, zit. nach Kriz et al., 1990, S. 152)

3.5.7 Evolutionspsychologische Emotionstheorien

Evolutionspsychologische Emotionstheorien gehen davon aus, dass bestimmte Emotionen sich deshalb entwickelt haben, weil sie einen Vorteil im Laufe der Evolution darstellten, d. h. letztlich die Fortpflanzungschancen verbessert haben.

Dies kann anhand der Emotion der Eifersucht verdeutlicht werden. Die evolutionäre Grundannahme lautet, dass sich diejenigen Eigenschaften herausbilden, die bessere Fitness und besseren Fortpflanzungserfolg versprechen. Beide Geschlechter versuchen ihren Fortpflanzungserfolg zu maximieren (das kann man natürlich in Frage stellen, aber die Evolutionspsychologie geht jedenfalls davon aus, dass „unsere Steinzeitprogrammierung" auch in der heutigen Zeit noch immer ihre Wirkung entfaltet). Es wird aber angenommen, dass Männer und Frauen dabei auf unterschiedliche Strategien zurückgreifen, da die Anzahl potenzieller Nachkommen aus biologischen Gründen sehr unterschiedlich ausfällt und damit einhergehend das *minimale elterliche Investment*, um Nachkommen zu bekommen (Trivers, 1972). Während eine Frau zumindest die Zeit der Schwangerschaft in die Nachkommenschaft investieren muss, kann sich diese minimale Investition beim Mann auf einen Geschlechtsakt beschränken. Folgende evolutionstheoretische Überlegungen werden aus diesen Annahmen gefolgert:

- Männer sollten demnach eher an Kurzzeitbeziehungen interessiert sein, weil sie so ihren Fortpflanzungserfolg optimieren können.
- Frauen sollten eher an Partnern interessiert sein, die sie beschützen, Ressourcen für sie zur Verfügung stellen und sich um den Nachwuchs kümmern.
- Beide Geschlechter sind an Partnern interessiert, die gesunde Gene versprechen.

Die Emotion der Eifersucht sollte bei beiden Geschlechtern unterschiedlich sein:

- Von Männern sollte die sexuelle Untreue der Partnerin schlimmer beurteilt werden als die emotionale Untreue, weil die Gefahr besteht, umsonst (Kuckuckskind) Ressourcen an die Partnerin zu verschwenden.
- Von Frauen sollte die emotionale Untreue des Partners schlimmer beurteilt werden als die sexuelle Untreue, weil der Partner droht, Ressourcen (Schutz etc.) abzuziehen.

Dementsprechend sollte bei Männern die sexuelle Eifersucht größer sein und bei Frauen die emotionale Eifersucht (Buss et al., 1992; Buss, 2013).

In der Studie von Buss et al. (1992) wurden die Vpn gebeten, sich folgendes Szenario vorzustellen: „Bitte denken Sie an eine ernsthafte bzw. feste ‚romantische' Beziehung, die Sie in der Vergangenheit gehabt haben, die Sie gegenwärtig haben oder die Sie gerne hätten. Stellen Sie sich weiter vor, Sie würden entdecken, dass diese Person, mit der Sie eine solche ernsthafte Beziehung führen, beginnt, sich für jemand anderen zu interessieren. Was würde Sie mehr verletzen oder aufregen?"

A: „Die Vorstellung, dass Ihr Partner eine tiefe gefühlsmäßige Zuneigung zu dieser Person entwickeln würde."

B: „Die Vorstellung, dass Ihr Partner leidenschaftlichen Geschlechtsverkehr mit dieser anderen Person ausübt."

Während Frauen die Alternative A mehr aufregt, ist es bei Männern die Vorstellung sexueller Untreue. Dieses Ergebnis wurde in vielen Studien und über verschiedene Kulturen hinweg (z. B. Buss et al., 1999) bestätigt. An diesem Forced-Choice-Paradigma (die Vpn müssen sich für eine der Alternativen entscheiden) wurde kritisiert, dass man in der Realität sich selten zwischen emotionaler und sexueller Untreue entscheiden muss und dass für Frauen die Vorstellung emotionaler Untreue eher impliziert, dass auch sexuelle Untreue vorliegt (aus diesem Grund handele es sich bei den Ergebnissen um ein Artefakt der Befragungsmethode). Allerdings finden sich auch bei der Messung der Eifersucht auf kontinuierlichen Skalen die charakteristischen Geschlechtsunterschiede (z. B. Bendixen, Kennair & Buss, 2015).

3.5.8 Die Theorie der Verkörperung von Emotionen nach Thomas Fuchs

Thomas Fuchs knüpft in seiner phänomenologischen Theorie (Fuchs, 2014; Fuchs & Koch, 2014) an William James an. Im Zentrum seiner Überlegungen steht die Einsicht, dass der Leib der Resonanzkörper für unsere emotionale Bezogenheit auf die Welt ist: „Der fühlende und bewegliche Leib ist das Medium, durch das wir emotional auf die Welt bezogen sind, oder mit anderen Worten, Gefühle sind leibliche Gerichtetheiten auf wahrgenommene affektive Valenzen“ (Fuchs, 2014, S. 15).

Fuchs trifft in seiner Theorie folgende Grundannahmen:

1. Emotionen lassen sich nicht in der Person (im Gehirn oder in der Psyche) lokalisieren. „In der Scham beispielsweise erlebt man eine peinliche Situation und die abwertenden Blicke der Anderen als eine schmerzliche und brennende leibliche Affektion; dies ist die Weise, in der das Subjekt die Entwertung vor anderen selbst empfindet. Die Scham erstreckt sich über die empfindende Person, ihren Leib ebenso wie die Situation als Ganze“ (Fuchs, 2014, S. 16).
2. Es gibt zwei Komponenten leiblicher Resonanz:
   a) eine zentripetale oder „affektive“ Komponente: man wird berührt,
   b) eine zentrifugale oder „emotive“ Komponente: man wird handlungsbereit, hat spezifische Bewegungstendenzen (Blickrichtung).
3. Gefühle werden verstanden als zirkuläre Interaktionen oder Feedbackschleifen zwischen der zentripetalen und der zentrifugalen Komponente: „Von den Werten, Valenzen oder affektiven Qualitäten einer Situation affiziert, d. h. betroffen zu werden, löst eine spezifische leibliche Resonanz aus („Affektion“), die umgekehrt die emotionale Wahrnehmung der Situation beeinflusst und eine entsprechende Handlungsbereitschaft einschließt („E-motion“)“ (Fuchs, 2014, S. 16).
4. Die leibliche Resonanz bleibt meist im Hintergrund, sie tönt und färbt aber die Wahrnehmung der Situation.

5. Wird die leibliche Resonanz beeinträchtigt (z.B. durch eine Botulinum-Injektion), dann ist auch die affektive Wahrnehmung beeinträchtigt.
6. Neben der leiblichen Selbstresonanz gibt es auch eine zwischenleibliche Resonanz, die durch die verkörperte Interaktion zweier Partner entsteht. Der Ausdruck von A wird zum Eindruck für B und so fort,

> in einem Wechselspiel, das in Sekundenbruchteilen abläuft und ständig das leibliche Befinden beider modifiziert. Freilich laufen die beteiligten Signale und Reaktionen viel zu rasch ab, um einzeln hervorzutreten und als solche bewusst zu werden. Stattdessen entsteht bei den Interaktionspartnern ein ganzheitlicher Eindruck vom Gegenüber, ein Gefühl für seine Stimmung oder Ausstrahlung, und für die spezifische Atmosphäre oder „Chemie" der Begegnung. (Fuchs, 2014, S. 17)

7. Für die menschliche Begegnung braucht man nach diesem Ansatz keine „theory of mind" (keine Repräsentation des Gegenüber im Gehirn, um ihn zu verstehen): „Andere emotional zu verstehen heißt primär *mit ihnen in non-verbaler, zwischenleiblicher Kommunikation zu stehen*" (Fuchs, 2014, S. 17).

3.5.9 Emotionen als Handlungen – der Ansatz von Jan Slaby

Die Theorie von Slaby (2016) ähnelt der Theorie von Fuchs (2014). Sie wendet sich v.a. gegen den auch in der Psychologie weit verbreiteten Kognitivismus, nachdem es sich bei Emotionen im Grunde nur um Werturteile handelt. Demnach wäre meine Trauer mein Urteil, dass ich einen unwiederbringlichen Verlust erlitten habe, meine Freude mein Urteil, dass ich etwas gewonnen habe etc. Für falsch hält Slaby aber auch die Extremposition am Gegenpol, wonach es sich bei Emotionen nur um qualitative Gefühlszustände ohne intentionalen Bezug handeln würde.

Für Slaby (2011; 2016) sind Gefühle die grundlegende Weise, wie wir Anteil an der Welt nehmen. Sie sind aus seiner Sicht zentrale Vollzugsformen der menschlichen Existenz selbst:

> In existenzial-phänomenologischer Perspektive sind Gefühle nicht *an* oder *in* Personen ablaufende Prozesse neben anderen, sondern zentrale Vollzugsformen der personalen Existenz selbst. Gefühle sind *Seinsweisen*. Was immer eine Person tut, wie sie sich zur Welt, zu anderen Menschen und zu sich selbst verhält – diese personalen Vollzüge werden nicht lediglich von Gefühlen begleitet und irgendwie beeinflusst, sondern sie erfolgen im Fühlen und aus dem Fühlen heraus und sind von diesem nicht zu trennen. (Slaby, 2011, S. 126)

Das heißt auch, dass nur auf Basis von Gefühlen überhaupt Bedeutsamkeit in die Welt kommt.

Folgende Annahmen werden von Slaby (2011; 2016) getroffen:

1. Affektive Intentionalität: Bei Emotionen sind intentionaler Gehalt (wir freuen uns *über*, trauern *um* etc.) und phänomenaler Aspekt nicht zu trennen. Von einer Emotion spricht er demnach, wenn wir einen evaluativen intentionalen Gehalt nicht nur neutral konstatieren, sondern unmittelbar affektiv erleben:

   > Die für Trauer charakteristische Erfahrung eines Verlustes wird nicht von einem unangenehmen Empfinden begleitet, sondern *ist selbst* ein solches affektives Empfinden – es ist der Verlust der geliebten Person, ihr unwiederbringliches Fehlen, der uns schmerzlich nahe geht. (Slaby, 2016, S. 188)

   Kraft der intentionalen Gehalte liefern Emotionen rationale Handlungsgründe, Kraft der affektiven Natur motivieren sie Handlungen.
   Nach Slaby (2011) sind Gefühle nicht nur auf bestimmte Objekte oder Ereignisse gerichtet (wie den Furcht auslösenden Hund), sondern sie betreffen unsere gesamten Weltbezüge. Wenn wir uns fürchten, sehen wir die *ganze* Welt mit anderen Augen. Wenn wir traurig sind, erscheint uns die *ganze* Welt in einem düsteren Licht. Und wenn wir fröhlich sind, sehen wir überall nur Positives.
   Vor diesem Hintergrund ist die Trennung zwischen Affekten und Stimmungen für Slaby (2011) einigermaßen obsolet, weil auch Emotionen wie Furcht, Wut oder Freude letztlich alle Weltbezüge betreffen, selbst wenn sie zunächst auf ein Objekt oder eine Person gerichtet waren.
2. Emotionen beinhalten immer auch einen affektiven Selbstbezug, eine Form von Selbstgewahrsamkeit. Der Traurige *fühlt sich* traurig. Affektive Intentionalität umfasst somit neben dem Weltbezug auch den Selbstbezug.
3. Auch Slaby (2011) betont die Leiblichkeit der Gefühle. Der Leib ist das Medium des affektiven Weltbezugs. Man spürt am eigenen Leib, wie es um einen steht. Im Stolz „schwillt unsere Brust", wenn wir uns schämen, möchten wir „im Boden versinken", und wir könnten voller Freude „Luftsprünge" vollziehen.
4. Emotionen hängen eng mit Handlungen zusammen. So hängt Furcht eng mit Flucht- und Vermeidungsverhalten zusammen, die Scham mit dem Bestreben, sich den Blicken anderer Personen zu entziehen, und die Freude mit dem Wunsch, die ganze Welt zu „umarmen".
   Die Emotionen sind aber nicht nur mit tatsächlich vollzogenen Handlungen verknüpft, sondern v.a. auch mit Handlungsmöglichkeiten. Slaby (2011) spricht vom „Gefühl als Situierung in einem Möglichkeitsraum". Dieser Möglichkeitsraum umfasst sowohl Handlungsmöglichkeiten wie auch mögliche Widerfahrnisse:
   „Ein Gefühl zu erleben bedeutet demnach, dass sich ganz bestimmte Möglichkeiten gleichsam aufdrängen, während anderes, was vermeintlich auch möglich sein müsste, seltsam abgeblendet oder sogar gänzlich aus dem Bereich des überhaupt Erwägbaren verschwunden ist" (Slaby, 2011, S. 127).

Wenn wir uns fürchten, engen sich unsere Möglichkeiten ein. Sind wir depressiv, schrumpft unser Möglichkeitsraum auf Nichts zusammen. Und wenn wir fröhlich sind, eröffnen sich überall Möglichkeiten, von denen wir nichts geahnt haben, und wir sind bereit, Initiativen zu setzen.

5. Emotionen haben eine soziale Komponente: Sie hören nicht an der Grenze des eigenen Leibes auf, sondern ziehen andere Menschen um uns herum in das Gefühl hinein. Emotionen sind also interpersonal. Wenn jemand trauert, spüren das nicht nur die Menschen in der Umgebung, sondern die entstehende Bedrücktheit und Beklemmung hemmt buchstäblich alle Interaktionen. Ebenso ansteckend wirken Emotionen wie Freude oder Furcht. Scham signalisiert anderen Menschen Unterwürfigkeit, Wut flößt Furcht ein und Furcht signalisiert Gefahr.

Vergleicht man psychologische Emotionstheorien wie die von Schachter oder Watson mit eher philosophischen Ansätzen wie jenen von Fuchs und Slaby, eröffnen sich interessante Unterschiede. Psychologische Emotionstheorien enthalten ausschließlich Elemente, die operationalisiert (d. h. messbar gemacht) werden können. Die Intensität und Qualität eines Gefühls z. B. kann man messen. Die Messbarkeit von Konstrukten ermöglicht die Überprüfung von empirischen Hypothesen im Experiment. Der Preis für diesen Vorzug ist, dass psychologische Emotionstheorien die Essenz von Emotionen nur in Teilaspekten beschreiben können (wie will man z. B. einen Weltbezug empirisch erfassen?). Philosophische Emotionstheorien lassen sich zwar schlecht experimentell mit nachfolgender quantitativer statistischer Auswertung überprüfen, aber sie benötigen einen solchen Nachweis der „objektiven" Gültigkeit überhaupt nicht, weil sie an die unmittelbare Einsichtigkeit appellieren.

3.6 Glück

3.6.1 Definitionen

Eine in den letzten Jahrzehnten in der Psychologie zunehmend stärker erforschte Emotion ist die des Glücks. Aber was versteht man eigentlich unter Glück? Ist Glück gleichzusetzen mit Zufriedenheit oder Wohlbefinden, wie manche meinen? Oder handelt es sich dabei um ein intensiveres Gefühl, das Menschen sogar zum Weinen oder Lachen anregen kann? Die Glücksforschung ist sich in dem Punkt nicht einig (s. Bucher, 2009).

Unbestreitbar ist Glück eine positive Empfindung, die wir anstreben. Gegen die Gleichsetzung von Glück mit Zufriedenheit spricht, dass stets mehr Menschen angeben, zufrieden zu sein als glücklich. Aus eigener Erfahrung kennen wir jedenfalls intensive Glücksmomente (wenn man z. B. spürt, dass eine Liebe erwidert wird, oder man eine schwierige Prüfung geschafft hat), aber auch das weniger intensive, dafür oft länger andauernde Glücksgefühl der inneren Zufriedenheit, einer inneren Harmonie, die zumindest für den Moment keine Anforderungen an die Welt stellt. Wir kennen aber auch den glücklichen Zufall, die glückliche Fügung, bei der spontan „das ist ein Glück“ gesagt wird, ohne dass die Emotionen besonders intensiv oder lange während sein müssen. Je nachdem, auf welche Spielart des Glücks es die Forschung abgesehen hat, gibt es unterschiedliche Methoden der Messung des Glücks.

Zum Thema Glück hat uns schon vor aller Forschung die Literatur bzw. Philosophie einiges zu sagen und es ist nicht ausgemacht, dass die Psychologie dem noch viel hinzufügen kann. Schon im Märchen begegnen wir dem Glück in manchen Gestalten. Hans im Glück z. B. als Sinnbild eines Einfaltspinsels, der doch immer das Beste aus seiner Situation zu machen versteht und so stets glücklich bleibt. Ganz anders das Märchen vom Fischer und seiner Frau, in dem sie von Gier getrieben das einfache Glück in der Fischerhütte an der Seite ihres Mannes nicht zu schätzen weiß und so, immer maßloser und gieriger werdend (nicht einmal die Position als Kaiser und dann Papst stellt sie zufrieden, sie will Gott selbst werden), am Ende alles verliert.

In vielen literarischen Werken wird das Glück mit der Liebe identifiziert: „[…] welch Glück, geliebt zu werden! Und lieben, Götter, welch ein Glück!“ (Goethe, aus „Willkommen und Abschied“).

Eine Reihe von Autoren, wie z. B. Friedrich Schiller („Auch ich war in Arkadien geboren“) oder Moritz Schlick, vertritt zudem die Ansicht, dass das höchste Glück eigentlich in der Kindheit zu finden ist. Für Schlick ist die Kindheit so glücklich, weil dem Kind noch alle Möglichkeiten offenstehen, weil der freudige Blick in die Zukunft, die Hoffnung, noch ungetrübt ist:

> In der Jugend genießt der Mensch diese Freuden am reinsten und reichsten, weil das Wissen von der Wirklichkeit der Wanderung seiner Phantasie da kein frühes Ziel setzt. Der Erfahrene meint zu genau zu wissen, wie das Antlitz der Zukunft aussehen wird, wenn sie ihren Schleier aufhebt, das Kind aber glaubt noch an die überraschendsten Möglichkeiten. Hier zeigt sich an einem neuen Beispiel, wie der Verstand manchmal zu einem Räuber der Lust wird […]. (Schlick, 2006, S. 190)

Denselben Sachverhalt formuliert der große Pessimist Arthur Schopenhauer so: „In früher Jugend sitzen wir vor unserm bevorstehenden Lebenslauf, wie die Kinder vor dem Theatervorhang, in froher und gespannter Erwartung der Dinge, die da kommen sollen. Ein Glück, dass wir nicht wissen, was wirklich kommen wird“ (Schopenhauer, 1996, S. 352, Paralipomena, § 155). Die Kindheit ist auch deshalb eine so glückliche Zeit, weil Kinder ihre Handlungen nicht darauf richten, Lust zu erreichen (das nennt Schlick Arbeit), sondern weil sie ihre Lust aus den spielerischen Handlungen selbst beziehen. Das Spiel ist für Schlick der höchste Ausdruck des Glücks, auch noch beim Erwachsenen, sei es im „Spiel des Leibes“ (im „zwecklosen Tollen, Laufen, Springen,

Schwimmen und Sichregen genießt der Körper seine schönsten Augenblicke; da fühlt er sich leicht, frei, kräftig, glücklich"; Schlick, 2006, S. 145), sei es im „Spiel der Seele", in der Wissenschaft oder Kunst.

Sowie man sich des Glücks in der Kindheit aber bewusst wird, ist man kein Kind mehr.[17] Es ist durchaus charakteristisch für das Glück, dass man es nicht greifen oder festhalten kann. Das Sinnbild dafür ist der griechische Gott Kairos, der Gott des günstigen Augenblicks, meist dargestellt mit einer ins Haupt fallenden Locke, damit man ihn beim Schopf packen kann, aber mit kahlem Hinterkopf, denn wenn man die Gelegenheit einmal verpasst hat, kehrt sie nicht wieder.

Herausragend glückliche Augenblicke sind selten im Leben und flüchtig, oftmals wird einem auch erst im Nachhinein bewusst, dass man einen solchen Moment erlebt hat:

> Eines Morgens erwachte ich, ein lebhafter Knabe von vielleicht zehn Jahren, mit einem ganz ungewöhnlich holden und tiefen Gefühl von Freude und Wohlsein, das mich wie eine innere Sonne durchstrahlte [...]. Es war Morgen, durchs hohe Fenster sah ich über dem langen Dachrücken des Nachbarhauses den Himmel heiter in reinem Hellblau stehen (Hesse, 1973, S. 52 f.). Der Zustand des still-lachenden Eins-Seins mit der Welt, der absoluten Freiheit von Zeit, von Hoffnung und Furcht, der völligen Gegenwart kann nicht lange gewährt haben, vielleicht Minuten. (Hesse, 1973, S. 52)

Schopenhauer hat im Einklang mit anderen Denkern und Denktraditionen darauf hingewiesen, dass das Glück – wenn man einmal von ekstatischen Momenten absieht – v. a. negativ definiert ist. Damit meint er nicht, dass das Glück vielleicht negativ bewertet wird, sondern dass wir eher die Abwesenheit von Glück wahrnehmen, als dass sich das Glück selbst positiv bemerkbar macht. Nach Schopenhauer ist „aller Genuss und alles Glück negativer, hingegen der Schmerz positiver Natur" (Schopenhauer, 1996, S. 483). Glück ist demnach eher die Abwesenheit von Unglück. Das Unglück macht sich hingegen sofort bemerkbar, man erkennt es am kleinsten Wehwehchen:

> Wenn der ganze Leib gesund und heil ist, bis auf irgendeine kleine Wunde, oder sonst schmerzende Stelle, so tritt jene Gesundheit des ganzen weiter nicht ins Bewußtsein, sondern die Aufmerksamkeit ist beständig auf den Schmerz der verletzten Stelle gerichtet und das Behagen der gesamten Lebensempfindung ist aufgehoben. (Schopenhauer, 1996, S. 483)

So kommt Schopenhauer auch zu dem buddhistischen Schluss, dass das Leiden das Glück bei weitem überwiegt: „Wer die Behauptung, dass in der Welt der Genuss den

---

17 Dazu passt die durch Studien belegte These, dass man am Ende der Kinheit, in der Pubertät, am unglücklichsten ist (s. z. B. Kirkcaldy, Siefen & Furnham, 2003), als ob man das Paradies der Kindheit für immer verloren hat, aber gleichzeitig sind die vielfältigen Vorteile und Möglichkeiten des Erwachsenseins noch nicht in Reichweite.

Schmerz überwiegt oder wenigstens sie einander die Waage halten, in der Kürze prüfen will, vergleiche die Empfindung des Tieres, welches ein anderes frisst, mit der dieses anderen" (Schopenhauer, 1996, S. 344, Paralipomena, § 149). Aus der Erkenntnis des vorherrschenden Übels in der Welt empfiehlt Schopenhauer, „unser Augenmerk nicht auf die Genüsse und Annehmlichkeiten des Lebens zu richten, sondern darauf, daß wir den zahllosen Übeln desselben, so weit es möglich ist, entgehn" (Schopenhauer, 1996, S. 484).

Eine klassische philosophische Unterscheidung ist die zwischen der hedonistischen Betrachtungsweise des Glücks und der eudämonischen Sichtweise. Diese Unterscheidung findet man schon in der Antike. So urteilt Aristoteles über die Ansicht, das höchste Glück läge im Genuss:

> Nach den Lebensformen zu schließen, scheinen die Leute aus der Menge, das heißt die vulgärsten, das Gut und das Glück [...] in der Lust [*hedone*] zu sehen, weshalb sie das Leben des Genusses [*bios apolaustikos*] lieben. [...] Die meisten Menschen nun ziehen offenbar auf gänzlich sklavenhafte Art das Leben des Viehs vor. Sie bekommen aber auf gewisse Weise Recht, da viele unter den Mächtigen ähnliche Empfindungen haben [...]. (Aristoteles, 2008, Nikomachische Ethik, I, 3, 1095b, 16–21)

Für Aristoteles hingegen findet der Mensch dann sein Glück (eudämonia), wenn er sich seinem Wesen gemäß verhält. Der Mensch ist in erster Linie ein Vernunftwesen und, wenn er gemäß der Vernunft handelt, auch gut. So kommt er zu dem Schluss:

> Unter den Tätigkeiten, die aus der Gutheit hervorgehen, ist aber nach übereinstimmender Auffassung diejenige, in der sich die Weisheit [sophia] betätigt, die lustvollste. Jedenfalls besteht die Meinung, dass die Liebe zur Weisheit [philosophia] Freuden von wunderbarer Reinheit und Dauerhaftigkeit gewährt. (Aristoteles, 2008, Nikomachische Ethik, X, 7, 1177a, 24–26)

Aristoteles hält also seine eigene Tätigkeit des Philosophierens für die höchste Praxis, die am ehesten Glück gewährt. Das im Einklang mit den Tugenden stehende Leben der Politiker und Krieger hingegen bezeichnet er als sekundäre Form des Glücks.

Auch die Stoiker wie Epiktet, Seneca oder Marc Aurel forderten, dass der Mensch im Einklang mit seiner Vernunft nach dem Glück streben solle:

> Wenn du, der gesunden Vernunft folgsam, dasjenige, was dir im Augenblicke zu tun obliegt, mit Eifer, Kraft, Wohlwollen betreibst und, ohne auf eine Nebensache zu sehen, den Genius in dir rein zu erhalten suchst [...], so wirst du ein glückliches Leben führen, und es wird sich niemand finden, der dich daran hindern könnte. (Marc Aurel, 2016, S. 35 f., 3. Buch, 12)

Im Gegensatz zu Aristoteles waren die Stoiker nicht der Ansicht, dass man unbedingt philosophieren oder in die Politik gehen müsse, um glücklich zu sein. Sie betonen die

Möglichkeit des individuellen, abgeschiedenen Glücks, das keinen Beifall der Menge benötigt und auch aus kleinen Dingen erwachsen kann. Eine Erkenntnis, die zeitlos gültig ist und so schön von Goethe in seinem Gedicht „Erinnerung“ ausgedrückt wurde: „Willst Du immer weiter schweifen, sieh, das Gute liegt so nah. Lerne nur das Glück ergreifen, denn das Glück ist immer da.“

Obwohl den Epikureern oft nachgesagt wird, dass sie in der Hingabe an die Lust (dem Hedonismus) das höchste Glück sahen, war Epikur nicht dieser Ansicht:

> Wenn wir also sagen, dass die Lust das Ziel sei, so meinen wir nicht die Wollust der Unersättlichen und die Lüste, die sich auf oberflächlichen Genuss beschränken, wie einige aufgrund von Unkenntnis und Ablehnung oder aus Unverständnis meinen; sondern die Freiheit von körperlichem Schmerz und von seelischer Unruhe. Denn nicht Trinkgelage und endlose Feste, nicht der Genuss von Knaben und Frauen und auch nicht von Fischen und allem anderen, was eine üppige Tafel bietet, erzeugen lustvolles Leben, sondern ein nüchterner Verstand, der die Gründe für alles Wählen und Ablehnen herausfindet und die Vorurteile vertreibt, aus denen die größte Verwirrung der Seelen erwächst. (Epikur, 2010, S. 151 f., Briefe an Menoikeus, 131 und 132)

Wie die Stoiker betonen auch die Epikureer das Glück in der Gegenwart: „Die ganze Ewigkeit hindurch werden wir nicht mehr sein. Du aber bist nicht Herr des morgigen Tages und verschiebst immerzu das Erfreuende. Das Leben geht mit Aufschieben dahin, und jeder von uns stirbt, ohne Muße gefunden zu haben“ (Epikur, zit. nach Rath, 2013, S. 23).

Montaigne wird später die antiken Glückstheorien wieder aufgreifen (s. Rath, 2013) und im Gegensatz zu christlichen Denkern wie Augustinus, der auf das ewige Glück der unsterblichen Seele nach dem Tod setzt, das individuelle Glück im Diesseits betonen.

3.6.2 Empirische Ergebnisse

Statistisch gesehen sind die meisten Menschen recht glücklich. So geben 57 % der Teilnehmer an einer Umfrage in Deutschland einen Wert von 7 oder höher auf einer zehnstufigen Glücksskala an. Nur 3 % wählen einen Wert von 3 oder niedriger (Bertelsmann Stiftung, 2008). Die meisten Menschen glauben auch, glücklicher als ihr Umfeld zu sein. Da das nicht zutreffend sein kann, stellt sich die Frage, ob die Befragten im Sinne sozialer Erwünschtheit geantwortet haben (dabei geht man davon aus, dass es sozial erwünscht ist, sich als glücklich zu präsentieren) oder ob es sich um einen unrealistischen Optimismus handelt (dafür gibt es Belege, so unterschätzen die meisten Menschen die Wahrscheinlichkeit jeglicher Unbill [seien es Unfälle, Krankheiten etc.]

und überschätzen die Wahrscheinlichkeit, dass in ihrem Leben alles gut verlaufen wird [s. Lichtenstein et al., 1978; Weinstein, 1980]).

Nach einer Studie des Allensbach-Instituts von 2003 ist „Glück" für die meisten Menschen mit „Gesundheit"[18] assoziiert (50 % der Befragten geben das an), für 34 % mit „Zufriedenheit" und nur für 19 % mit „finanzieller Absicherung". Als Glückszeiten werden eher der Nachmittag und frühe Abend erlebt. Im Verlauf der Woche erreicht das Glücksgefühl am Montag seinen Tiefpunkt (viele Lieder bekunden das, wie z. B. „I don't like Mondays" oder „Monday, Monday"), steigt dann zum Wochenende hin an und erreicht am Samstag seinen Höhepunkt, bevor es am Sonntag wieder dramatisch abfällt (s. auch Csikszentmihayi & Hunter, 2003).

Interessanterweise sind die Unterschiede im Glückserleben zu einem Gutteil genetisch bedingt. Die Heritabilität für das routinemäßig im Alltag erlebte Glückslevel beträgt 50 %, das heißt, 50 % der Unterschiede im individuellen Glückserleben (ob man sich normalerweise eher glücklich oder unglücklich fühlt) beruhen auf Unterschieden im Erbgut (Lyubomirsky, Sheldon & Schkade, 2005). Das ist ein mit der Intelligenz vergleichbarer Wert, bei der nach verschiedenen Studien ebenfalls ca. 50 % der Unterschiede zwischen den Individuen durch genetische Faktoren bestimmt sind.[19]

In Übereinstimmung damit ist das erlebte Glück stark mit bestimmten Persönlichkeitsfaktoren assoziiert (die wiederum zu einem bestimmten – wenn auch kleineren – Teil genetisch festgelegt sind). So zeigte sich in der viel zitierten Studie von Diener und Seligman (2002) mit 222 Collegestudenten, dass sehr glückliche Menschen extravertierter, weniger neurotisch und verträglicher (weniger aggressiv, umgänglicher) sind. Nach Hayes und Joseph (2003) sind glückliche Menschen auch gewissenhafter. Sehr glückliche Menschen weisen auch niedrigere Werte im Vergleich zu durchschnittlich glücklichen und unglücklichen Menschen auf Skalen auf, die psychopathologische Symptome messen (wie die Neigung zur Hypochondrie, Depression, Psychopathie, Paranoia oder Schizophrenie). Einzige Ausnahme ist die Skala Hypomanie. Demnach findet man bei manchen sehr glücklichen Menschen abgeschwächte Zeichen der Manie, d. h. eine deutlich gehobene Grundstimmung begleitet von einem erhöhten Antrieb und einer erhöhten Aktivitätsneigung.[20] Noch stärker als mit bestimmten Persönlich-

[18] Generell gilt, dass mit zunehmendem Alter Gesundheit immer mehr als das entscheidende Kriterium für Glück angesehen wird.

[19] Die Heritabilität als Prozentsatz der durch genetische Faktoren erklärbaren Unterschiede lässt sich aber nicht ein für alle Mal festlegen, da sie auch von den Unterschieden in den Umweltfaktoren abhängt. Und diese können von Population zu Population variieren. Wachsen alle Individuen in einer identischen Umwelt auf, beträgt die Heritabiliät 1, das heißt, 100 Prozent der Unterschiede in einem Merkmal sind dann durch genetische Faktoren bestimmt (die Umweltfaktoren können bei identer Umwelt ja keine Unterschiede mehr erklären). Bei großen Unterschieden in den Umwelten sinken wiederum die Heritabilitätskoeffizienten.

[20] Der psychiatrischen Kategorisierung bzw. Normierung menschlichen Verhaltens entkommt man nicht so leicht, für jeden Menschen – und sei es der glücklichste – hat die Psychiatrie sogleich ein passendes Schema zur Hand.

keitsfaktoren hängt Glück mit emotionaler Intelligenz zusammen (s. Chamorro-Premuzic, Bennett & Furnham, 2007). Emotionale Intelligenz ermöglicht es Menschen, befriedigende soziale Beziehungen mit anderen Menschen einzugehen und aufrechtzuerhalten.

So ist es ein wesentliches Ergebnis der Studie von Diener und Seligman (2002), dass sehr glückliche Menschen viele und stabile soziale Beziehungen haben. Sie haben häufiger einen fixen Partner, stärkere familiäre Bande, mehr engere Freunde und sind auch aus Sicht der Gleichaltrigen an der Universität sozial stärker integriert. Die Einsicht, dass Freundschaften glücklich machen, finden wir schon bei Seneca in „Von der Gelassenheit“:

> Doch nichts macht mehr Freude als eine treue und herzliche Freundschaft. Was für ein Segen ist es, treue Seelen um dich zu haben, bei denen jedes Geheimnis sicher aufgehoben ist, deren Mitwissen du weniger zu fürchten brauchst als dein eigenes, deren Gespräch deine Beunruhigung lindern, deren Meinung dir Rat gibt, deren Heiterkeit deinen Trübsinn verscheuchen kann, deren Anblick schon erfreut! (Seneca, 2017, S. 43)

Viele Menschen gehen davon aus, dass es bestimmte Ereignisse gibt, die das Glücksgefühl dauerhaft heben oder senken können. Das ist aber nur eingeschränkt der Fall. So zeigte sich, dass Gefängnisinsassen nach einiger Zeit ebenso glücklich wie ihre Wärter waren (Sprott, 2005). Suh, Diener und Fujita (1996) wiesen nach, dass die Effekte besonders beglückender Ereignisse (Heirat, Geburt des Kindes, Abschluss des Studiums) nach etwa drei Monaten verschwunden sind. Jede glückliche Erfahrung ist eben flüchtig und vorübergehend. Das Tröstliche daran ist, dass das zumeist (es gibt Ausnahmen) auch für negative Ereignisse gilt, die mit der Zeit überwunden werden können. Es gibt also eine hedonistische Adaption, das heißt, wir passen uns an veränderte Lebensumstände relativ rasch an und kommen dann wieder zu unserem individuellen Glückswert.

Eine viel diskutierte Frage ist, ob Geld bzw. Besitz glücklich macht oder vielmehr die Sicht auf das wahre Glück verstellt, wie Erich Fromm gemeint hat. Eine klassische Studie dazu stammt von Brickman[21], Coates und Janoff-Bultman (1978). Dabei wurden Lottogewinner (n = 22) mit Unfallopfern verglichen. Im Minimum waren 50.000 Dollar gewonnen worden, sieben Lottospieler hatten sogar eine Million Dollar gewonnen. Als Kontrollgruppe dienten 22 Personen, die aus demselben Stadtteil wie die Lottogewinner stammten. Es zeigten sich keine signifikanten Unterschiede im gegenwärtigen Glücksempfinden zwischen der Gruppe der Lottogewinner und der Kontrollgruppe

21 Philip Brickmans eigenes Schicksal belegt, dass es von außen und gemessen an äußeren Indikatoren oft sehr schwierig zu erkennen ist, wie es tief im Inneren der menschlichen Seele aussieht. Obwohl Brickman ein aufstrebender und angesehener Sozialpsychologe mit Familie war, beging er 1982 mit nur 38 Jahren Selbstmord.

(s. Tab. 16). Deutlich unglücklicher ist hingegen die Gruppe der Unfallopfer. Diese verklären ihre Vergangenheit und geben im Rückblick an, in der Vergangenheit viel glücklicher gewesen zu sein als die beiden anderen Gruppen. Lottogewinner hatten ferner weniger Freude an Alltagsereignissen als die Personen der Kontrollgruppe.

Tabelle 16: Durchschnittliche Glücksbewertungen und Freude im Alltag (aus Brickman et al., 1978).

	Glück im Allgemeinen			
Bedingung	Vergangenheit	Gegenwart	Zukunft	Freude im Alltag
Gewinner	3,77	4,00	4,20	3,33
Kontrollgruppe	3,32	3,82	4,14	3,82
Unfallopfer	4,41	2,96	4,32	3,48

Kahneman und Deaton (2010) konnten anhand von 450.000 Antworten auf Gallup-Umfragen zum Glücksempfinden zeigen, dass das Glück nur bis zu einem bestimmten Einkommen (etwas über dem Median) steigt und danach nicht mehr weiter wächst (der Zusammenhang zwischen Einkommen und Glück ist somit durch eine konkave Kurve gekennzeichnet, s. Abb. 107). Linear mit dem Einkommen steigt hingegen der persönliche Erfolg (gemessen mit der „Self-Anchoring Striving Scale von Cantril": dabei soll man sich vorstellen, das Leben wäre eine Leiter, und dann angeben, auf welcher

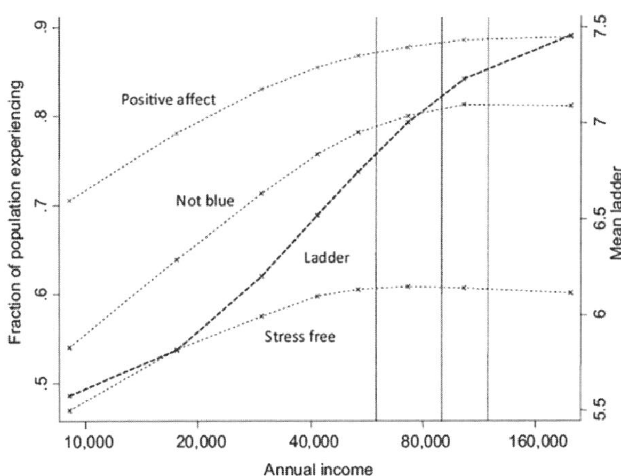

Abbildung 107: Zusammenhang zwischen Einkommen und Glück („Positive affect"), fehlenden negativen Gefühlen („Not blue"), Erfolg („Ladder") und fehlendem Stress („Stress free") (aus Kahneman & Deaton, 2010).

Sprosse von 1–10 auf der Leiter man sich befindet, 10 würde für das perfekte Leben stehen, 1 für das denkbar schlechteste).

In der Studie von Diener, Horwitz und Emmons (1985) gaben Dollarmillionäre zwar an, zu 77 % ihrer Zeit glücklich zu sein (in der Kontrollgruppe lag der Wert bei 62 %), Massais in Kenia und Amish People in Pennsylvania waren ihren Angaben zufolge aber ebenso glücklich wie die 400 reichsten Amerikaner (Biswas-Diener, Vitterso und Diener, 2005).

In vielen Studien wurde der Frage nach dem Zusammenhang zwischen dem Wohlstand eines Staates und dem Glück seiner Bewohner nachgegangen. Easterlin (1974) hatte mit einem nach ihm benannten Paradoxon für Aufsehen gesorgt. Demnach gibt es langfristig keinen Zusammenhang zwischen dem Wohlstand eines Staates (gemessen z. B. an der Wachstumsrate) und dem Glück. Selbst in Krisenjahren ist das angegebene Glück kaum niedriger als in Zeiten der Prosperität. Ausschlaggebender für das Glücksgefühl der Bevölkerung ist der intranationale Vergleich zu einem bestimmten Zeitpunkt (s. die oben erwähnte Studie von Kahneman & Deaton, 2010).

Easterlin (1974) stellte auch fest, dass das Glücksgefühl für unterschiedlich wohlhabende Staaten (gemessen am Pro-Kopf-Bruttosozialprodukt) bis auf einige Ausreißer ziemlich konstant war. Obwohl z. B. Nigeria zu den ärmsten Ländern der Welt gehört, war das im Durchschnitt angegebene Glück der Bevölkerung ebenso hoch wie das in Westdeutschland.

Innerhalb eines Staates gibt es nach Easterlin (1974) unter den Wohlhabenden allerdings viel mehr Personen, die sich selbst als „sehr glücklich" bezeichnen, und weniger Personen, die sich als „nicht sehr glücklich" beurteilen. Umgekehrt verhält es sich bei den Einkommensschwachen.

Easterlin (Easterlin et al., 2010) konnte seine These auch für asiatische, lateinamerikanische und einige Entwicklungsländer aus Afrika bestätigen. Wie man z. B. anhand der Daten von China sehen kann, das sein Bruttosozialprodukt in kurzer Zeit mehr als verfünffacht hat (s. Abb. 108), blieb die Lebenszufriedenheit für das einkommensstärkste Drittel der Bevölkerung nahezu unverändert und für das einkommensschwächste Drittel hat sie nach einem Absturz noch immer nicht das Niveau von 1990 erreicht (s. Abb. 109).

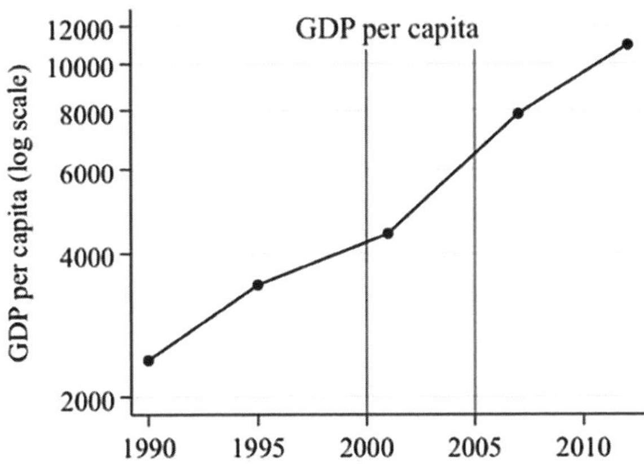

Abbildung 108: Entwicklung des Bruttosozialprodukts in China von 1990 bis 2012 (aus dem World Happiness Report von 2017, s. http://worldhappiness.report/ed/2017/, GDP per capita = Gross Domestic Product für Bruttosozialprodukt per Kopf).

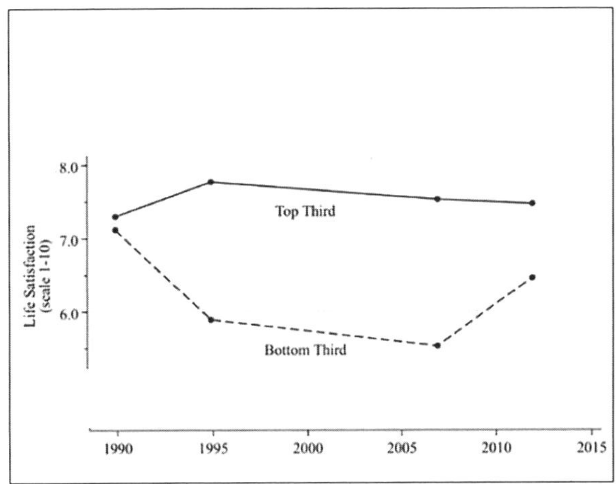

Abbildung 109: Entwicklung der Lebenszufriedenheit in China von 1990 bis 2012 (aus dem World Happiness Report von 2017, s. http://worldhappiness.report/ed/2017/).

Auch im World Happiness Report von 2017 (https://worldhappiness.report/ed/2017/) findet sich kein Zusammenhang zwischen dem Vorherrschen positiver oder negativer Gefühle bei der Bevölkerung und dem Bruttosozialprodukt eines Staates.

Anders sieht das Bild aus, wenn man Glück nicht über die Gefühle operationalisiert, sondern z. B. über die oft verwendete Leiter des Erfolgs nach Cantril (s. o.). Ein solches Maß für Glück misst sehr viel stärker, was man im Leben schon erreicht hat, es macht die Person, die über eine Antwort nachdenkt, auch auf eigene Misserfolge oder Erfolge (Besitztümer o. Ä.) aufmerksam. Anhand der Erfolgsleiter von Cantril als Maß für das Glück zeigen sich moderate Zusammenhänge zwischen dem Bruttosozialprodukt und dem angegebenen Glück. In Staaten mit höherem Bruttosozialprodukt wird im Schnitt ein höheres Glück angegeben und in diesen Staaten geben auch mehr Personen an, überdurchschnittlich viel Glück zu empfinden. Insgesamt deuten viele Daten darauf hin, dass es einen Zusammenhang zwischen dem Bruttosozialprodukt eines Landes und der Einstufung auf der Erfolgsleiter gibt, während das Vorherrschen positiver Gefühl v. a. von der Erfüllung psychologischer Bedürfnisse abhängt und erst in zweiter Linie vom Lebensstandard (s. Diener et al., 2010). Beim Lebensstandard ist der soziale Vergleich mit relevanten Vergleichspersonen besonders wichtig, wobei es mehr auf den Rang anzukommen scheint, den man finanziell im Vergleich zu relevanten Personen im Umfeld (Kollegen, Freunde, Verwandte) einnimmt, als auf den Vergleich zum Durchschnittseinkommen der Referenzgruppe (s. Boyce, Brown & Moore, 2010).

Für sehr arme Menschen (z. B. in Kalkutta) gibt es allerdings einen relativ starken Zusammenhang zwischen Einkommen und Wohlbefinden (Biswas-Diener & Diener, 2001). Offenbar gilt für sehr arme Menschen, dass das Glück mit zunehmendem Einkommen recht steil ansteigt. Wenn die Grundbedürfnisse erst einmal erfüllt sind, gibt es keinen starken Zuwachs des Glücks durch noch mehr Einkommen.

Zu den besonders „glücklichen Staaten" gehören traditionell die skandinavischen Länder, aber auch einige Länder Westeuropas wie die Schweiz oder Holland, Australien und Kanada. Einige Länder passen nicht in das Muster „reich und glücklich", wie z. B. Costa Rica oder Neuseeland. Vor allem in Costa Rica ist wenig Wohlstand vorhanden, dennoch geben die Bewohner sehr hohe Glückswerte an (ähnlich verhält es sich in Neuseeland, obwohl das Land etwas wohlhabender ist). Am unteren Ende der Glücksskala befinden sich traditionell die afrikanischen Staaten, wobei es auch hier Ausreißer gibt (so ist Tansania sehr arm, aber die Bevölkerung gibt kaum negative Gefühle an).

Insgesamt zeigen die Daten, dass Geld nur für ganz arme Menschen stark mit dem Glück zusammenhängt. Wenn man viel Geld hat, ist das kein Garant für Glück. Geld macht in der Regel aber auch nicht unglücklich. Am ehesten ist das noch der Fall, wenn man unerwartet (durch einen Lottogewinn o. Ä.) viel Geld bekommt, weil mit dem unerwarteten Geldsegen auch viel Stress verbunden ist. Unglücklich scheint aber das Streben nach Reichtum zu machen. Eine materialistische Grundeinstellung (wonach Geld und Besitz das wichtigste im Leben sind) geht nicht nur mit relativ hohen Neurotizismuswerten einher (s. Solberg, Diener & Robinson, 2003), sondern führt auch zu einer niedrigen Zufriedenheit mit dem eigenen Leben.

In der Studie von MacKerron und Mourato (2013) konnte gezeigt werden – was die Dichter schon immer wussten –, dass man im Freien glücklicher ist als drinnen. An der Studie nahmen 21.947 Personen in ganz Großbritannien teil, die ein I-Phone besaßen und eine spezielle App (Happiness-App) installiert hatten, mit Hilfe derer sie zufällig angefragt wurden, wo sie sich aufhielten und wie glücklich sie momentan wären. Während „Outdoor-Aktivitäten", in der Natur und im Beisein eines Partners oder von Freunden war das angegebene Glück deutlich höher als im Inneren von Gebäuden, im Auto oder alleine. Ein Faktor ist dabei sicherlich, dass die meisten Menschen ihrer Arbeit in Büros, also im Inneren, nachgehen und die Freizeit eher draußen verbringen (und die meisten Menschen empfinden mehr Glück in der Freizeit als in der Arbeit, auch Vorgesetzte trifft man selten in der freien Natur).

3.6.3 Strategien zur Glückssteigerung

In den letzten Jahren wurde im Rahmen der Positiven Psychologie viel dazu geforscht, welche Handlungen gesetzt werden können, um das Glücksgefühl zu erhöhen. Begleitend zu dieser Forschung gibt es eine Fülle von Ratgebern zur Steigerung des Glücks. Teilweise werden diese Ratgeber auch von den führenden Vertretern der Positiven Psychologie (wie Martin Seligman, Mihaly Csikszentmihalyi oder Sonja Lyubomirsky) herausgegeben.

Welche Strategien zur Steigerung des Glücks konnten identifiziert werden?

1. Dankbar sein: Menschen, die Dankbarkeit empfinden, schätzen auch die kleinen Dinge im Leben (Watkins et al., 2003). In einer Reihe von Studien konnten Watkins et al. (2003) zeigen, dass sowohl die Persönlichkeitseigenschaft „Dankbarkeit" (wenn man von seiner Disposition her dazu neigt, dankbar für Kleinigkeiten wie den „Duft des Flieders" oder ein Kompliment zu sein) als auch die experimentell induzierte Dankbarkeit zu positiveren Gefühlen führt. In einer Studie gab es drei Versuchsgruppen und eine Kontrollgruppe. In VG1 mussten die Vpn an jemanden denken, dem sie dankbar sind, in VG2 über jemanden schreiben, dem sie dankbar sind, und in VG3 einen Dankesbrief an jemanden schreiben. In der Kontrollgruppe sollten die Vpn über die Gestaltung ihres Wohnzimmers schreiben. In den Versuchsgruppen änderten sich die Gefühle mehr in die positive Richtung (auch im Vergleich zur Kontrollgruppe). Am stärksten war überraschenderweise der Effekt des Denkens an jemanden, dem man dankbar ist (s. Abb. 110).
2. Sich und anderen verzeihen: Bereits im Neuen Testament wird auf die Bedeutung des Vergebens hingewiesen: „Da trat Petrus zu ihm und fragte: Herr, wie oft muss ich meinem Bruder vergeben, wenn er gegen mich sündigt? Bis zu siebenmal? Jesus

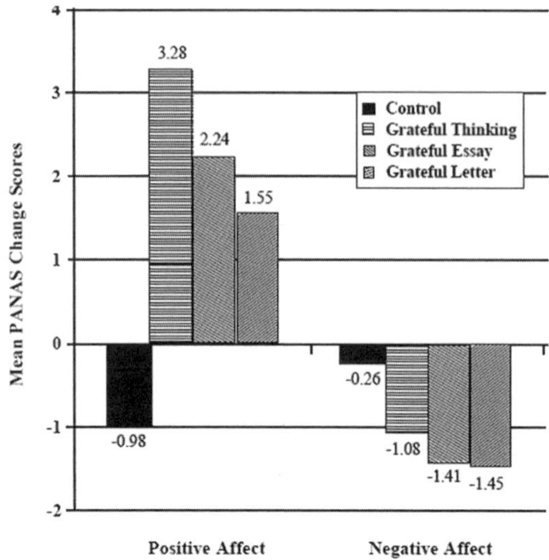

Abbildung 110: Effekt der Dankbarkeit auf die positiven und negativen Gefühle (aus Watkins et al., 2003).

sagte zu ihm: Ich sage dir nicht: Bis zu siebenmal, sondern bis zu siebzigmal siebenmal" (Mt, 18, 21–22).

Es gibt eine Reihe von Studie, die zeigen, dass Nicht-Verzeihenkönnen mit gesundheitlichen Beeinträchtigungen einhergeht (für einen Überblick s. Worthington & Scherer, 2004). Das Nicht-Verzeihenkönnen ist eine Stressreaktion, die mit negativen Emotionen einhergeht. Das hat aber auch Auswirkungen auf die hormonell gesteuerten vegetativen Funktionen. Langfristig kann es zu psychischen Erkrankungen, arteriosklerotischen Ablagerungen, kardiologischen Erkrankungen bzw. einem Schlaganfall führen. So waren Mütter, die von ihren Männern verlassen wurden, weniger depressiv und glücklicher, wenn sie ihnen verziehen hatten (Bono & McCullough, 2006).

3. Gute Taten zählen: In der Studie von Lyubomirsky, Sheldon und Schkade (2005) sollten Studenten sechs Wochen lang jede Woche freiwillig fünf gute Taten verrichten (wie z. B. einem Blinden über die Straße zu helfen) und diese aufschreiben. Eine Gruppe wurde instruiert, die fünf Taten alle an einem Tag auszuführen, eine zweite Gruppe sollte sie über die Woche verteilen. Beide Gruppen waren nach den sechs Wochen glücklicher als eine Kontrollgruppe, besonders glücklich waren aber diejenigen, die alle fünf guten Taten an einem einzigen Tag verrichteten.
4. Optimistisch denken: Glückliche Menschen sehen die Welt mit optimistischeren Augen. Sie erinnern sich eher an positive Ereignisse, grübeln weniger und sehen

auch die Zukunft im Allgemeinen (in Bezug auf die Umwelt oder Kriegsgefahren) sowie ihre persönliche Zukunft positiver. Glückliche Menschen beurteilen andere Menschen als sympathischer und sie weisen positivere Kausalattributionen auf. Wenn sie etwas Negatives erleben (wenn sie z. B. eine Prüfung nicht geschafft haben), dann sehen sie die Ursachen des Ereignisses in äußeren Umständen (die Prüfung war zu schwer), positive Ereignisse (eine schwierige Prüfung wurde geschafft) werden hingegen eher auf interne Variablen (wie ihre Fähigkeiten oder ihren Fleiß) zurückgeführt. Das Attributionsmuster von Unglücklichen ist genau umgekehrt. Sie führen positive Ereignisse auf äußere Umstände (Zufall, leichte Fragen) und negative auf sich selbst (und hier werden bevorzugt stabile Faktoren wie Unfähigkeit gewählt) zurück. Derartige Effekte des positiven Denkens lassen sich auch durch kurzfristige Beeinflussungen der Stimmung durch Musik oder die Erinnerung an positive bzw. negative Ereignisse erzeugen. In positiver Stimmung ist man optimistisch, beurteilt sich selbst und die Umwelt positiver und führt positive Ereignisse vermehrt auf sich selbst zurück (s. Forgas, Bower & Moylan, 1990).
In der Studie von Sheldon und Lyubomirsky (2006) sollten sich Studenten täglich vorstellen, dass sie alle ihre Lebensziele erreicht hatten. Nach vier Wochen waren die berichteten Emotionen positiver als davor und im Vergleich zu einer Kontrollgruppe.

5. In einer Tätigkeit aufgehen: Wenn man sich mit etwas beschäftigt, sei es im Beruf oder in der Freizeit, das einen wirklich fesselt, kann man ein Flow-Erlebnis haben (Csikszentmihalyi, 2000). Unter dem „Flow" versteht man das angenehme Gefühl des Vertieftseins in eine Tätigkeit. Wenn man in der Beschäftigung völlig aufgeht, verliert man das Gefühl für Raum und Zeit, man ist von seinem Tun erfüllt. Daraus lässt sich die Empfehlung ableiten, sich vorrangig mit Tätigkeiten zu befassen, die einen wirklich interessieren, und nicht z. B. des Geldes wegen einer Arbeit nachzugehen, die einen langweilt.
6. Anderen Geschenke machen: In der Studie von Dunn, Aknin und Norton (2008) stellte sich heraus, dass Menschen, die etwas von ihrem Geld spenden oder für Geschenke ausgeben, glücklicher sind als Menschen, die das nicht tun. Um auszuschließen, dass der Kausalzusammenhang in Wahrheit umgekehrt ist (glückliche Menschen spenden mehr), führten Dunn et al. (2008) auch ein kleines Experiment durch, bei dem sie Vpn einen kleinen Geldbetrag zur Verfügung stellten, den diese für sich oder für andere ausgeben sollten. Diejenigen Vpn, die das Geld für andere Personen verwendet haben, gaben danach an, glücklicher zu sein als diejenigen, die das Geld für sich genutzt hatten.
7. Sport treiben: In vielen Studien konnte mittlerweile gezeigt werden, dass Sport negative Gefühle reduzieren und positive Gefühle erhöhen kann. Sport ist der Stresspuffer schlechthin und Stress beeinträchtigt das Wohlbefinden bzw. Erleben von Glück. So kann Sport vor Stress erregenden Ereignissen (wenn man z. B. ein Referat halten muss) die Stressreaktionen reduzieren. Sport nach dem Stress verringert

ebenfalls die Stresssymptomatik. Regelmäßiger Sport führt auch dazu, dass weniger Stress empfunden wird. An dieser Stelle soll nur eine beispielhafte Studie erwähnt werden. In der Studie von Roemmich et al. (2014) gingen 10- bis 14-jährige Schüler entweder 1,6 km auf dem Laufband, während sie ein Video betrachteten, (VG) oder sie betrachteten dasselbe Video sitzend (KG). Danach wurden alle Schüler durch einen fordernden Test gestresst und anschließend ihre Stressreaktionen getestet. Es zeigte sich, dass die Schüler der VG eine geringere Herzfrequenz und einen niedrigeren Blutdruck (systolischer Wert) aufwiesen, gleichzeitig war der erlebte Stress signifikant geringer (s. Abb. 111).

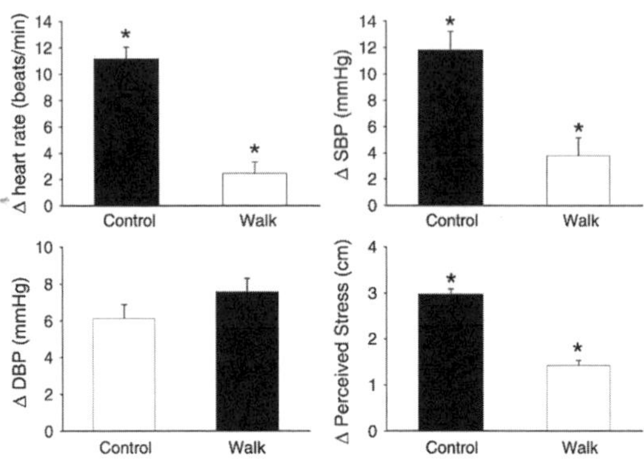

Abbildung 111: Effekt der körperlichen Betätigung auf verschiedene Stress-Indizes wie Herzfrequenz, systolischen und diastolischen Blutdruck sowie subjektives Stresserleben (aus Roemmich et al., 2014).

8. Glück und Sex: In der Studie von Blanchflower und Oswald (2004) zeigte sich ein linear positiver Zusammenhang zwischen der Häufigkeit von Sex mit anderen Menschen und dem angegebenen Glückslevel. Die Daten stammten aus Angaben von über 16.000 Amerikanern, die in den Jahren 1988–2000 einen Fragebogen („General Social Survey") ausgefüllt hatten. Der Median-Wert im Bezug auf die Sexfrequenz lag insgesamt bei zwei- bis dreimal Sex im Monat (für die unter 40-Jährigen bei einmal Sex pro Woche). Insgesamt hatten 18 % der Befragten im letzten Jahr keinen Sex (9 % bei den unter 40-Jährigen, 25 % bei den über 40-Jährigen). Bei den Frauen gab rund ein Drittel der über 40-Jährigen an, keinen Sex zu haben, während dies nur bei 15 % der über 40-jährigen Männer der Fall war (was die Autoren zu der Frage führt, mit wem diese Männer dann Sex hatten; als Erklärung geben sie an, dass a) Männer notorisch ihre Sexfrequenz beschönigen, b) jüngere Partnerinnen hatten oder c) zu Prostituierten gingen). Verheiratete Personen hatten mehr Sex, Gebildetere ebenfalls, wobei gebildete Frauen weniger Partner anführten. Rund die Hälfte der Befragten hatte zumindest einmal pro Woche oder öfter Sex. Nach der

Studie von Blanchflower und Oswald (2004) wäre das auch die Mindestfrequenz für einen positiven Effekt auf das Glücksgefühl, wobei gilt: je öfter, desto besser. So ist der Effekt bei mindestens viermal Sex pro Woche am stärksten. Die Anzahl der glücksmaximierenden Partner liegt nach der Studie von Blanchflower und Oswald bei einer Person, eine höhere Zahl an Sexualpartnern erhöht das Glücksgefühl nicht.

Muise, Schimmack und Impett (2016) kommen allerdings zu dem Schluss, dass für Sex nicht unbedingt gilt: je mehr (bzw. häufiger), desto besser. So hatte sich bereits in der Studie von Loewenstein, Krishnamurti, Kopsic und McDonald (2015) gezeigt, dass die Aufforderung an eine Versuchsgruppe, ihre Sexfrequenz zu verdoppeln, im Vergleich zu einer Kontrollgruppe, die ihre gewohnte Sexfrequenz beibehielt, nicht zu einem höheren subjektiven Wohlbefinden führte. Muise et al. (2016) gingen davon aus, dass der Druck, mehr Sex zu haben, für Personen, die im Berufsleben stehen oder Kinder aufziehen, auch als Stress empfunden werden und dementsprechend auch das Glücksempfinden verringern kann. In ihrer auf Daten von 25.510 Personen (davon 14.225 Frauen) mit einem Durchschnittsalter von 45 Jahren (die Standardabweichung des Alters lag bei 16,94 Jahren) basierenden Studie zeigte sich ein positiver Zusammenhang zwischen der Häufigkeit von Sex und dem Glückserleben nur für Personen, die sich in einer Partnerschaft befanden. Allerdings galt auch für diese Gruppe, dass der positive Effekt nur bis zu einer Häufigkeit von einmal pro Woche auftritt. Einen Anstieg des Glücks durch noch häufigere sexuelle Betätigung fanden sie nicht (s. Abb. 112).

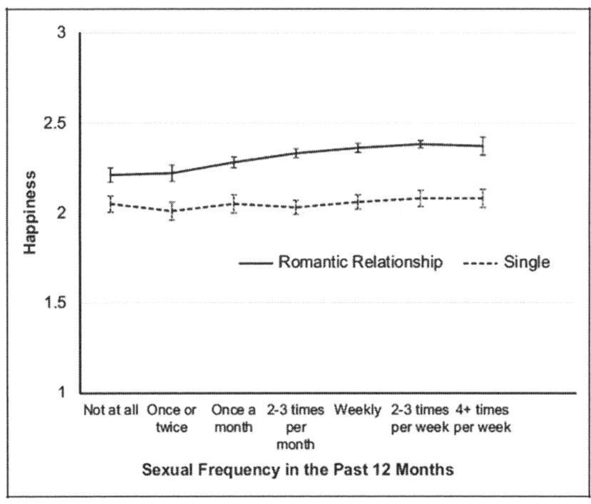

Abbildung 112: Zusammenhang zwischen Sexfrequenz und Glück (aus Muise et al., 2016).

9. Fokussierung auf das Wesentliche: Wir leben in einer Welt der Zerstreuung und Beschleunigung. Kaum nehmen wir uns jemals die Zeit, uns ungestört (ohne z. B. dazwischen zu schauen, ob wir eine neue Handynachricht erhalten haben) einer Sache in der Gegenwart zu widmen. Immer schneller sollen die Entscheidungen fallen, immer mehr wird von einem in einem bestimmten Zeitraum verlangt. Immer mehr Möglichkeiten haben wir. Einen entscheidenden Anteil an der Beschleunigung in unserer Gesellschaft haben technische „Errungenschaften" wie das Internet und das Handy, die eigentlich Zeit sparen sollen, paradoxerweise aber dazu führen, dass wir immer weniger Zeit haben (s. Rosa, 2005).
Wie kann eine Fokussierung auf das Wesentliche gelingen? Das Zauberwort heißt hier Verzicht. Der Verzicht darauf, immer erreichbar zu sein, der Verzicht, in immer kürzerer Zeit immer mehr zu schaffen, der Verzicht auf die Karriere um jeden Preis, der Verzicht darauf, jeden Trend mitmachen zu müssen, der Verzicht darauf, sich durch technische Geräte den Tag organisieren zu lassen, der Verzicht auf Überstunden auf Kosten der Familie usw. – das wären Maßnahmen, die die Konzentration auf die wesentlichen Dinge des Lebens ermöglichen. Man kann es auch Maßhalten nennen. Das Maßhalten in jeglicher Hinsicht (in Bezug auf seine Kräfte, seine Begierden, seine Verfügbarkeit und seine Zeit) wird von philosophischer Seite nicht zufällig von alters her empfohlen: „nicht […] das Maßhalten um seiner selbst willen [ist] erstrebenswert […], sondern weil es der Seele Frieden bringt und ihr durch eine Art von innerer Übereinstimmung mit sich selbst Ausgeglichenheit verschafft" (Epikur, 2010, S. 82, Fragmente zur Ethik, 47).
Zur Fokussierung auf das Wesentliche gehört auch, dass man das, was einem wichtig ist im Leben, nicht auf den „Sankt-Nimmerleins-Tag" verschiebt. Wie oft hört man von jemandem, dass er sich schon so auf das Ende des Studiums, auf die Pension etc. freut, um dann endlich seiner Lieblingsbeschäftigung nachzugehen. Die Dinge, die einem wirklich wichtig sind im Leben, sollte man nicht aufschieben, denn allzu oft kommt man überhaupt nicht mehr dazu, das Aufgeschobene nachzuholen (wegen Krankheit und Tod, aber auch, weil es keine Gelegenheit mehr gibt):

> Überhaupt ist es eine der größten und häufigsten Torheiten, dass man weitläufige Anstalten zum Leben macht, in welcher Art auch immer das geschehe. […] Der Anlass zu diesem häufigen Missgriff ist die unvermeidliche optische Täuschung des geistigen Auges, vermöge welcher das Leben, vom Eingange aus gesehn, endlos, aber wenn man vom Ende der Bahn zurückblickt, sehr kurz erscheint. (Schopenhauer, 1996, S. 491 f.)

10. Sich in Herzensangelegenheiten nicht dreinreden lassen: Von außen betrachtet sind Entscheidungen im Leben eines Menschen oftmals nicht nachvollziehbar, sie scheinen manchmal sogar völlig irrational zu sein. Das Glück eines Menschen ist aber untrennbar mit seiner persönlichen Biographie, seiner Lebenssituation und

seinen Gedanken und Gefühlen verbunden. Wenn z. B. jemand trotz Hochbegabung beschließt, entgegen dem Wunsch seiner Eltern nicht zu studieren und lieber auf einer Alm das Vieh zu hüten, wenn jemand eine Person, die nach Meinung aller Außenstehenden überhaupt nicht zu ihm passt und viel älter ist, heiratet oder wenn jemand sich von alten Erinnerungsstücken nicht trennen kann, obwohl seine Wohnung schon heillos damit überfüllt ist, dann erfüllt so ein Mensch zwar nicht die Erwartungen und Normen seiner Umgebung, aber diese können schlecht der Maßstab für das je eigene gelingende Leben sein. So hat schon der Stoiker Marc Aurel empfohlen, sich in seinen Urteilen nicht zu sehr an anderen Menschen zu orientieren: „Oft wundere ich mich darüber, wie derselbe Mensch, der sich mehr liebt als alle anderen, dennoch seinem eigenen Urteile über sich geringeren Wert beilegt, als dem Urteile anderer" (Marc Aurel, 2016, S. 184, 12. Buch, 4).
In einigen Studien wird über verschiedene Kulturen hinweg ein positiver Zusammenhang zwischen der Gelegenheit für Autonomie bzw. Individualismus und Glück berichtet (Fischer & Boer, 2011), während für kollektive Kulturen auch negative Effekte beobachtet werden: So haben in Japan Personen, die individualistische Werte vertreten, weniger Freunde und geben auch ein geringeres subjektives Wohlbefinden an. Dies gilt sowohl für den privaten als auch beruflichen Kontext (Ogihara & Uchida, 2014).

3.6.4 Glück und Kinder

Die Frage des Glücks durch (Verzicht auf) Kinder wird kontrovers diskutiert. Jedenfalls ist der Wunsch nach Kindern keine Selbstverständlichkeit mehr, auch wenn aus evolutionspsychologischer Sicht das Bedürfnis vorhanden ist, die eigenen Gene weiterzugeben. Der Mensch kann aber nicht auf seine biologische oder evolutionär gegebene Disposition reduziert werden, denn er kann sich zu seinen Bedürfnissen verhalten. Wie wird untersucht, ob Kinder glücklich machen? In einem Überblicksartikel diskutieren Nelson, Kushlev und Lyubomirsky (2014) drei grundlegende Versuchsdesigns zu dieser Frage:

(1) Der Vergleich von Eltern mit Kinderlosen: Dieser führt teilweise zu konträren Resultaten (s. Evenson & Simon, 2005; Nelson et al., 2013). Für beide Gruppen ist davon auszugehen, dass sie sich in ihrem Glück (oder Unglück, je nach Standpunkt) an ihre Situation adaptieren und dass es schwer ist, dauerhaft Unterschiede festzustellen. Tendenziell zeigte sich, dass sehr junge Eltern, Alleinerziehende oder Eltern mit Kindern, die große Probleme haben, unglücklicher sind als Kinderlose, während ansonsten Eltern etwas mehr Glück und Bedeutung in ihrem Leben empfinden als Kinderlose. Innerhalb der Eltern sind Väter oft glücklicher als Mütter (Nelson et al., 2013), vielleicht weil sie eher die positiven Seiten der Elternschaft erleben können und weniger die mit Kindern verstärkt anfallenden Arbeiten im Haushalt übernehmen.

(2) Der Vergleich der Zeit vor der Elternschaft mit der Elternschaft: Unmittelbar nach der Geburt werden hohe Glücksgefühle berichtet. Dann nimmt der erlebte Stress zu und im Verlauf von zwei Jahren gehen die Glückswerte wieder auf die Werte zum Zeitpunkt vor der Geburt zurück.

(3) Der Vergleich von Tätigkeiten mit Kindern und ohne Kinder (Haushalt, Fernsehen etc.): Im Vergleich haben Tätigkeiten mit Kindern einen relativ niedrigen Rang, obwohl die Beschäftigung mit mehr positiven Gefühlen verbunden ist (Kahneman et al., 2004). Negativ wirkt sich aus, dass Eltern es sich meist nicht aussuchen können, welcher Tätigkeit sie nachgehen. Kinder fordern in der Regel vehement ein, dass man sich mit ihnen beschäftigt. Wenn dann die Eltern – einmal tatsächlich vor die Wahl gestellt – gefragt werden, ob sie jetzt – in diesem Moment – lieber ein Buch lesen oder mit den Kindern spielen würden, werden gerade die engagiertesten Eltern das Lesen des Buches im Moment höher bewerten, weil sie sich in den ersten zehn Lebensjahren immer für die Beschäftigung mit dem Kind entscheiden können, aber nicht für die Lektüre eines Buches zu einem beliebigen Zeitpunkt.

Myrskylä und Margolis (2014) fanden heraus, dass ältere Eltern (die das erste Kind im Alter von 35 bis 49 Jahren bekamen) vor der Geburt am glücklichsten waren und nach einem kleinen Einbruch auch in der Zeit danach, während junge Eltern (18 bis 22 Jahre bei der Geburt des ersten Kindes) am wenigsten glücklich waren. Der Kinderwunsch scheint hier die entscheidende Rolle zu spielen. Junge Eltern können davon ausgehen, dass sie später noch immer Kinder bekommen können, während es sich bei den älteren Eltern höchstwahrscheinlich um Wunschkinder handelt. Ab dem zweiten Kind zeigen die Daten der Studie keinen Zuwachs an Glück mehr auf.

Als Vater von drei Kindern darf ich bemerken: Studien zum Glück mit Kindern sind eine Sache. Wenn man mit Eltern spricht oder selbst Kinder bekommt, wird man merken, dass eigentlich nur Eltern ermessen können, was man an Kindern hat bzw. haben kann (wenn man sich aktiv um sie bemüht) und in welcher Art und Weise sie das Leben in vielfältigster Hinsicht bereichern (und belasten). Der Sinn und das Glück einer solchen Erfahrung ist unhintergehbar (muss also selbst erlebt werden!) und kann m. E. durch noch so viele wissenschaftliche Untersuchungen nur unzureichend erfasst werden.

3.6.5 Kritik an der Positiven Psychologie

So spannend die Ergebnisse der Positiven Psychologie im Einzelnen auch sein mögen, so häufen sich in den letzten Jahren doch zunehmend kritische Stimmen.

Christopher und Hickinbottom (2008) kritisieren, dass sich die Positive Psychologie einseitig an westlichen, individualistischen und liberalen Kulturen orientiert (die allerdings nur 30 % der Weltbevölkerung umfassen). In diesen Kulturen geht es um Glücksmaximierung aus Sicht des Individuums. Das Leben ist dann optimiert, wenn

Erfolg und positive Gefühle vorherrschen. Das soll man möglichst auch nach außen ausstrahlen. Lächeln, lächeln, lächeln – so lautet das Motto. Allerdings gibt es durchaus Kulturen, in denen negative Emotionen (wie z.B. Selbstkritik) durchaus positiv bewertet werden. Die Bedeutungen von Emotionen in verschiedenen Kulturen sind zu unterschiedlich, als dass sie sich so leicht dekontextualisieren ließen. Von daher scheint es illusorisch, universale, für alle Kulturen gültige Glücksstrategien zu entwickeln, denn die zugrunde liegenden Wert- und Moralvorstellungen sind einfach zu unterschiedlich. Gutes Leben ist z.B. nicht in allen Kulturen mit emotionaler Zufriedenheit gleichzusetzen. Ein gutes Leben kann auch bedeuten, dass man versucht, seine Pflicht zu erfüllen und sich für die Familie aufzuopfern (auch wenn es Angehörigen der westlichen Kultur widerstreben mag, das anzuerkennen). Selbst innerhalb einer Kultur spielt der Kontext oft eine entscheidende Rolle. Zum Beispiel kann die Bereitschaft zu verzeihen, wie erwähnt, positive Auswirkungen haben, sie kann aber auch dazu führen, dass Menschen z.B. in einer gewaltvollen Beziehung bleiben, unter der sie nur leiden (McNulty & Fincham, 2012).

Die einseitige Orientierung der Positiven Psychologie am Optimismus steht ebenfalls in der Kritik. Martin Seligman setzt Pessimismus einfach mit seinem Konzept der erlernten Hilflosigkeit gleich. Nach der Theorie der erlernten Hilflosigkeit werden wir traurig und antriebslos, wenn wir keine Kontrolle mehr über die Ergebnisse unserer Handlungen haben (das heißt, wenn unsere Bemühungen nicht von Erfolg gekrönt sind). Diese Gleichsetzung ist allerdings zu hinterfragen. Pessimismus muss man nicht nur – wie Seligman dies tut – mit Antriebslosigkeit, Hoffnungslosigkeit und Hemmungen assoziieren. Pessimistisches Denken könnte man auch mit „positiveren" Attributen wie Realismus, berechtigter Kritik und Voraussicht assoziieren.

Für einige Autoren ist die Kernbotschaft der Positiven Psychologie letztlich auch eine politische Botschaft, nämlich die im Dienste der neoliberalen Ideologie formulierte Einsicht, dass glückliche Menschen einfach leistungsfähiger sind (Cabanas, 2018). Sie erfüllen eher die ihnen zugedachte Funktion am Arbeitsmarkt. Kein Wunder, dass Seminare der Positiven Psychologie besonders im Managementbereich der Privatwirtschaft boomen.

Ein zweiter Strang der Kritik setzt daran an, dass die Erkenntnisse der Positiven Psychologie häufig trivial und tautologisch sind (s. Perez-Alvarez, 2016). Wenn in einer Studie herausgefunden wird, dass optimistische Personen aktiver sind, handelt es sich dabei mitnichten um eine spannende Erkenntnis. Vielmehr ist das eigentlich von vornherein (a priori) klar. Dazu hätte man die aufwendige Erhebung überhaupt nicht gebraucht. Wer würde denn im Alltag davon ausgehen, dass pessimistische Menschen aktiver sind als optimistische? Dass glückliche Menschen unterhaltsamer, gesprächiger, initiativer oder interaktiver sind, ist keine empirische Erkenntnis, sondern steckt schon im Begriff des Glücklichseins.

4 Literatur

Adelson, E. H. (2000). Lightness perception and lightness illusions. In M. Gazzaniga (Ed.), *The New Cognitive Neurosciences (pp. 339–351)*. Cambridge, MA: MIT Press.

Aristoteles (2011). *Über die Seele*. Stuttgart: Reclam.

Aristoteles (2008). *Nikomachische Ethik*. Stuttgart: Rowohlt.

Arnold, M. B. (1960). *Emotion and personality (Vols. 1 & 2)*. New York: Columbia University Press.

Aronson, E., Wilson, T. & Akert, R. (2008). *Sozialpsychologie*. München: Pearson.

Bar, M. (2003). A cortical mechanism for triggering top-down facilitation in visual object-recognition. *Journal of Cognitive Neurosciences, 15*, 600–609.

Bargh, J. A., Chen, M. & Burrows, L. (1996). Automaticity of social behavior: Direct effects of trait construct and stereotype activation on action. *Journal of Personality and Social Psychology, 71*, 230–244.

Barnhart, A. S. (2010). The exploitation of Gestalt principles by magicians. *Perception, 39*, 1286–1289.

Barnhart, A. S. & Goldinger, S. D. (2014). Blinded by magic: Eye-movements reveal the misdirection of attention. *Frontiers in Psychology, 5*, 1461.

Baron-Cohen, S., Wheelwright, S., Hill, J., Raste, Y. & Plumb, I. (2001). The „reading the mind in the eyes" test revised version: A study with normal adults, and adults with Asperger syndrome or high-functioning autism. *Journal of Child Psychology and Psychiatry, 42*, 241–251.

Baron-Cohen, S., Bowen, D. C., Holt, R. J., Allison, C., Auyeung, B., Lombardo, M. V., Smith, P. & Lai, M.-C. (2015). The „reading the mind in the eyes" test: Complete absence of typical sex difference in ~400 men and women with autism. *Plos One, http://dx.doi.org/10.1371/journal.pone.0136521.*

Bauer, E. (1999). Parapsychologie. In H. E. Lück & R. Miller (Hrsg.), *Illustrierte Geschichte der Psychologie (S. 295–300)*. Weinheim: Psychologie Verlags Union.

Bear, M. F., Connors, B. W. & Paradiso, M. A. (2007). *Neuroscience: Exploring the brain*. Baltimore: Lippincott Williams & Wilkins.

Beloff, J. (1993). *Parapsychology: A concise history*. London: The Athlone Press.

Bem, D. J. (2011). Feeling the future: Experimental evidence for anomalous retroactive influences on cognition and affect. *Journal of Personality and Social Psychology, 100*, 407–425.

Bem, D. J. & Honorton, Ch. (1994). Does *Psi* exist? Replicable evidence for an anomolous process of information transfer. *Psychological Bulletin, 115*, 4–18.

Bendixen, M., Kennair, L. E. O. & Buss, D. M. (2015). Jealousy: Evidence of strong sex differences using both forced choice and continuous measure paradigms. *Personality and Individual Differences, 86*, 212–216.

Benetka, G. (2002). *Denkstile der Psychologie*. Wien: WUV.

Bertelsmann Stiftung (2008). *„Glück, Freude, Wohlbefinden – welche Rolle spielt das Lernen?" Ergebnisse einer Befragung unter Erwachsenen in Deutschland*. Gütersloh: Bertelsmann Stiftung.

Bierman, D. J., Spottiswoode, J. P. & Bijl, A. (2016). Testing for questionable research practices in a metaanalysis: An example from experimental parapsychology. *Plos One, http://dx.doi.org/10.1371/journal.pone.0153049.*

Biswas-Diener, R. & Diener, E. (2001). Making the best of a bad situation: Satisfaction in the slums of Calcutta. *Social Indicators Research, 55,* 329–352.

Biswas-Diener, R., Vitterso, J. & Diener, E. (2005). Most people are pretty happy, but there is cultural variation: The Inughiti, the Amish, and the Massai. *Journal of Happiness Studies, 6,* 205–226.

Blanchflower, D. G. & Oswald, A. J. (2004). Money, sex, and happiness: An empirical study. *Scandinavian Journal of Economics, 106,* 393–415.

Bonneh, Y. S., Cooperman, A. & Sagi, D. (2001). Motion-induced blindness in normal observers. *Nature, 411,* 798–801.

Bono, G. & McCullough, M. E. (2006). Positive responses to benefit and harm: Bringing forgiveness and gratitude into Cognitive Psychotherapy. *Journal of Cognitive Psychotherapy: An International Quarterly, 20,* 147–158.

Bourne, L. E. & Ekstrand, B. R. (2005). *Einführung in die Psychologie.* Magdeburg: Klotz.

Boyce, C. J., Brown, G. D. & Moore, S. C. (2010). Money and happiness: Rank of income, not income, affects life satisfaction. *Psychological Science, 21,* 471–475.

Brickman, P., Coates, D. & Janoff-Bultman, R. (1978). Lottery winners and accident victims: Is happiness relative? *Journal of Personality and Social Psychology, 36,* 917–927.

Bruner, J. (1997). *Sinn, Kultur und Ich-Identität. Zur Kulturpsychologie des Sinns.* Heidelberg: Carl-Auer.

Bucher, A. A. (2009). *Psychologie des Glücks. Ein Handbuch.* Weinheim: Beltz.

Bühner, M. & Ziegler, M. (2009). *Statistik für Psychologen und Sozialwissenschaftler.* München: Pearson Studium.

Buss, D. M. (2013). Sexual jealousy. *Psychological Topics, 22,* 155–182.

Buss, D. M., Larsen, R. J., Westen, D. & Semmelroth, J. (1992). Sex differences in jealousy: Evolution, physiology, and psychology. *Psychological Science, 3,* 251–255.

Buss, D. M., Shakelford, T. K., Kirkpatrick, L. A., Choe, J. C., Lim, H. K., Hasegawa, M. et al. (1999). Jealousy and the nature of beliefs about infidelity: Tests of competing hypotheses about sex differences in the United States, Korea, and Japan. *Personal Relationships, 6,* 125–150.

Cabanas, E. (2018). Positive Psychology and the legitimation of individualism. *Theory & Psychology, 28,* 3–19.

Cacioppo, J. T., Berntson, G. G., Larsen, J. T., Poehlmann, K. M. & Ito, T. A. (2000). The psychophysiology of emotion. In M. Lewis & R. J. M. Haviland-Jones (Eds.), *The handbook of emotions (2nd ed.; pp. 173–191).* New York: Guilford Press.

Cacioppo, J. T., Priester, J. R. & Berntson, G. G. (1993). Rudimentary determinants of attitudes II: Arm flexion and extension have differential effects on attitudes. *Journal of Personality and Social Psychology, 65,* 5–17.

Camras, I. A. (1977). Facial expressions of children in a conflict situation. *Child Development, 48,* 1431–1435.

Cannon, W. B. (1927). The James-Lange-Theory of emotion: A critical examination and an alternative theory. *American Journal of Psychology, 39,* 106–124.

Cantor, J. R., Zillmann, D. & Bryant, J. (1975). Enhancement of experienced sexual arousal in response to erotic stimuli through misattribution of unrelated excitation. *Journal of Personality and Social Psychology, 32,* 69–75.

Castro, M., Burrows, R. & Wooffitt, R. (2014). The paranormal is (still) normal: The sociological implications of a survey of paranormal experiences in Great Britain. *Sociological Research Online, 19,* 16.

Chamorro-Premuzic, T., Bennett, E. & Furnham, A. (2007). The happy personality: Mediational role of trait emotional intelligence. *Personality and Individual Differences, 42,* 1633–1639.

Cohen, J. (1988). *Statistical Power Analysis for the Behavioral Sciences.* New York: Lawrence Erlbaum Associates.

Christopher, J. C. & Hickinbottom, S. (2008). Positive Psychology, ethnocentrism, and the disguised ideology of individualism. *Theory & Psychology, 18,* 563–589.

Crick, F. (1994). *Was die Seele wirklich ist. Die naturwissenschaftliche Erforschung des Bewusstseins.* München: Artemis und Winkler.

Csikszentmihalyi, M. (2000). Happiness, flow, and economic equality. *American Psychologist, 55,* 1163–1164.

Csikszentmihalyi, M. & Hunter, J. (2003). Happiness in everyday life: The uses of experience sampling. *Journal of Happiness Studies, 4,* 185–199.

Cui, J., Otero-Millan, J., Macknik, S. L., King, M. & Martinez-Conde, S. (2011). Social misdirection fails to enhance a magic illusion. *Frontiers in Human Neuroscience, 5,* 103.

Damasio, A. (2000). *Ich fühle, also bin ich. Die Entschlüsselung des Bewusstseins.* München: List.

DeLucia, P. R. & Hochberg, J. (1991). Geometrical illusions in solid objects under ordinary viewing conditions. *Perception and Psychophysics, 50,* 547–554.

Dennett, D. (1971). Intentional systems. *Journal of Philosophy, 68,* 87–106.

Diener, E., Horwitz, J. & Emmons, R. A. (1985). Happiness of the very wealthy. *Social Indicators Research, 16,* 263–274.

Diener, E., Ng, W., Harter, J. & Arora, R. (2010). Wealth and happiness across the world: Material prosperity predicts life evaluation, whereas psychosocial prosperity predicts positive feeling. *Journal of Personality and Social Psychology, 99,* 52–61.

Diener, E. & Seligman, M. E. P. (2002). Very happy people. *Psychological Science, 13,* 81–84.

Dijksterhuis, A., Spears, R., Postmes, T., Stapel, D. A., Koomen, W. & Scheepers, D. (1998). Seeing one thing and another: Contrast effects in automatic behavior. *Journal of Personality and Social Psychology, 75,* 862–871.

Dilthey, W. (1894/1994). Ideen über eine beschreibende und zergliedernde Psychologie. In: Gesammelte Schriften, Band 5: *Die geistige Welt. Die Einleitung in die Philosophie des Lebens.* Göttingen: Vandenhoeck und Ruprecht.

Dorsch, F. (2009). *Die Natur der Farben.* Heusenstamm: Ontos.

Doyen, S., Klein, O., Pichon, C.-L. & Cleeremans, A. (2012). Behavioral priming: It's all in the mind, but whose mind? *Plos One, http://dx.doi.org/10.1371/journal.pone.0029081.*

Dunn, E. W., Aknin, L. B. & Norton, M. I. (2008). Spending money on others promotes happiness. *Science, 319,* 1687–1688.

Dutton, D. G. & Aron, A. P. (1974). Some evidence of heightened sexual attraction under conditions of high anxiety. *Journal of Personality and Social Psychology, 30,* 510–517.

Easterlin, R. A. (1974). Does economic growth improve the human lot? In P. A. David & M. W. Reder (Eds.), *Nations and households in economic growth: Essays in honor of Moses Abramovitz (pp. 89–125).* New York: Academic Press.

Easterlin, R. A., Angelescu, M., Switek, M., Sawangfa, O. & Smith Zweig, J. (2010). The happiness-income paradox revisited. *Proceedings of the National Academy of Sciences, 28,* 22463–22468.

Ekman, P. (1980). *The face of man: Expressions of universal emotions in a New Guinea village.* New York: Garland STPM Press.

Ekman, P. (1999). Basic emotions. In T. Dalgleish & M. Power (Eds.), *Handbook of Cognition and Emotion (pp. 45–60).* New Jersey: John Wiley.

Ekman, P. & Friesen, W. V. (1971). Constants across cultures in the face and emotion. *Journal of Personality and Social Psychology, 17,* 124–129.

Ekman, P. & Friesen, W. V. (1978). *Facial Action Coding System.* Palo Alto: Consulting Psychologists Press.

Ekman, P., Friesen, W. V. & Ellsworth, P. (1982). What emotion categories or dimensions can observers judge from facial behavior? In P. Ekman (Ed.), *Emotion in the human face (pp. 39–55).* New York: Cambridge University Press.

Ekman, P., Sorenson, E. R. & Friesen, W. V. (1969). Pancultural elements in facial displays of emotion. *Science, 164,* 86–88.

Epikur (2010). *Wege zum Glück.* Mannheim: Artemis & Winkler.

Evenson, R. J. & Simon, R. W. (2005). Clarifying the relationship between parenthood and depression. *Journal of Health and Social Behavior, 46,* 341–358.

Fazio, R. H., Chen, J., McDonel, E. & Sherman, S. J. (1982). Attitude accessibility, attitude-behavior consistency, and the strength of the object-evaluation association. *Journal of Experimental Social Psychology, 18,* 339–357.

Fazio, R. H., Sanbonmatsu, D. M., Powell, M. C. & Kardes, F. R. (1986). On the automatic activation of attitudes. *Journal of Personality and Social Psychology, 50,* 229–238.

Fechner, G. T. (1858). Das psychische Maß. *Zeitschrift für Philosophie und philosophische Kritik, 32,* 1–24.

Fechner, G. T. (1860). *Elemente der Psychophysik.* Hamburg: Tredition Classics.

Fischer, R. & Boer, D. (2011). What is more important for national well-being: Money or autonomy? A meta analysis of well-being, burnout, and anxiety across 62 societies. *Journal of Personality and Social Psychology, 101,* 164–184.

Florack, A. (2000). *Umgang mit fremden Kulturen. Eine sozialpsychologische Perspektive.* Wiesbaden: Springer Fachmedien.

Forgas, J. P., Bower, H. G. & Moylan, S. (1990). Praise or blame? Affective influences on the attributions for achievement. *Journal of Personality and Social Psychology, 59,* 809–819.

Freistetter, F. (2015). *Wie weit kann man eine Kerze mit freiem Auge noch sehen?* Online-Information, verfügbar unter https://scienceblogs.de/astrodicticum-simplex/2015/08/18/wie-weit-kann-man-eine-kerze-mit-freiem-auge-noch-sehen/ am 22.9.2021.

Fuchs, T. (2013). *Das Gehirn – ein Beziehungsorgan. Eine phänomenologisch-ökologische Konzeption.* Stuttgart: Kohlhammer.

Fuchs, T. (2014). Verkörperte Emotionen. Wie Gefühl und Leib zusammenhängen. *Psychologische Medizin, 25,* 13–20.

Fuchs, T. & Koch, S. (2014). Embodied affectivity: On moving and being moved. *Frontiers in Psychology, 5,* 508.

Funder, D. C. (1987). Errors and mistakes: Evaluating the accuracy of social judgment. *Psychological Bulletin, 101*, 75–90.

Gehring, P. (2004). Es blinkt, es denkt. Die bildgebenden und die weltbildgebenden Verfahren der Neurowissenschaft. *Philosophische Rundschau, 51*, 273–293.

Gerrig, R. J. (2015). *Psychologie.* Hallbergmoos: Pearson.

Gibson, J. J. (1951). What is a form? *Psychological Review, 58*, 403–412.

Gibson, J. J. (1966). *The senses considered as perceptual systems.* Boston: Houghton Mifflin.

Girden, E. (1962). A review of psychokinesis (PK). *Psychological Bulletin, 59*, 353–388.

Gölz, W. (1970). *Dasein und Raum. Philosophische Untersuchungen zum Verhältnis von Raumerlebnis, Raumtheorie und gelebtem Raum.* Tübingen: Max Niemeyer.

Goldstein, E. B. (2008). *Wahrnehmungspsychologie. Der Grundkurs.* Berlin: Springer.

Goldstein, E. B. (2010). *Sensation and perception* (8th ed.). Belmont: Wadsworth.

Goodale, M. A. & Milner, A. D. (1992). Separate visual pathways for perception and action. *Trends in Neuroscience, 15*, 97–112.

Gray, J. A. (1982). The neuropsychology of anxiety – an inquiry into the functions of the septo-hippocampal system. *Behavioral and Brain Science, 5*, 469–484.

Green, D. M. & Swets, J. A. (1966). *Signal detection theory and psychophysics.* New York: Robert E. Krieger.

Greenwald, A. G., McGhee, D. E. & Schwartz, J. L. (1998). Measuring individual differences in implicit cognition: The implicit association test. *Journal of Personality and Social Psychology, 74*, 1464–1480.

Gregory, R. L. (1966). *Eye and brain.* New York: McGraw-Hill.

Grice, P. (1989). *Studies in the way of words.* Cambridge/MA: Harvard University Press.

Gruber, E. R. (1998). *Die Psi-Protokolle. Das geheime CIA-Forschungsprogramm und die revolutionären Erkenntnisse der neuen Parapsychologie.* München: Langen Müller.

Guttmann, G. (Hrsg.) (1992). *Allgemeine Psychologie. Experimentalpsychologische Grundlagen.* Wien: WUV.

Hagendorf, H., Krummenacher, J., Müller, H.-J. & Schubert, T. (2011). *Wahrnehmung und Aufmerksamkeit. Allgemeine Psychologie für Bachelor.* Berlin: Springer.

Hayes, N. & Joseph, S. (2003). Big 5 correlates of three measures of subjective well-being. *Personality and Individual Differences, 34*, 723–727.

Heidegger, M. (1957). *Der Satz vom Grund.* Pfullingen: Neske.

Heidegger, M. (1927/2006). *Sein und Zeit.* Tübingen: Max Niemeyer.

Helmholtz, H. (1879/1959). *Die Tatsachen in der Wahrnehmung.* Darmstadt: Wissenschaftliche Buchgesellschaft.

Henrich, J., Heine, S. J. & Norenzayan, A. (2010). The weirdest people in the world? *Behavioral and Brain Sciences, 32*, 1–23.

Hergovich, A. (2005). *Der Glaube an Psi. Die Psychologie der paranormalen Überzeugungen.* Bern: Huber.

Hergovich, A. (2016). Zum Verhältnis von Lebenswelt und Wissenschaft. Eine späte Erwiderung auf Ansgar Beckermann. *Deutsche Zeitschrift für Philosophie, 64*, 20–44.

Hergovich, A., Gröbl, K. & Carbon, C.-C. (2011). The paddle move commonly used in magic tricks as a means for analyzing the perceptual limits of combined motion trajectories. *Perception, 40*, 358–366.

Hergovich, A. & Oberfichtner, B. (2016). Magic and misdirection: The influence of social cues on the allocation of visual attention while watching a cups and balls routine. *Frontiers in Psychology, 7,* 761.

Herkner, W. (1992). *Psychologie*. Berlin: Springer.

Hesse, H. (1973). *Glück*. Frankfurt am Main: Suhrkamp.

Higgins, E. T., Rholes, W. S. & Jones, C. R. (1977). Category accessibility and impression formation. *Journal of Experimental Social Psychology, 13,* 141–154.

Hill, H. & Bruce, V. (1993). Independent effects of lighting, orientation, and stereopsis on the hollow-face illusion. *Perception, 22,* 887–897.

Hill, H. & Johnston, A. (2007). The hollow-face illusion: Object-specific knowledge, general assumptions, or properties of the stimulus. *Perception, 36,* 99–123.

Hohmann, G. W. (1966). Some effects of spinal cord lesions on experienced emotional feelings. *Psychophysiology, 3,* 153–156.

Holway, A. H. & Boring, E. G. (1941). Determinants of apparent visual size with distance variant. *American Journal of Psychology, 54,* 21–37.

Honorton, C. (1985). Meta-analysis of psi ganzfeld research: A response to Hyman. *Journal of Parapsychology, 49,* 51–91.

Hurvich, L. M. & Jameson, D. (1957). An opponent process theory of color vision. *Psychological Review, 64,* 384–404.

Hyman, R. (1985). The ganzfeld psi experiment: A critical appraisal. *Journal of Parapsychology, 49,* 3–49.

Hyman, R. (1994). Anomaly or artifact? Comments on Bem and Honorton. *Psychological Bulletin, 115,* 19–24.

Hyman, R. (2010). Meta-analysis that conceals more than it reveals: Comment on Storm et al. (2010). *Psychological Bulletin, 136,* 486–490.

Hyman, R. & Honorton, C. (1986). A joint communiqué: The psi ganzfeld controversy. *Journal of Parapsychology, 50,* 351–364.

Iso-Ahola, S. E. (2017). Reproducibility in psychological science: When do psychological phenomena exist? *Frontiers in Psychology, 8,* 879.

Izard, C. E. (1977). *Human emotions*. New York: Plenum Press.

James, W. (1884). What is an emotion? *Mind, 9,* 188–205.

Janich, P. (2000). Szientismus und Naturalismus. Irrwege der Naturwissenschaft als philosophisches Programm. In G. Keil & H. Schnädelbach (Hrsg.), *Naturalismus (S. 289–309).* Frankfurt am Main: Suhrkamp.

Julesz, B. (1971). *Foundations of cyclopean perception*. Chicago: University of Chicago Press.

Kahneman, D. & Deaton, A. (2010). High income improves evaluation of life but not emotional well-being. *Proceedings of the National Academy of Sciences of the United States of America, 21,* 16489–16493.

Kahneman, D., Krueger, A. B., Schkade, D. A., Schwarz, N. & Stone, A. A. (2004). A survey method for characterizing daily life experience: The day reconstruction method. *Science, 306,* 1776–1780.

Kant, I. (1790/1974). *Kritik der Urteilskraft*. Frankfurt am Main: Suhrkamp.

Kayahara, N. (2003). *Silhouette-Illusion*. Online-Information, verfügbar unter http://www.procreo.jp/labo/labo13.html am 28.6.2017.

Keil, G. (2003). Über den Homunkulus-Fehlschluss. *Zeitschrift für philosophische Forschung, 57*, 1–26.

Kennedy, J. L. (1939). A methodological review of extra-sensory perception. *Psychological Bulletin, 36*, 59–103.

Kirkcaldy, P., Siefen, G. & Furnham, A. (2003). Gender, anxiety-depressivity and self-image among adolescents. *European Psychiatry, 18*, 50–58.

Kleinginna, P. R. jr. & Kleinginna, A. M. (1981). A categorized list of emotion definitions, with suggestions for a consensual definition. *Motivation and Emotion, 5*, 345–379.

Kohler, I. (1955). *Theodor Erismann und die Innsbrucker Brillenversuche. Ideen aus Österreich, Notring Almanach (Bd. 2)*. Wien: Notring der Wissenschaftlichen Verbände Österreichs.

Kriz, J., Lück, H. E. & Heidbrink, H. (1990). *Wissenschafts- und Erkenntnistheorie*. Wiesbaden: Springer Fachmedien.

Kuhn, G., Amlani, A. A. & Rensink, R. A. (2008). Towards a science of magic. *Trends in Cognitive Sciences, 12*, 349–354.

Kuhn, G. & Findlay, J. M. (2010). Misdirection, attention and awareness: Inattentional blindness reveals temporal relationship between eye movements and visual awareness. *The Quarterly Journal of Experimental Psychology, 63*, 136–146.

Kuhn, G. & Land, M. F. (2006). There's more to magic than meets the eye. *Current Biology, 16*, 950–951.

Kuhn, G. & Tatler, B. W. (2005). Magic and fixation: Now you don't see, how you do. *Perception, 34*, 1155–1161.

Kuhn, G., Tatler, B. W. & Cole, G. G. (2009). You look where I look! Effect of gaze cues on overt and covert attention in misdirection. *Visual Cognition, 17*, 925–944.

LaFrance, M., Hecht, M. A. & Paluck, E. L. (2003). The contingent smile: A meta-analysis of sex differences in smiling. *Psychological Bulletin, 129*, 305–334.

Laird, J.-D. & Lacasse, K. (2014). Bodily influences on emotional feelings: Accumulating evidence and extensions of William Jame's theory of emotion. *Emotion Review, 6*, 27–34.

Lange, C. (1887/2013). *Über Gemütsbewegungen. Eine psycho-physiologische Studie*. Bremen: University Press.

Leibniz, G. W. (1714/1998). *Monadologie*. Stuttgart: Reclam.

Levine, L. J. & Edelstein, R. S. (2009). Emotion and memory narrowing: A review and goal-relevance approach. *Cognition and Emotion, 23*, 833–875.

Lichtenstein, S., Slovic, P., Fishhoff, B., Layman, M. & Combs, B. (1978). Judged frequency of lethal events. *Journal of Experimental Psychology: Human Learning and Memory, 4*, 551–578.

Liessmann, K. P. (2012). *Lob der Grenze. Kritik der politischen Unterscheidungskraft*. Wien: Zsolnay.

Linden, D. E., Kallenbach, U., Heinecke, A., Singer, W. & Goebel, R. (1999). The myth of upright vision. A psychophysical and functional imaging study of adaptation to inverting spectacles. *Perception, 28*, 469–481.

Linschoten, J. (1956). *Strukturanalyse der binokularen Tiefenwahrnehmung*. Groningen: Wolters.

Locke, J. (1690/2000). *Versuch über den menschlichen Verstand. Band I: Buch I und II.* Hamburg: Meiner.

Loewenstein, G., Krishnamurti, T., Kopsic, J. & McDonald, D. (2015). Does increased sexual frequency enhance happiness? *Journal of Economic Behavior & Organization, 116,* 206–218.

Long, G. M. & Toppino, T. C. (2004). Enduring interest in perceptual ambiguity: Alternating views of reversible figures. *Psychological Bulletin, 130,* 748–768.

Lynott, D., Corker, K. S., Wortman, J., Connell, L., Donnellan, M. B., Lucas, R. E. & O'Brien, K. (2014). Replication of ‚Experiencing physical warmth promotes interpersonal warmth' by Williams and Bargh (2008). *Social Psychology, 45,* 216–222.

Lyubomirsky, S., Sheldon, K. M. & Schkade, D. (2005). Pursuing happiness: The architecture of sustainable change. *Review of General Psychology, 9,* 111–131.

Mack, W. (2007). Braucht die Wissenschaft der Psychologie den Begriff der Seele? *e-journal Philosophie der Psychologie,* 7, http://www.phps.at/index7.htm am 22.11.2021.

MacKerron, G. & Mourato, S. (2013). Happiness is greater in natural environments. *Global Environmental Change, 23,* 992–1000.

MacLean, P. D. (1952). Some psychiatric implications of physiological studies on frontotemporal portion of limbic system (visceral brain). *Electroencephalography & Clinical Neurophysiology, 4,* 407–418.

Marañón, G. (1924). Contribution à l'étude de l'action émotive de l'adrenaline. *Revue Francaise d'Endocrinologie, 2,* 301–325.

Marc Aurel (2016). *Wege zu sich selbst.* München: C. H. Beck.

Marr, D. (1982). *Vision.* Freeman: San Francisco.

Marshall, G. D. & Zimbardo, P. G. (1979). Affective consequences of inadequately explained arousal. *Journal of Personality and Social Psychology, 37,* 970–988.

Maslach, C. (1979). Negative emotional biasing of unexplained arousal. *Journal of Personality and Social Psychology, 37,* 953–969.

Matsumoto, D. & Ekman, P. (1989). American-Japanese cultural differences in intensity ratings of facial expressions of emotion. *Motivation and Emotion, 13,* 143–157.

Matsumoto, D. & Juang, L. (2007). *Culture and psychology.* Belmont: Wadsworth.

Mausfeld, R. (2001). Allgemeine Sinnesphysiologie. In J. Dudel, R. Menzel & R. F. Schmidt (Hrsg.), *Neurobiologie. Vom Molekül zur Kognition (S. 279–295).* Heidelberg: Springer.

Mausfeld, R. (2005). Vom Sinn in den Sinnen. Wie kann ein biologisches System Bedeutung generieren? In N. Elsner & G. Lüer (Hrsg.), *„... sind eben alles Menschen – Verhalten zwischen Zwang, Freiheit und Verantwortung" (S. 47–79).* Göttingen: Wallstein.

Mausfeld, R. (2007). Zur Natur der Farbe. Die Organisationsweise von „Farbe" im Wahrnehmungssystem. In J. Steinbrenner & S. Glaser (Hrsg.), *Farben – Betrachtungen aus Philosophie und Naturwissenschaft (S. 352–361).* Frankfurt am Main: Suhrkamp.

Mausfeld, R. (2010). Psychologie, Biologie, kognitive Neurowissenschaften. Zur gegenwärtigen Dominanz neuroreduktionistischer Positionen und zu ihren stillschweigenden Grundannahmen. *Psychologische Rundschau, 61,* 180–190.

Mausfeld, R. (2012). Der Schein des Realen. Die empiristische Fehlkonzeption der Wahrnehmung und das Wahrnehmungsattribut „phänomenal real". In S. Kluck & S. Volke (Hrsg.), *Näher dran? Zur Phänomenologie des Wahrnehmens (S. 192–219).* Freiburg: Alber.

Mausfeld, R. (2013). Zur Phänomenologie und internen Semantik der Wahrnehmungsattribute ‚phänomenal real' und ‚phänomenal unreal'. In K. Mertens & I. Günzler (Hrsg.), *Wahrnehmen, Fühlen, Handeln. Phänomenologie im Wettstreit der Methoden (S. 31–53)*. Münster: Mentis.

McKee, S. P. & Taylor, D. G. (2010). The precision of binocular and monocular depth judgments in natural settings. *Journal of Vision, 10*, 1–13.

McNulty, J. K. & Fincham, F. D. (2012). Beyond Positive Psychology? Toward a contextual view of psychological processes and well-being. *American Psychologist, 67*, 101–110.

Merleau-Ponty, M. (1945/1966). *Phänomenologie der Wahrnehmung*. Berlin: Walter de Gruyter.

Metzger, W. (1930). Optische Untersuchungen am Ganzfeld. II. Mitteilung: Zur Phänomenologie des homogenen Ganzfelds. *Psychologische Forschung, 13*, 6–29.

Metzinger, T. (2009). *Der Ego-Tunnel. Eine neue Philosophie des Selbst: Von der Hirnforschung zur Bewusstseinsethik*. Berlin: Berlin-Verlag.

Milton, J. & Wiseman, R. (1999). Does *Psi* exist? Lack of replication of an anomalous process of information transfer. *Psychological Bulletin, 125*, 387–391.

Moguillansky, C. V., O'Regan, J. K. & Petitmengin, C. (2013). Exploring the subjective experience of the „rubber hand" illusion. *Frontiers in Human Neuroscience, 7*, 659.

Müller, J. (1826). *Die vergleichende Physiologie des Gesichtssinns des Menschen und der Tiere*. Leipzig: Cnoblauch.

Muise, A., Schimmack, U. & Impett, E. A. (2016). Sexual frequency predicts greater well-being, but more is not always better. *Social Psychological and Personality Science, 7*, 295–302.

Mutschler, H.-D. (2002). *Naturphilosophie*. Stuttgart: Kohlhammer.

Myers, D. G. (2008). *Psychologie*. Heidelberg: Springer.

Myrskylä, M. & Margolis, R. (2014). Happiness: Before and after the kids. *Demography, 51*, 1843–1866.

Nareiis, L. & Mausfeld, R. (1992). On the relationship of the psychological and the physical in psychophysics. *Psychological Review, 99*, 467–479.

Nelson, K., Kushlev, K. & Lyubomirsky, S. (2014). The pains and pleasures of parenting: When, why, and how is parenthood associated with more or less well-being? *Psychological Bulletin, 140*, 846–895.

Nelson, K., Kushlev, K., English, T., Dunn, E. W. & Lyubomirsky, S. (2013). In defense of parenthood: Children are associated with more joy than misery. *Psychological Science, 24*, 3–10.

Noah, T., Schul, Y. & Mayo, R. (2018). When both the original study und its failed replication are correct: Feeling observed eliminates the facial-feedback effect. *Journal of Personality and Social Psychology, 114*, 657–664.

Noe, A. (2011). *Du bist nicht dein Gehirn. Eine radikale Philosophie des Bewusstseins*. München: Piper.

Oatley, K. & Johnson-Laird, P. N. (1987). Towards a cognitive theory of emotions. *Cognition & Emotion, 1*, 29–50.

Oehler, R. (1987). Wer seinen Augen traut. *Geo Wissen, 1*, 75–89.

Ogihara, Y. & Uchida, Y. (2014). Does individualism bring happiness? Negative effects of individualism on interpersonal relationships and happiness. *Frontiers in Psychology, 5*, 135.

O'Regan, J. K. & Noe, A. (2001). A sensorimotor account of vision and visual consciousness. *Behavioral and Brain Sciences, 24*, 939–973.

Packard, V. (1976). *Die geheimen Verführer*. Berlin: Ullstein.

Palmer, S. E. (1999). *Vision science*. Cambridge: MIT Press.

Panksepp, J. (1982). Toward a general psychobiological theory of emotions. *Behavioral and Brain Sciences, 5*, 407–467.

Perez-Alvarez, M. (2016). The science of happiness: As felicitous as it is fallacious. *Journal of Theoretical and Philosophical Psychology, 36*, 1–19.

Plutchik, R. (1980). *Emotion: A psychoevolutionary synthesis*. New York: Harper & Row.

Pöltner, G. (1993a). *Evolutionäre Vernunft. Eine Auseinandersetzung mit der evolutionären Erkenntnistheorie*. Stuttgart: Kohlhammer.

Pöltner, G. (1993b). Was heißt hören? *Daseinsanalyse, 10*, 149–161.

Pollmann, S. (2008). *Allgemeine Psychologie*. München: Ernst Reinhardt.

Pongratz, L. K. (1984). *Problemgeschichte der Psychologie*. München: Francke.

Posner, M. I. (1980). Orienting of attention. *Quarterly Journal of Experimental Psychology, 32*, 3–25.

Posner, M. I., Snyder, C. R. & Davidson, B. J. (1980). Attention and the detection of signals. *Journal of Experimental Psychology, 109*, 160–174.

Proulx, M. J. & Green, M. (2011). Does apparent size capture attention in visual search? Evidence from the Müller-Lyer illusion. *Journal of Vision, 11*, 1–6.

Rath, N. (2013). Philosophische Konzepte des Glücks. In P. Mayring & N. Rath (2013), *Glück – aber worin liegt es? (S. 9–51)*. Göttingen: Vandenhoeck & Ruprecht.

Reisenzein, R. & Stephan, A. (2014). More on James and the physical basis of emotion. *Emotion Review, 6*, 35–46.

Reisiger, R. (2010). *Bildumkehr mit Umkehrbrille. Phänomenologische Untersuchung anhand eines Dauerversuchs*. Leuphana Universität Lüneburg.

Rhine, J. B. (1938). *Neuland der Seele*. Stuttgart: Deutsche Verlagsanstalt.

Riskind, J. H. (1984). They stoop to conquer: Guiding and self-regulatory functions of physical posture after success and failure. *Journal of Personality and Social Psychology, 47*, 479–493.

Roemmich, J. N., Lambiase, M. J., Balantekin, K. N., Feda, D. M. & Dorn, J. (2014). Stress, behavior, and biology: Risk factors for cardiovascular disease in the youth. *Exercise and Sport Sciences Reviews, 42*, 145–152.

Rosa, H. (2005). *Beschleunigung. Die Veränderung der Zeitstrukturen in der Moderne*. Frankfurt am Main: Suhrkamp.

Rothermund, K. & Eder, A. (2011). *Motivation und Emotion*. Wiesbaden: Verlag für Sozialwissenschaften.

Schachter, S. (1964). The interaction of cognitive and physiological determinants of emotional state. In L. Berkowitz (Ed.), *Advances in experimental social psychology (vol. 1, pp. 49–80)*. New York: Academic Press.

Schachter, S. & Singer, J. E. (1962). Cognitive, social and physiological determinants of emotional state. *Psychological Review, 69*, 379–399.

Schlick, M. (2006). Lebensweisheit – Versuch einer Glückseligkeitslehre. Fragen der Ethik. *Gesamtausgabe von Moritz Schlick, Bd. I, 3*. Wien: Springer.

Schmied-Knittel, I. & Schetsche, M. (2003). Psi-Report Deutschland. Eine repräsentative Bevölkerungsumfrage zu außergewöhnlichen Erfahrungen. In E. Bauer & M. Schetsche (Hrsg.),

Alltägliche Wunder. Erfahrungen mit dem Übersinnlichen – wissenschaftliche Befunde. Bd. 1 der Reihe Grenzüberschreitungen. Beiträge zur wissenschaftlichen Erforschung außergewöhnlicher Erfahrungen und Phänomene (S. 13–38). Würzburg: Ergon.

Schmidt, R. F. & Schaible, H.-G. (Hrsg.) (2006). *Neuro- und Sinnesphysiologie.* Berlin, Heidelberg: Springer.

Schooler, J. (2011). Unpublished results hide the decline effect. *Nature, 470,* 437.

Schopenhauer, A. (1996). *Parerga und Paralipomena II (Sämtliche Werke, Bd. V).* Frankfurt am Main: Suhrkamp.

Schreckenberg, D., Griefhahn, B. & Meis, M. (2010). The associations between noise sensitivity, reported physical and mental health, perceived environmental quality, and noise annoyance. *Noise & Health, 12,* 7–16.

Schreckenberg, D., Meis, M., Kahl, C., Peschel, C. & Elkmann, T. (2010). Aircraft noise and quality of life around Frankfurt airport. *International Journal of Environmental Research and Public Health, 7,* 3382–3405.

Schumacher, R. (2006). Die prinzipielle Unterbestimmtheit der Hirnforschung im Hinblick auf die Gestaltung schulischen Lernens. In D. Sturma (Hrsg.), *Philosophie und Neurowissenschaften (S. 167–186).* Frankfurt am Main: Suhrkamp.

Schwarz, N. & Clore, G. L. (1983). Mood, misattribution, and judgments of well-being: Informative and directive functions of affective states. *Journal of Personality and Social Psychology, 45,* 513–523.

Sedgwick, H. (2001). Visual space perception. In E. B. Goldstein (Ed.), *Blackwell handbook of perception (pp. 128–167).* Oxford: Blackwell.

Sekiyama, K., Hashimoto, K. & Sugita, Y. (2012). Visuo-somatosensory reorganization in perceptual adaptation to reversed vision. *Acta Psychologica, 141,* 231–242.

Seneca (2017). *Von der Gelassenheit.* München: Deutscher Taschenbuch Verlag.

Shanks, D. R., Newell, B. R., Lee, E. H., Balakrishnan, D., Ekelund, L., Cenac, Z. et al. (2013). Priming intelligent behavior: An elusive phenomenon. *Plos One, http://dx.doi.org/10.1371/journal.pone.0056515.*

Sheldon, K. M. & Lyubomirsky, S. (2006). How to increase and sustain positive emotion: The effects of expressing gratitude and visualizing the best possible selves. *The Journal of Positive Psychology, 1,* 73–82.

Shepard, R. N. (1981). Psychological complementary. In M. Kubovy & J. R. Pomerantz (Eds.), *Perceptual organization (pp. 279–342).* New Jersey: Lawrence Erlbaum Associates.

Shiffrin, R. M. & Schneider, W. (1977). Controlled and automatic human information processing: II. Perceptual learning, automatic attending and a general theory. *Psychological Review, 84,* 127–190.

Siefer, W. & Weber, C. (2006). *Ich – Wie wir uns selbst erfinden.* Frankfurt am Main: Campus.

Simons, D. J. & Chabris, C. F. (1999). Gorillas in our midst: Sustained inattentional blindness for dynamic events. *Perception, 28,* 1059–1074.

Slaby, J. (2011). Möglichkeitsraum und Möglichkeitssinn. Bausteine einer phänomenologischen Gefühlstheorie. In K. Andermann & U. Eberlein (Hrsg.), *Gefühle als Atmosphären. Neue Phänomenologie und philosophische Emotionstheorie (S. 125–138).* Berlin: Akademie Verlag.

Slaby, J. (2013). Die Objektivitätsmaschine. Der MRT-Scanner als magisches Objekt. In K. Mertens und I. Günzler (Hrsg.), *Wahrnehmen, Fühlen, Handeln. Phänomenologie im Wettstreit der Methoden (S. 473–497)*. Münster: mentis.

Slaby, J. (2016). Emotionen. In M. Kühler & M. Rüther (Hrsg.), *Handbuch Handlungstheorie. Grundlagen, Kontexte, Perspektiven (S. 185–193)*. Stuttgart: Metzler.

Solberg, E. G., Diener, E. & Robinson, M. A. (2003). Why are materialists less satisfied? In T. Kasser & A. D. Kanner (Eds.), *Psychology and consumer culture. The struggle for good life in a materialistic world (pp. 29–48)*. Washington: American Psychological Association.

Soon, C. S., Brass, M., Heinze, H. J. & Haynes, J. D. (2008). Unconscious determinants of free decisions in the human brain. *Nature Neuroscience, 11*, 543–545.

Spering, M. & Schmidt, T. (2012). *Allgemeine Psychologie 1 kompakt: Wahrnehmung, Aufmerksamkeit, Denken, Sprache*. Weinheim: Beltz.

Sprott, J. C. (2005). Dynamical models of happiness. *Nonlinear Dynamics Psychology and Life Sciences, 9*, 23–36.

Stemmler, G. (2000). Emotionsspezifische physiologische Aktivität. In J. H. Otto, H. A. Euler & H. Mandl (Hrsg.), *Emotionspsychologie. Ein Handbuch (S. 479–490)*. Weinheim: Beltz.

Sternberg, R. (2009). *Cognitive Psychology* (5th ed.). Belmont: Wadsworth.

Storm, L. & Ertel, S. (2001). Does psi exist? Milton and Wiseman's (1999) meta-analysis of ganzfeld research. *Psychological Bulletin, 127*, 424–433.

Storm, L., Tressoldi, P. E. & Di Risio, L. (2010). Meta-analysis of free-response studies, 1992–1998: Assessing the noise reduction model in parapsychology. *Psychological Bulletin, 136*, 471–485.

Strack, F. (2016). Reflection on the Smiling Registered Replication Report. *Perspectives on Psychological Science,* 11, 929–930.

Strack, F., Martin, I. & Stepper, S. (1988). Inhibiting and facilitating conditions of the human smile: A nonobtrusive test of the facial feedback hypothesis. *Journal of Personality and Social Psychology, 54*, 768–777.

Stratton, G. M. (1896). Some preliminary experiments on vision without inversion of the retinal image. *Psychological Review, 3*, 611–617.

Suchow, J. W. & Alvarez, G. A. (2011). Motion silence awareness of visual change. *Current Biology, 25*, 140–143.

Suh, E., Diener, E. & Fujita, F. (1996). Events and subjective well-being: Only recent events matter. *Journal of Personality and Social Psychology, 70*, 1091–1102.

Thimbleby, H. W., Inglis, S. & Witten, I. A. (1994). Displaying 3D images: Algorithms for single image random-dot stereograms. *Computer, 27*, 38–48.

Thompson, P. (1980). Margaret Thatcher: A new illusion. *Perception, 9*, 483–84.

Tomkins, S. S. (1984). Affect theory. In K. R. Scherer & P. Ekman (Eds.), *Approaches to emotion (pp. 163–195)*. Hillsdale, NJ: Erlbaum.

Trivers, R. (1972). Parental investment and sexual selection. In B. G. Campbell (Ed.), *Sexual selection and the descent of man (pp. 136–179)*. New York: Aldine.

Ulich, D. & Mayring, P. (2003). *Psychologie der Emotion*. Stuttgart: Kohlhammer.

Valins, S. (1966). Cognitive effects of false heart-rate feedback. *Journal of Personality and Social Psychology, 4*, 400–408.

Volker, H. F. & Gegenfurtner, K. R. (2008). Grasping visual illusions: Consistent data and no dissociation. *Cognitive Neuropsychology, 25*, 920–950.

Vollmer, G. (1985). *Was können wir wissen? Band 1, Die Natur der Erkenntnis. Beiträge zur Evolutionären Erkenntnistheorie.* Stuttgart: Hirzel.

Wagenmakers, E.-J., Wetzels, R., Borsboom, D. & van der Maas, H. L. J. (2011). Why psychologists must change the way they analyze their data: The case of psi: Comment on Bem (2011). *Journal of Personality and Social Psychology, 100*, 426–432.

Wagenmakers, E. J., Beek, T., Dijkhoff, L. & Gronau, Q. F. (2016). Registered Replication Report: Strack, Martin & Stepper (1988). *Perspectives on Psychological Science, 11*, 917–928.

Watkins, P. C., Woodward, K., Stone, T. & Kolts, R. L. (2003). Gratitude and happiness: Development of a measure of gratitude and relationships with subjective well-being. *Social Behavior and Personality: An international journal, 31*, 431–452.

Watson, J. B. (1913). Psychology as the behaviorist views it. *Psychological Review, 20*, 158–177.

Watson, J. B. (1930). *Behaviorism.* Chicago: University of Chicago Press.

Watson, J. B. & Rayner, R. (1920). Conditioned emotional reaction. *Journal of Experimental Psychology, 3*, 1–14.

Wegner, D. M., Ansfield, M. & Pilloff, D. (1998). The putt and the pendulum: Ironic effects of the mental control of action. *Psychological Science, 9*, 196–199.

Weinstein, N. D. (1980). Unrealistic optimism about future life events. *Journal of Personality and Social Psychology, 39*, 806–820.

Welte, B. (1969). *Determination und Freiheit.* Frankfurt am Main: Knecht.

Wendel, H.-J. (1997). *Die Grenzen des Naturalismus. Das Phänomen der Erkenntnis zwischen philosophischer Deutung und wissenschaftlicher Erklärung.* Tübingen: Mohr.

Wiesing, L. (Hrsg.) (2002). *Philosophie der Wahrnehmung: Modelle und Reflexionen.* Frankfurt am Main: Suhrkamp.

Williams, I. & Bargh, J. A. (2008). Experiencing physical warmth promotes interpersonal warmth. *Science, 24*, 606–607.

Wiseman, R., Greening, E. & Smith, M. (2003). Belief in the paranormal and suggestion in the séance room. *British Journal of Psychology, 94*, 285–297.

Worcester, W. L. (1893). Observations on some points in James's Psychology. *The Monist, 3*, 285–298.

Worthington, E. L. & Scherer, M. (2004). Forgiveness is an emotion-focused coping strategy that can reduce health risks and promote health resilience: Theory, review, and hypotheses. *Psychology and Health, 19*, 385–405.

Wundt, W. (1910). *Grundzüge der physiologischen Psychologie* (6. Auflage). Zweiter Band. Leipzig: Verlag von Wilhelm Engelmann.

Zillmann, D. (1971). Excitation transfer in communication-mediated aggressive behavior. *Journal of Experimental Social Psychology, 7*, 419–434.

Zimbardo, P. G., LaBerge, S. & Butler, L. D. (1993). Psychophysiological consequences of unexplained arousal: A posthypnotic suggestion paradigm. *Journal of Abnormal Psychology, 102*, 466–473.

Abbildungsverzeichnis

Wir haben uns bemüht, alle Rechteinhaber ausfindig zu machen. Nicht immer war das möglich. Bei berechtigten Rechtsansprüchen bitten wir, den Verlag zu kontaktieren. Sind bei Abbildungen keine Quellen genannt, stammen sie vom Autor.

Stichwortverzeichnis